Nouvelles formes d'organisation du travail
Études de cas et analyses comparatives

Sous la direction de
Michel Grant, Paul R. Bélanger et Benoît Lévesque

Nouvelles formes d'organisation du travail
Études de cas et analyses comparatives

L'Harmattan
5-7, rue de l'École Polytechnique
75005 Paris France

Harmattan inc.
59, rue Saint-Jacques
Montréal (Québec) H2Y 1K9

Michel Grant, Paul R. Bélanger et Benoît Lévesque
Nouvelles formes d'organisation du travail

Le comité des publications de l'Université du Québec à
Montréala apporté une aide financière à la publication de
cet ouvrage.

Diffusion Europe, Asie et Afrique:
L'Harmattan
5-7, rue de l'École Polytechnique
75005 Paris
FRANCE
33 (1) 43.54.79.10

Diffusion Amériques:
Harmattan Inc.
55, rue St-Jacques
Montréal
CANADA
H2Y 1K9
1 (514) 286-9048

HD
33
N934
1997

Révision linguistique :Catherine Saguès
Mise en pages et couverture : Trait d'union

© Harmattan Inc., 1997
ISBN: 2-89489-020-6

Bibliothèque nationale du Québec
Bibliothèque nationale du Canada

1 2 3 4 5 01 00 99 98 97

Table des matières

Introduction

Vers de nouvelles formes d'organisation du travail ? **15**
Controverses sur la réorganisation du travail 16
Longévité de l'organisation tayloriste du travail 18
Ébranlement du taylorisme 21
Diversité des changements 23
Présentation des études de cas 25
Références bibliographiques 35

Première partie

ÉTUDES DE CAS **39**

Chapitre 1

Cascades Jonquière : entre le modèle de la réalité et la réalité du modèle **41**
Une réussite remarquable grâce à une philosophie
    particulière 42
L'approche monographique 46
Débuts difficiles et « lune de miel » 47
Le tournant 49
Des opportunités, mais un partenariat impossible 50
Des résultats ambigus 55
Flexibilité accrue et intensification du travail 56
Réduction de la hiérarchie et redéploiement des formes
    de contrôle 59
Requalification, déqualification et standardisation 61
La soumission au travail 63
Sollicitation maladroite et refus de participation 64
Participation ou pseudo-participation 66

L'internalisation de l'externe   69
Impossible partage des pouvoirs   72
Paradoxe organisationnel et blocage institutionnel   75
Même regard sur des objets différents ou regards
     différents sur un même objet   78
Références bibliographiques   80

Chapitre 2

L'expérience du contrat social à l'usine Aciers Atlas de Tracy   **83**
L'usine Aciers Inoxydables Atlas de Tracy : marchés,
     technologies et main-d'œuvre   84
L'usine Aciers Inoxydables Atlas de Tracy   85
Les relations patronales-syndicales à l'usine Aciers Atlas
     avant l'entente du contrat social de 1991   89
La mise en œuvre du contrat social à l'usine Aciers
     Atlas de Tracy   91
Les caractéristiques de la réorganisation du travail chez
     Aciers Atlas   97
Impacts du processus de réorganisation du travail   99
Conclusion   102
Références bibliographiques   103
Documents syndicaux   104

Chapitre 3

**Réorganisation du travail et nouvelles configurations sociales :
le cas de l'usine de la General Motors à Boisbriand**   **105**
GM Boisbriand : du *team concept* au *lean production*   108
Les dynamiques sociales au sein des équipes de travail   111
La dynamique des relations patronales-syndicales   119
Rupture ou continuité ?   124
Conclusion   127
Références bibliographiques   129

Chapitre 4

**Changements technologiques, rapports de travail et
participation des travailleurs : le cas Lightolier**   **133**
Problématique   135
Le modèle stratégique   137
Les résultats   138
Conclusion   153
Références bibliographiques   157

Deuxième partie

Analyses comparatives   **159**

Chapitre 5 —

L'impact d'une démarche de qualité totale sur la rémunération, les exigences et le contenu des tâches 161
La problématique 162
Méthodologie de recherche 169
Résultats 171
Analyse et discussion 179
Conclusion 182
Références bibliographiques 183

Chapitre 6

Les innovations de la formation continue : une voie empruntée par des entreprises québécoises 187
Les innovations dans la formation 190
Formation continue, qualité totale et groupes
    semi-autonomes dans un établissement fabriquant des
    semi-conducteurs 196
Formation continue, changement technologique et
    relations de travail dans une boulangerie industrielle 204
Conclusion 215
Références bibliographiques 218

Chapitre 7

Aperçu des principales transformations des rapports du travail dans les entreprises : le cas québécois 221
Perspectives théoriques pour l'étude des principales
    transformations 222
Conclusion 259
Références bibliographiques 263

Les rachats d'entreprise par leurs employés : l'expérience canadienne 279
Le contexte des rachats d'entreprises par leurs employés 280
Les types de rachats par des employés 281
Les cas de R.E.E. 284
Conséquences générales des R.E.E. 298
Les implications au niveau des décisions publiques 301
Résumé et conclusions 304
Références bibliographiques 305

Chapitre 9

Transformation des relations industrielles au Canada, l'utilité des comparaisons entre les régions 307
Les changements dans le contexte des relations
    industrielles 308

L'innovation en milieu de travail : adaptation et diffusion 312
Conclusion   324
Références bibliographiques   326

Liste des tableaux   331

Notices biographiques

Rachid Bagaoui

Rachid Bagaoui est professeur au département de sociologie de l'Université Laurentienne de Sudbury. Il a complété ses études doctorales au département de sociologie de l'Université du Québec à Montréal. Sa thèse porte sur les innovations organisationnelles en entreprise.

Paul R. Bélanger

Paul R. Bélanger est professeur titulaire au département de sociologie de l'Université du Québec à Montréal. Il est membre du Collectif de recherche sur les innovations sociales dans les entreprises et les syndicats (CRISES). Ses principaux champs de recherche portent sur le syndicalisme, le travail et l'entreprise. Il a, entre autres, publié en collaboration *La modernisation sociale des entreprises* (1994) aux Presses de l'Université de Montréal.

Reynald Bourque

Reynald Bourque est titulaire d'un doctorat en économie et sociologie du travail de l'Université d'Aix-Marseille II depuis 1990. Professeur agrégé à l'École de relations industrielles de l'Université de Montréal, il a enseigné au Département des relations industrielles de l'Université du Québec à Hull de 1987 à 1993 et a également œuvré pendant plus de douze ans à titre de conseiller à la Confédération des syndicats nationaux (CSN).

Dominique Bouteiller

Professeur à l'École des hautes études commerciales, Dominique Bouteiller est diplômé de l'Institut des Hautes Études de l'Information et de la Communication de la Sorbonne à Paris et est détenteur d'une maîtrise et d'un doctorat en relations industrielles de l'Université de Montréal. Depuis quelques années, il s'intéresse tout particulièrement aux processus de gestion de la formation et à l'implantation des nouveaux modes de gestion des ressources humaines basés sur les compétences ainsi qu'aux processus de restructuration de la fonction personnel et des lignes hiérarchiques. Il est chercheur associé au Groupe interdisciplinaire de recherche en formation-emploi (GIRFE), ainsi qu'au Groupe interdisciplinaire de recherche sur l'autoformation et le travail (GIRAT) et agit comme consultant pour diverses entreprises publiques et privées.

Pierre Doray

Pierre Doray est professeur au département de sociologie de l'Université du Québec à Montréal et chercheur au Centre interuniversitaire de recherche sur les sciences et la technologie (CIRST). Ses travaux de recherche portent sur l'analyse des rapports entre l'économie et l'éducation, ainsi que sur les processus d'implantation des nouvelles technologies en entreprise.

Nathalie Dugas

Nathalie Dugas a obtenu une maîtrise en relations industrielles de l'Université de Montréal en 1994 et elle occupe actuellement une fonction d'administratrice de programme au ministère fédéral du Développement et des Ressources Humaines du Canada. Son mémoire de maîtrise a porté sur une analyse stratégique du « contrat social » chez Sammi-Atlas.

Jean Gérin-Lajoie

Jean Gérin-Lajoie est professeur agrégé en relations du travail à l'École des hautes études commerciales de l'Université de Montréal depuis 1984. Il fut militant syndical de 1952 à 1982. Il a occupé les postes de directeur québécois du Syndicat des Métallos et de vice-président de la Fédération des travailleurs du Québec (FTQ).

Michel Grant

Michel Grant est professeur titulaire à l'École des sciences de la gestion de l'Université du Québec à Montréal depuis 1981. Son champ de recherche et d'enseignement concerne plus particulièrement le phénomène de la transformation des modes de négociation collective et de gestion des relations du travail. Il a, entre autres, publié en collaboration *La modernisation sociale des entreprises* (1994) aux Presses de l'Université de Montréal. Il est membre du Collectif de recherche sur les innovations sociales dans les entreprises et les syndicats (CRISES). De 1968 à 1981, il a occupé diverses fonctions au Syndicat canadien de la fonction publique et à la Fédération des travailleurs du Québec (FTQ).

Pierre Hogue

Pierre Hogue a fait carrière à la direction générale des ressources humaines et des relations du travail en milieu manufacturier pour des entreprises nationales et internationales. Il est de plus chargé de cours à l'Université du Québec à Montréal. Il est diplômé en sciences politiques et détient une maîtrise en relations industrielles de l'Université de Montréal.

Paul-André Lapointe

Paul-André Lapointe est professeur au département des relations industrielles à l'Université Laval. Il enseigne la sociologie du travail et des organisations. Il possède une maîtrise en histoire et un doctorat en sociologie, obtenus à l'Université de Montréal. Membre du Collectif de recherche sur les innovations sociales dans les entreprises et les syndicats (CRISES), il mène actuellement des recherches sur la réorganisation du travail et le renouvellement des relations du travail dans divers établissements manufacturiers et de services.

Benoît Lévesque

Professeur au département de sociologie de l'Université du Québec à Montréal, Benoît Lévesque a récemment dirigé l'organisation et la publication, aux Presses de l'Université du Québec (1997), des actes du colloque *Desjardins: une entreprise et un mouvement?* Auparavant, il avait publié, en collaboration, *Repenser l'économie pour contrer l'exclusion*

(1995) et *Modernisation sociale des entreprises* (1994). Benoît Lévesque est président du Centre interuniversitaire de recherche et d'information sur les entreprises collectives (CIRIEC-Canada) et coordonnateur du Collectif de recherche sur les innovations sociales dans les entreprises et les syndicats (CRISES).

Christian Lévesque

Christian Lévesque est professeur au service d'enseignement de la gestion et des ressources humaines à l'École des hautes études commerciales. Il est également chercheur associé au Groupe de recherche sur la transformation et la régulation du travail (GRT). Depuis quelques années, ses travaux sont principalement axés sur les nouvelles formes de relations du travail et d'organisation du travail.

Richard J. Long

Richard J. Long est professeur en relations industrielles et comportement organisationnel à la Faculté de commerce de l'Université de la Saskatchewan. Il détient un baccalauréat en administration et une maîtrise en administration des affaires de l'Université de l'Alberta, de même qu'un doctorat en relations industrielles et en comportement organisationnel de l'Université Cornell. Depuis plus de vingt ans, il mène des recherches et agit comme consultant dans le domaine du rachat d'entreprise par les travailleurs. Il a produit plus de vingt publications sur cette question. Ses autres intérêts concerne le partage des profits, la gestion de la rémunération et les impacts des nouvelles technologies sur les comportements et sur la gestion. Il a publié en 1987 *New information Technology: Human and Managerial Implications* (London and New York: Routledge Publishers).

Danielle Ricard

Danielle Ricard est étudiante en doctorat au département de sociologie de l'Université du Québec à Montréal et assistante de recherche au Centre interuniversitaire de recherche sur la science et la technologie (CIRST). Elle travaille actuellement sur le développement de la formation professionnelle.

Anthony E. Smith

Anthony E. Smith est professeur en relations industrielles à l'Université du Nouveau-Brunswick. Il a reçu sa formation en Angleterre aux universités de Londres, Oxford et Warwick. Ses intérêts de recherche portent sur les nouvelles technologies, l'organisation du travail et l'économie globale. Ses travaux ont été publiés dans des volumes et diverses revues. Il est actuellement président de l'Association canadienne des relations industrielles. Il préside les travaux du groupe de travail sur les relations industrielles et les changements technologiques de l'Association internationale des relations professionnelles.

Vers de nouvelles formes d'organisation du travail ?

Paul R. BÉLANGER
Michel GRANT
Benoît LÉVESQUE

Ce recueil de textes sur les nouvelles formes d'organisation du travail nous offre l'occasion de présenter des études récentes sur les transformations qui peuvent être observées dans les entreprises, particulièrement dans les ateliers de travail. Nous avons demandé à des chercheurs engagés dans des analyses monographiques d'apporter leur contribution à une meilleure compréhension des situations concrètes de travail en cette période où les uns saluent la fin de la division du travail (Kern et Schuman, 1989), alors que d'autres, au contraire, constatent une persistance des principes fondamentaux du taylorisme (Linhart, 1994).

Notre propos, quoique modeste, paraît pertinent. Car depuis quelques années, sont apparues de nouvelles générations de chercheurs et d'équipes de recherche qui, partant de problématiques et d'interrogations diverses, ne demandent qu'à dialoguer et à comparer leurs résultats. Depuis notre dernier recueil (Bélanger, Grant et Lévesque, 1994), plusieurs travaux sont venus enrichir et nuancer le débat sur ce que nous avions appelé la modernisation sociale des entreprises. Les recherches empiriques sont en effet seules capables d'apporter les matériaux susceptibles de jeter un peu de lumière sur la diversité des hypothèses qui parcourent la littérature.

Il faut ajouter que le débat prend une forme particulière lorsqu'il s'avance sur le terrain des comparaisons internationales. Ce sont alors des pays qui correspondent à l'une ou à l'autre proposition de l'alternative. Ainsi, les États-Unis seraient le pays où la persistance des principes de Taylor serait la plus forte (Leborgne, 1995 ; Lipietz, 1989), alors que la Suède (Berggren, 1992), l'Allemagne (Albert, 1991 ; Streeck, 1992) et le Japon (Coriat, 1991 ; Womack, Jones et Roos, 1992) se disputeraient la palme de la fin de la division du travail. Malgré la difficulté inhérente aux études comparatives, surtout en l'absence d'une problématique commune, nous souhaiterions dans un proche avenir prendre acte de l'hypothèse des trajectoires nationales (Boyer, 1989) ou régionales. Dans le dernier texte du présent ouvrage, Smith constate la diversité de l'expérience canadienne et invite à des études comparatives pour mieux saisir la multiplicité des modes de régulation des rapports de travail. Une telle démarche poursuivrait la tradition des regards croisés Canada-États-Unis (Chaykowski et Verma, 1992), Québec-Canada-États-Unis (Jenson et Mahon, 1993) ou Québec-France (Murray, Morin et Da Costa, 1996) pour enquêter plus systématiquement sur la diversité canadienne et, ainsi, prolonger le questionnement sur l'hypothèse d'un modèle québécois de développement économique (Dupuis, 1995).

Controverses sur la réorganisation du travail

Le débat sur la réorganisation du travail date déjà de plus de 25 ans. Au moment où l'analyse de Braverman (1976) reçoit une large diffusion, des programmes d'humanisation du travail ou de qualité de vie au travail sont élaborés et expérimentés dans divers pays (Katz, 1985 ; Chaskiel, 1990). Dès le début des années 1980, quelques expériences menées apparemment avec succès sont hissées au rang de symbole (Katz, 1985 ; Chaskiel, 1990), voire de théorie d'une nouvelle organisation du travail, par quelques dirigeants et consultants en entreprise (Ouchi, 1982 ; Peters et Waterman, 1983). Pour bien appuyer la supériorité de leur nouveau modèle, les auteurs puisent abondamment dans les cercles de qualité et la culture d'entreprise du modèle japonais, dont la productivité est reconnue comme la plus élevée.

Ainsi se diffuse par la littérature destinée au grand public l'idée que le taylorisme est complètement dépassé. Le discours délégitime le modèle rationnel et bureaucratique qui introduit une séparation stricte entre conception et exécution du travail et annonce l'entreprise fondée sur la polyvalence et le travail en équipe. Ainsi **surgit une première controverse** : le discours, par ailleurs bien « réel » dans son champ d'activité, correspond-il à l'organisation bien concrète du travail ? La question est d'autant plus pertinente que certains dirigeants, réputés pour leur dynamisme entrepreneurial, accréditent la thèse du changement en attribuant leur succès à la participation des employés et à la souplesse de leur gestion (Cuggia, 1989 ; Pépin, 1996). Cette question plaide en faveur de monographies et d'observations précises sur le terrain. Non qu'il ne soit pas légitime d'analyser le discours et les textes d'acteurs ou d'auteurs significatifs (Coriat, 1991), mais il ne faut pas les confondre avec les applications concrètes. Danièle Linhart, s'appuyant sur la littérature française et ses propres observations, n'hésite pas à écrire : « Il est apparu que dans le champ de l'organisation du travail, une forte distorsion s'installait entre le discours et les pratiques : le discours véhicule l'idée d'une évolution plutôt radicale alors que les pratiques révèlent dans la plupart des cas une inertie quant aux principes tayloriens fondamentaux » (Linhart, 1994).

Ajoutons que c'est aux États-Unis que cette littérature est la plus répandue, alors même que de nombreux chercheurs y observent précisément la persistance du taylorisme dans la production de masse (Piore et Sabel, 1989). En somme, tout se passe comme si nous étions en présence de deux paradigmes parallèles qui ne seraient pas pour autant incompatibles, de sorte qu'on ne pourrait en conclure que rien ne change. Au contraire, ils signifient plutôt que les nouvelles méthodes de management et d'organisation du travail suscitent de l'intérêt malgré les difficultés, les hésitations ou même les réticences à les implanter, comme on le soulignera plus loin.

Une seconde controverse traverse les débats sur la réorganisation du travail, que les recherches sur le terrain n'arrivent cependant pas à trancher. Si plusieurs auteurs observent et soutiennent que le taylorisme est toujours « vivant », les diverses innovations ou expérimentations rapportées par les études scientifiques sont cependant presque toujours sujettes à interprétation. Le plus bel exemple en est la controverse à propos du modèle japonais salué par beaucoup d'auteurs comme « le système qui va changer le monde », selon le titre de l'ouvrage de Womack et al. (1992), ou encore, faisant référence au taylorisme, comme un mode de «penser à l'envers» (Coriat, 1991). Le Japon et la Suède sont même souvent présentés comme des variantes d'une même classe de modèles (Boyer, 1991). Pourtant, d'autres analyses concluent que le modèle japonais serait au mieux un taylorisme participatif ou une application intelligente du taylorisme (Berggren, 1992) ou encore une version pauvre de la coordination dans un « schéma taylorien-fayolien rénové » (Veltz et Zarifian, 1993). Participatif ou intelligent, mais néanmoins tayloriste !

On pourrait ainsi donner de multiples exemples de controverses lors de la parution d'analyses des milieux de travail. Ce n'est cependant pas une raison pour renoncer à nos études monographiques. Il y a deux façons de faire avancer la compréhension. D'une part, il nous faut définir avec de plus en plus de précision l'objet et les méthodes de nos recherches, et d'autre part aiguiser nos problématiques théoriques. Faut-il ajouter que si nos débats sont si vifs, c'est aussi qu'ils dépassent les cercles des scientifiques et s'inscrivent dans une mouvance sociopolitique ? Si les nouveaux modèles socioproductifs ne sont que «stratégies patronales» pour atténuer marginalement les sources d'insatisfaction ou pour affaiblir les syndicats, la meilleure stratégie syndicale n'est-elle pas la défensive ? Si au contraire, à certaines conditions, les travailleurs y gagnent en qualification et reconnaissance de leurs savoir-faire, en élargissement de leurs droits dans l'entreprise, une stratégie offensive ne serait-elle pas plus indiquée ? C'est aussi à cette question que font échos nos travaux.

Longévité de l'organisation tayloriste du travail

Parler encore de recomposition ou de réorganisation du travail après quelque 100 ans de taylorisme remet en question la solidité de ce modèle et sa pérennité. Car c'est toujours à l'aune de ce modèle que sont jugées les expériences d'aujourd'hui. Sur quels principes reposent une telle longévité et quelles sont les raisons de son ébranlement aujourd'hui, sinon de sa remise en cause ?

La force du taylorisme tient à la conjonction d'un certain nombre de principes d'organisation qui font système ou modèle. D'abord, le taylorisme instaure une stricte division entre conception et exécution du travail, de même qu'entre les diverses fonctions de l'entreprise que sont la production et l'entretien, la vente, les finances, etc. Cette séparation permettait de parcelliser les tâches d'exécution, de sorte que ces dernières devenaient accessibles à des travailleurs non qualifiés, alors que les ingénieurs et les techniciens se réservent la responsabilité de la conception. La mécanisation s'est greffée sur ce principe sous la forme de machines, elles aussi hautement spécialisées, conçues par les ingénieurs. La conception d'Adam Smith se trouvait ainsi concrétisée : plus les activités sont divisées et spécialisées, plus grande est la productivité. Mais ce principe tayloriste n'est pas qu'une technologie sociale ; il recouvre aussi une pensée économique. « L'innovation majeure [fut] de constituer une unité d'actions et de mesure, en structurant l'activité en opérations. Concrètement, la recherche d'efficience va être surtout focalisée autour de la productivité du travail, qui est, de manière plus précise la productivité des opérations de travail objectivées » (Veltz et Zarifian, 1993). Ainsi se trouvent concentrées dans la division tayloriste du travail une pensée économique sur la productivité et une gestuelle de production (Coriat, 1979) qui se prolongeront dans des méthodes de calcul et de comptabilité.

Autour de cette division du travail s'articule un principe de coordination centralisée : le système productif est compris comme décomposable en sous-systèmes additifs, dont la totalité est considérée comme la somme des parties (Lorino, 1989), c'est-à-dire que « la performance agrégée est une fonction additive de la performance locale » (Veltz et Zarifian, 1993). La hiérarchie pyramidale était donc adéquate pour diriger et coordonner des activités qui étaient reliées comme les pièces d'une machine et d'où la subjectivité avait été le plus possible extirpée. Les travailleurs n'avaient nul besoin de communiquer entre eux ; toute communication suivait une ligne verticale, le plus souvent de haut en bas sous la forme de règles précises, car les travailleurs avaient tendance à retenir les informations pertinentes selon le principe de l'implication paradoxale (Linhart, 1994). Finalement, la coopération reposait sur l'incitation monétaire.

Ce modèle tirait donc sa force de la cohérence étroite entre la technique, l'économique et le social, mais aussi de sa cohérence avec d'autres dimensions de la société. Est-il nécessaire de rappeler que le syndicalisme, en particulier nord-américain, reposait sur le taylorisme et même le présupposait, dans la mesure où les syndicats s'appuyaient sur la définition des postes selon les procédures tayloristes pour déterminer les tâches et fixer les salaires ? Les relations patronales-syndicales ont à ce point institutionnalisé le taylorisme que la crise de ce dernier a entraîné celle du syndicalisme (Piore, 1982).

On pourrait ici développer davantage et montrer comment le taylorisme est cohérent avec d'autres modalités de régulation sociale, comme l'éducation ou les formes de concurrence (Boyer, 1991). Mais notre objectif vise à donner un aperçu de l'ancrage solide du taylorisme dans des machines, des outils de gestion, des formes organisationnelles, bref, dans un modèle d'entreprise et de développement particulier (Lipietz, 1989). C'est ce qui explique sa longévité et donc les grandes résistances à sa remise en cause. Dès lors, ni les critiques explicitées par l'école des relations humaines concernant l'importance du groupe de travail et du « leadership démocratique », ni celles de l'école des besoins et des motivations mettant l'accent sur la nécessité de recomposer les tâches pour obtenir satisfaction et rendement, ni même celles de l'école sociotechnique n'ont ébranlé véritablement le taylorisme. Les « réformes » qu'elles ont inspirées n'intervenaient que sur l'une ou l'autre des constituantes du taylorisme, soit le mode de division du travail, soit le mode de coordination (voir le tableau 1). Ainsi, les expérimentations radicales dans le domaine de la réorganisation du travail, comme celles des groupes semi-autonomes, ne peuvent être généralisées et donc institutionnalisées sans que d'autres conditions ne soient réunies.

Tableau 1 – La dimension organisationnelle (division et organisation du travail)

	Coordination	
Division	**Règles-surveillance**	**Coopération**
	A	B
Parcellaire	Taylorisme	Relations humaines
Déqualification	Néo-taylorisme	Communications
	C	D
Polyvalente	Recomposition	Post-taylorisme
Requalification	Élargissement	Professionnalisme
		Équipes

Ébranlement du taylorisme

Trois grands phénomènes depuis les années 1960 ont ébranlé le taylorisme et atténué sa performance technico-économique : la crise du travail, les formes de la concurrence et les nouvelles technologies.

La première secousse fut celle de la crise du travail, c'est-à-dire la contestation ouverte ou larvée, selon les pays et les secteurs industriels, du travail répétitif et monotone. Dès la fin des années 1960, des manifestations plus spectaculaires, comme les grèves, ou plus individuelles, comme la montée de l'absentéisme ou du roulement du personnel, ont indiqué de façon éclatante le rejet grandissant du taylorisme, en particulier de la part des nouvelles générations plus éduquées à la recherche d'expériences de travail plus significatives.

Ces premières manifestations, qui coïncidaient avec d'importantes recherches sur l'aliénation (Blauner, 1964) ou le mécontentement au travail (Herzberg, 1966) et qui établissaient souvent une équation entre la satisfaction au travail et la productivité, suscitèrent la recherche de solutions de remplacement dans les formes organisationnelles et le contenu du travail. Des programmes furent lancés pour améliorer la qualité de vie au travail par différentes formes d'élargissement ou d'enrichissement des tâches, y compris dans les grandes entreprises d'automobiles (Chaskiel, 1990 ; Katz, 1985). En Allemagne, par exemple, on développa un programme d'humanisation du travail. Mais ces diverses expériences eurent plus ou moins de succès selon l'ampleur de la nouvelle configuration qu'elles dessinaient. Ainsi, aux États-Unis, elles n'ont pas eu beaucoup d'échos, en partie parce que les réformes étaient beaucoup trop timides et limitées, et que les syndicats étaient opposés à tout changement dans les conventions collectives (Lapointe, 1995). Il faut ajouter que, malgré le vif débat qu'elles suscitèrent, les manifestations de la crise du travail s'estompèrent devant la crise économique et la crainte des licenciements (Lipietz, 1989).

En Suède, par exemple, peu de temps après les grèves de 1969-1971, les syndicats s'impliquèrent dans de profondes réformes de l'organisation du travail relativement à la difficulté de recruter et de retenir des travailleurs pour des tâches taylorisées en périodes de plein emploi (Berggren, 1992).

Une deuxième secousse toucha le taylorisme : celle des **nouvelles formes de concurrence.** Si l'extrême division du travail était adéquate à la production de masse de biens stantardisés, la mondialisation des marchés conjuguée à une demande accrue pour des produits variés et de qualité firent apparaître sa très grande rigidité (Reich, 1991 ; Piore et Sabel, 1989). En effet, les critères de la compétition deviennent de plus centrés sur la différenciation des produits : qualité et variété, mais aussi des délais, services et innovation. Ces nouvelles exigences des consommateurs demandent une flexibilité de l'organisation du travail, de même que des qualifications ouvrières qui rappellent le travail artisanal et le souci du bel œuvre. Cette fois, ce sont les consommateurs qui, en quelque sorte, « contestent » la déqualification opérée par le taylorisme (Coriat, 1992).

La réorganisation du travail devient alors l'affaire des directions des entreprises qui doivent s'adapter à la nouvelle concurrence et satisfaire les nouvelles demandes. Les principaux objectifs poursuivis se nomment : flexibilité, responsabilité, qualification et implication des travailleurs. Ces objectifs se concrétiseront en intensités variables selon les méthodes retenues : « ré-ingénierie », qualité totale, juste-à-temps, équipe semi-autonome, etc., et ils seront souvent accompagnés d'une intensification du travail ou d'une perte d'emploi. Surtout, les modalités d'implantation dépendront largement de la présence d'un syndicat et de ses orientations (Lapointe et Bélanger, 1996), comme ce fut le cas dans la période précédente.

La troisième poussée qui menace le taylorisme de rupture vient **des nouvelles technologies.** Le taylorisme et la mécanisation, qui lui est corrélative, ont épuisé leur capacité de générer des gains de productivité (Boyer, 1991 ; Lipietz, 1989). D'une part, les nouvelles technologies de l'information introduisent une flexibilité technique qui s'accompagne de la flexibilité organisationnelle mentionnée ci-dessus. D'autre part, les industries de série commencent à acquérir certaines des caractéristiques technologiques du travail en continu qui n'exigent plus des opérations par postes individualisés, mais au contraire des activités d'équipes, des collectifs polyvalents et autonomes (Veltz et Zarifian, 1993). Ces nouveaux équipements commandent une recomposition des tâches selon des objectifs à atteindre et une nouvelle activité de communication. Le travail devient davantage relationnel et repose sur de nouvelles qualifications (Zarifian, 1996). Là où les résistances à se départir du taylorisme sont les plus fortes, ce sont ces technologies qui poussent au dépassement (Linhart, 1994).

On pourrait avancer l'hypothèse que la coexistence de ces trois phénomènes, à savoir une demande d'initiative et de créativité de la part des travailleurs, une demande de flexibilité et d'implication de la part des directions des entreprises, et la présence de nouvelles technologies, exercera une forte pression pour rompre avec le taylorisme. Mais il ne faut pas oublier l'ancrage du taylorisme dans les autres composantes de la société : relations entre le patronat et la classe ouvrière, système d'éducation, etc. C'est cet ancrage qui explique les différences dans les trajectoires nationales, malgré des pressions comparables dans le sens du dépassement.

Diversité des changements

Comme on l'a vu plus haut, les changements peuvent prendre plusieurs directions. L'une d'elles tente une sortie de la crise par le renforcement du taylorisme. Les nouveaux modes d'organisation du travail et les nouvelles technologies sont alors utilisés pour durcir le taylorisme. Même si la gestion des processus de production est informatisée, l'ouvrier, devant des commandes, peut demeurer celui à qui on fournit des instructions détaillées et rigides (Coriat, 1990). Si l'entreprise est soumise à des contraintes non seulement de productivité, mais aussi de qualité et de variété, l'implication sera un passage obligé : elle prendra cependant la forme d'implication forcée, imposée, où la subjectivité sera mobilisée pour pallier les déséquilibres du processus de production. Les ouvriers sont alors appelés à « sous-traiter » la rationalisation de leurs propres tâches (Linhart, 1994).

Les cas que nous présentons vont plutôt dans le sens d'une modernisation « progressiste » de l'organisation du travail. Non pas que cette tendance soit dominante ; aucune étude n'a présenté un bilan statistique des transformations en cours selon qu'elles reproduisent ou s'écartent des principes tayloristes ; et trop peu d'études monographiques permettent d'établir un tel bilan. Celui présenté par Grant et Lévesque ne répertorie qu'une centaine d'entreprises. Mais la plupart des chercheurs québécois et canadiens ont plutôt orienté leurs recherches vers les entreprises dont les expérimentations étaient innovatrices, même si encore une fois les évaluations peuvent diverger et, comme le soutient Anthony Smith, que les anciens et nouveaux modèles souvent co-existent.

Si l'on se tourne vers l'origine des changements, il apparaît que ceux-ci proviennent davantage de pressions externes, comme la rentabilité, ou même la survie de l'entreprise, ou encore pour introduire de nouvelles méthodes susceptibles de répondre aux nouvelles exigences des clients. C'est alors la direction qui prend l'initiative de mettre en œuvre les changements. Mais ces pressions externes peuvent se conjuguer avec des pressions internes, lorsque les difficultés sur le marché sont en partie liées à de mauvaises relations de travail donnant lieu à des grèves ou à des griefs, ou encore à des formes de résistance au renouvellement de l'organisation du travail. Le changement de conjoncture économique, qui freina les revendications ouvrières, semble se confirmer si l'on examine l'origine des changements des études présentées.

Les contraintes externes sont en effet les plus fréquentes. Aux usines Mitel à Bromont et chez Weston à Longueuil, Doray, Ricard et Bagaoui montrent que dans le premier cas une stratégie de diversification du marché entraîne un modèle de production flexible fondé sur des groupes semi-autonomes, alors que dans le second, un recentrage d'activités sur un produit, mais avec une gamme variée, s'accompagne d'une forte automatisation aussi flexible. Dans son étude sur les relations entre qualité totale, comme mode de gestion intégrée ou comme stratégie globale de gestion et de l'organisation du travail, et les méthodes de rémunération, Hogue soutient que dans les trois entreprises analysées, la préoccupation pour la qualité provient, outre les normes gouvernementales, de la vive compétition internationale où la qualité et l'excellence des produits sont des critères décisifs. C'est également à la concurrence internationale que Grant attribue la double stratégie de Lightolier d'entreprendre un programme de qualité totale par des cercles de qualité et de changements technologiques (une nouvelle chaîne de montage), associé à la mise en place d'une équipe semi-autonome.

Outre les changements technologiques, les changements dans l'organisation du travail peuvent prendre de multiples formes. Il y a en effet toute une gamme d'innovations organisationnelles : élargissement et enrichissement des tâches, cercles de qualité, standardisation des normes (ISO), « réingénierie », travail en équipe. Ces diverses formes peuvent se résumer par la notion de flexibilité qui exige une plus forte implication ou coopération de la part des travailleurs. En soi, chacune de ces formes est neutre et ne prend tout son sens que dans la manière dont l'innovation est introduite, puis poursuivie. La flexibilité peut tout aussi bien entraîner une intensification du rythme de travail et l'implication, même si cela paraît paradoxal, peut être imposée et forcée. Cette coopération et cette flexibilité seront donc « pauvres » ou « riches », selon qu'elles s'accompagneront de formation, de requalification, d'autonomie, de responsabilité qui à la limite conduisent à de nouvelles configurations des « métiers ». C'est pourquoi les mêmes innovations peuvent aboutir à des interprétations différentes.

Les méthodes de coordination propres au taylorisme, fondées sur des bureaucraties rigides, ont été critiquées, en particulier par les gourous de la culture organisationnelle. Cette critique a alimenté le dégraissage, le *downsizing*, la réduction des effectifs, dans une pure perspective de réduction des coûts, mais aussi les méthodes de coordination par objectifs ou de gestion par la culture. On insiste alors sur les nouveaux comportements ou attitudes face à la production et à l'entreprise. Ces méthodes peuvent être interprétées comme un retour aux relations humaines, interpersonnelles, ou au contraire comme le résultat des enjeux et défis des entreprises face à la mondialisation et aux exigences de qualité. Encore ici on est obligé d'inscrire ces changements dans un contexte plus vaste. Enfin, la nature des relations du travail est souvent déterminante pour comprendre les innovations organisationnelles. En l'absence de syndicat, l'initiative reviendra entièrement à la direction et il est fréquent qu'elle utilise la gestion par la culture, mettant l'accent sur les relations interpersonnelles. Ces quelques éléments théoriques sur les changements dans l'organisation du travail nous permettent d'entrevoir l'intérêt des divers cas que nous présentons maintenant brièvement.

Présentation des études de cas

L'étude de cas réalisée par Lapointe porte sur l'évolution de l'organisation du travail **dans la cartonnerie de Cascades à Jonquière**. La philosophie de gestion chez Cascades se traduit par des structures décentralisées, où chaque établissement assume la responsabilité de son financement et de ses investissements. Le modèle Cascades est développé dans un environnement non syndiqué, mais la direction y pratique une politique de portes ouvertes à l'égard de tout salarié désireux de soulever un problème ou de déposer une plainte. La recherche menée au sein de l'établissement de Jonquière examine la réalité et les conditions d'implantation dans un milieu syndiqué. L'auteur s'attache surtout à l'organisation du travail et identifie deux enjeux majeurs : d'une part, les méthodes de gestion pour susciter l'implication maximale des travailleurs, de l'autre, la répartition du pouvoir en matière organisationnelle (ex., la démocratie directe) et institutionnelle (démocratie représentative).

L'usine de Jonquière appartient au groupe Cascades depuis 1984. Acquise après une faillite, l'établissement acheté par les frères Lemaire connut d'abord d'importants investissements. Le début des années 1990 se traduit par des pertes importantes et la direction développe une stratégie pour reconquérir le marché en s'inscrivant à un programme ISO 9002. Cette orientation implique donc des changements majeurs dans l'organisation du travail et dans la convention collective. Lapointe observe que la direction a pu obtenir une plus grande flexibilité dans l'organisation du travail par la réduction des classifications professionnelles ; il note également une intensification du rythme de production.

Selon Lapointe, l'incertitude de l'avenir ne constitue pas une motivation suffisante pour amener le syndicat et ses membres à des activités conjointes avec l'employeur à cause de la nature trop limitée du mode de participation suggéré, du caractère unilatéral de l'adoption du programme et du contexte général dans l'établissement. La structure décentralisée du groupe Cascades crée des pressions majeures sur les acteurs, particulièrement sur les gestionnaires locaux qui doivent emprunter pour moderniser l'usine et ainsi survivre. L'expérience semble indiquer que l'entreprise connaît plus de succès dans le renouvellement des modes de financement, que dans celui de la gestion des ressources humaines.

En 1991, **l'entreprise Aciers Inoxydables Atlas** et le Syndicat des employés des Aciers Atlas (CSN) signent un contrat de longue durée dans le cadre d'une approche axée sur le partenariat patronat-syndicat. Malgré les difficultés éprouvées dans la réalisation des investissements prévus dans la convention collective, à l'automne 1995 les parties étendent l'entente jusqu'en 1999. Le changement dans le climat des relations de travail et l'existence d'un plancher d'emploi constituent des conditions favorables à cette prolongation de paix industrielle. Bourque et Dugas ont étudié sur le terrain cette expérience de contrat social, en se demandant notamment dans quelle mesure la concertation patronale-syndicale dans l'organisation du travail ouvre la voie à l'implication accrue du syndicat et des salariés dans la gestion de l'entreprise.

Les principales transformations apportées à l'organisation du travail concernent beaucoup plus les dimensions relationnelles de celle-ci que ses dimensions techniques. Ainsi, la direction de l'entreprise modifie d'une façon significative la quantité et le mode de transmission de l'information au syndicat et à ses membres. L'implication syndicale comprend l'analyse des besoins et la sélection des activités concernant la formation du personnel. Les auteurs constatent également que, conformément à la convention collective, il y a une participation paritaire au comité directeur de la qualité totale, dont le premier mandat vise la sélection des consultants responsables de la mise en œuvre du programme.

Toutefois, l'instance décisionnaire en matière d'orientations et de modalités de changements demeure la direction de l'entreprise. Bourque et Dugas n'observent aucune modification significative dans les descriptions de tâches, mais leurs répondants leur indiquent que ces modifications suivront. Les principales améliorations au niveau de l'organisation du travail concernent la communication entre cadres et collègues de travail. Selon les répondants, les changements apportés à l'organisation du travail ont surtout un impact sur le climat des relations de travail, se traduisant particulièrement par une baisse de volume des griefs. Le recours à un mode de gestion plus participative et la consultation sur un nombre élargi d'enjeux liés à l'organisation du travail confèrent à celle-ci un caractère plus permanent, tout en favorisant le passage d'un mode traditionnellement conflictuel à un mode plus coopératif. Bien qu'il soit trop tôt pour porter un jugement définitif sur l'expérience de cet établissement, les acteurs rencontrés parlent déjà d'une réussite partielle de la mise en œuvre du contrat social.

Les pressions commerciales très fortes qui s'exercent depuis plusieurs années dans l'industrie de l'automobile ont obligé les constructeurs américains à remettre en question leur mode de production. Le recours à l'innovation technologique et organisationnelle leur apparaît alors comme une voie privilégiée dans le cheminement vers une meilleure productivité et une plus grande force concurrentielle. Lévesque, Bouteiller et Gérin-Lajoie se demandent plus

spécifiquement dans quelle mesure ces innovations transforment les différentes dimensions de l'organisation du travail, telles l'autonomie du salarié, ses qualifications et son
degré d'implication dans le travail ; de plus, ces trois chercheurs examinent l'effet de ces innovations sur les enjeux et
les pratiques des relations de travail. Assistons-nous à
l'émergence d'un nouveau modèle plus coopératif et plus
participatif, ou bien s'agit-il d'une nouvelle forme de taylorisme ?

Ces interrogations amènent les trois auteurs à réaliser sur
le terrain une recherche à **l'usine de montage de General
Motors à Boisbriand** (Québec). L'analyse présentée est centrée sur les enjeux et les logiques d'action associés au processus de recomposition du travail, à la délimitation du rôle
des chefs d'équipe et à l'implication des membres de
l'équipe dans le processus d'amélioration continue. La direction a en effet introduit dans un contexte de crise le concept de travail en équipe en 1987, pour ensuite implanter
progressivement à partir de 1993 de nouvelles techniques de
production regroupées sous la catégorie *lean production* ré-
unissant, par exemple, les programmes d'amélioration continue et la production juste-à-temps. L'équipe de recherche
a pu recueillir les informations dans l'établissement et rencontrer une centaine de personnes y travaillant, des cadres
comme des syndiqués.

Il ressort des observations que le travail demeure routinier
et fragmenté ; on ne peut pas parler ici de polyvalence ou de
requalification ouvrière. Les chefs d'équipe sont syndiqués,
mais nommés par la direction ; leurs tâches sont enrichies
en suivant un axe vertical par l'ajout de responsabilités traditionnellement dévolues au personnel d'encadrement. La
technique de juste-à-temps a certes réduit les périodes de
temps mort sur la chaîne de production, de même que
l'autonomie des travailleurs, mais elle a en même temps accrue l'interdépendance des postes de travail et la charge de
travail.

Les relations patronales-syndicales sont moins conflictuelles qu'auparavant. Les tensions continuent toutefois à se
manifester et le syndicat poursuit son rôle traditionnel,
d'autant plus que dans un contexte d'amélioration continue,
la négociation prend un caractère encore plus permanent.
Le syndicat, par sa participation aux différents comités conjoints, se voit appelé à appuyer des orientations qui risquent
plus de l'affaiblir aux yeux de ses membres, puisque ces
orientations de l'entreprise reposent sur le paradigme du

lean production, soit : faire plus avec moins ! Le cheminement des innovations introduites dans cette usine de GM
poursuit pour le moment une trajectoire ambiguë et incertaine, parce que les acteurs vivent un phénomène de transition permanent où coexistent les anciennes et les nouvelles
logiques d'action.

L'étude de cas exposé par Grant cible les conditions
d'introduction de changements technologiques dans une
usine québécoise fabriquant des luminaires encastrés
(**Lightolier, Lachine**). Cette entreprise évolue dans un environnement très concurrentiel et manufacture une gamme
variée de produits. Après avoir subi une grève et enregistré
de nombreux griefs, les parties réévaluent la situation dans
un contexte d'insécurité dû à l'état du marché et à
d'importantes mises à pied. L'émergence d'une prise de
conscience des liens entre la protection des emplois et le
succès commercial de l'établissement amène le syndicat et
l'employeur à redéfinir leurs actions.

L'installation d'une nouvelle chaîne d'assemblage automatisé fournit à la direction de l'établissement l'occasion
d'amorcer une réorganisation du travail dans l'usine. Utilisant le modèle d'analyse stratégique développé par Kochan,
Katz et McKersie, l'auteur examine le degré d'implication du
syndicat et des salariés à chacun des trois niveaux décisionnels : celui de la stratégie globale de l'entreprise ; celui des
relations entre les acteurs institutionnels dans l'établissement ; celui concernant le milieu et les conditions d'exécution du travail.

Même si la direction générale assume toujours l'initiative
et la prise des décisions stratégiques finales relatives aux
changements technologiques à implanter, les gestionnaires
tiennent le syndicat et ses membres informés. Le syndicat
n'est pas associé au choix de la technologie utilisée, mais son
implication dans le processus décisionnel a influencé la
conception (*design*) de la chaîne de production, de même
que le programme de formation des membres cette chaîne
semi-autonome. Grant souligne également que ses transformations dans l'encadrement des travailleurs et dans le
processus de production coexistent avec un mode fordiste
sur d'autres chaînes de production au sein même de l'établissement.

Hogue examine l'effet d'une stratégie de gestion sur les
modes de rémunération et sur l'organisation du travail. Il
soutient que l'environnement des entreprises exigent de
celles-ci d'intégrer le plus complètement possible leur mode

de gestion des ressources humaines à la stratégie de gestion plus globale. Une approche intégrée se fondant spécifiquement sur la qualité totale doit provoquer une remise en question radicale du mode tayloriste et conduire à un bouleversement de l'organisation du travail, tels le contenu des tâches, la constitution des équipes de travail et le mode d'encadrement des salariés. Pour implanter efficacement un programme de qualité totale et transformer l'organisation de la production et du travail, la direction de l'entreprise doit réévaluer son système de rémunération. En effet, l'auteur suggère que celui-ci constitue une variable médiatrice cruciale pour une transformation effective de l'organisation du travail.

L'auteur procède à partir de l'examen comparatif des résultats de sa recherche menée au moyen d'entrevues dans trois établissements situés au Québec : le premier, **Bell Helicopter Textron** du Canada (Mirabel) fabrique des hélicoptères ; le second, **Marion Merrell Dow du Canada** (Laval) est engagé dans la production pharmaceutique ; le troisième, **Kenworth du Canada** (Sainte-Thérèse), assemblait au moment de la recherche des camions pour le transport routier. Des trois établissements, seuls les salariés de Kenworth sont représentés par un syndicat.

Une des principales conclusions qui se dégage de cette étude concerne l'influence de la présence syndicale sur les tentatives d'implantation d'un programme de qualité totale. Les rigidités de certaines dispositions des conventions collectives, vestiges du taylorisme, font obstacle à la réorganisation de la production, à la recherche de flexibilité, à la responsabilisation des travailleurs et à la reconnaissance des contributions individuelles. Les établissements non syndiqués ici étudiés offrent des conditions de travail plus favorables à l'innovation dans les modes de rémunération et dans l'organisation du travail.

Les modèles alternatifs au taylorisme proposent la formation comme principe de restructuration organisationnelle. L'innovation dans la formation doit constituer une rupture avec le passé. L'innovation au niveau de la formation doit s'inscrire dans un processus plus global de changements dans l'organisation de la production et du travail, et même dans la stratégie de l'entreprise. Pour Doray, Ricard et Bagaoui, **les nouveaux programmes de formation** diffèrent des anciens en ce qui à trait à la planification, l'horizon temporel, les objectifs recherchés, les groupes ciblés, le contenu, la pédagogie, leur durée, le lieu de formation et leur impact.

L'implication des groupes visés par la formation constitue une condition fondamentale pour le succès des programmes. La ligne de démarcation entre savoir théorique et savoir pratique tend à disparaître à mesure que l'apprentissage devient de plus en plus contextuel.

Les auteurs présentent les résultats de deux études de cas sur les expériences québécoises de formation continue en entreprise. La première étude porte sur **Mitel à Bromont**, un fabricant non syndiqué de semi-conducteurs destinés aux commutateurs téléphoniques ; la seconde s'intéresse à la boulangerie **Weston à Longueuil,** dont les travailleurs sont syndiqués à la Centrale des syndicats démocratiques (CSD). Les impératifs de survie sont à l'origine des transformations et des innovations, tant au niveau de la technologie de production qu'au niveau des exigences de formation. Les deux entreprises procèdent par étapes à l'introduction de réformes organisationnelles. Chez Mitel, la stratégie de direction vise l'obtention de la certification ISO, tandis que chez Weston elle s'articule autour de la transformation des relations de travail. Les acteurs perçoivent les difficultés économiques et commerciales comme l'occasion d'une restructuration organisationnelle et d'une redéfinition de leurs rapports. Finalement, Doray, Ricard et Bagaoui notent un mouvement de formalisation de la formation, mais les programmes permettent de replacer la formation dans son contexte afin que les travailleurs développent une vue d'ensemble du processus de production.

Même si le phénomène est moins répandu qu'aux États-Unis, **l'accession des employés à la propriété d'entreprise** devient une formule de plus en plus populaire au Canada. Cette participation peut être directe, lorsque les travailleurs sont actionnaires minoritaires ou majoritaires de leur propre entreprise, ou indirecte lorsque, par exemple, ils participent à une institution financière contrôlée par les syndicats, comme le Fonds de solidarité de la FTQ. Le chapitre de Long s'attache plus spécifiquement à une analyse comparative de rachats d'entreprise au Canada à partir d'un échantillon de 21 cas. L'auteur propose une typologie de ces rachats : le rachat sauvetage, le rachat restructuration et le rachat retraite. Cette catégorisation renvoie au contexte du transfert de propriété. Le rachat sauvetage s'effectue quand la faillite ou la fermeture de l'établissement incite les propriétaires à le vendre ; pour éviter de perdre leurs emplois, les travailleurs se portent acquéreurs des actifs de l'entreprise. Malgré sa rentabilité, un établissement peut ne plus figurer dans le plan stratégique d'une équipe de direction ; cette situation ne peut alors déboucher sur un rachat restructuration par les employés. Finalement, le rachat retraite survient lorsque les propriétaires décident de se retirer des affaires et que les salariés préfèrent racheter l'entreprise, plutôt que de subir l'arrivée de nouveaux propriétaires.

Après une analyse de chacun des cas, Long examine les conséquences de l'ensemble de ces rachats. Le bilan de ces expériences peut s'analyser selon deux dimensions : celle de la rentabilité financière et commerciale de l'entreprise, et celle du maintien de la propriété ouvrière. Il en résulte quatre possibilités. L'entreprise peut connaître un succès financier en demeurant la propriété de son personnel. Nous pouvons ensuite trouver une entreprise rentable qui retourne à une forme de propriété traditionnelle. Troisièmement, l'établissement peut appartenir au personnel, mais être non rentable. Finalement, l'établissement racheté se voit obligé de fermer. L'auteur observe que les entreprises rachetées dans un contexte de sauvetage semblent incapables d'atteindre un seuil de rentabilité qui justifierait la poursuite des activités, alors que les cas de rachat restructuration connaîtraient un certain succès financier, tout en demeurant majoritairement sous la domination salariale. Long identifie ensuite les conditions de réussite des expériences de rachat et tient compte de la participation du syndicat et des salariés dans le processus décisionnel. Le chapitre se termine par une interrogation sur le rôle des pouvoirs publics à l'égard de leur soutien aux rachats d'entreprise par les salariés. L'expérience des États-Unis et d'ailleurs démontre que, dans la mesure où il existe une gestion participative, les entreprises à propriété ouvrière sont plus productives et créent des emplois beaucoup plus rapidement que des établissements comparables.

Le texte de Grant et Lévesque se veut une méta-analyse des **transformations des milieux de travail**. Il trace à grands traits les principales caractéristiques des mutations connues dans l'organisation du travail et des relations du travail dans les pays développés. Le cadre d'analyse utilisé par les auteurs renvoie au contrat social qui définit les fondements du rôle et du pouvoir des parties au sein de l'entreprise. L'examen de ce contrat social permet de saisir la nature et la portée des rapports collectifs du travail, de même que le statut du travailleur dans le processus productif. Après une courte description des diverses formes de réorganisation du travail expérimentées, qu'ils regroupent en six catégories, les auteurs concluent que les nouvelles configurations qui se sont développées pour sortir du taylorisme supposent, certes, une implication variable des employés, mais qu'elles ne sont pas nécessairement synonymes de gestion participative ou de cogestion. D'autres formes plus avancées de transformation des milieux de travail peuvent affecter les relations patronales-syndicales et le processus décisionnel de l'entreprise dans ses choix stratégiques. Les transformations des milieux de travail interpellent également les tactiques dominantes utilisées au niveau des relations institutionnelles par employeur et syndicat dans le règlement des différends. La remise en question de l'efficacité des méthodes traditionnelles et encore dominantes par un nombre croissant d'intervenants, amène Grant et Lévesque à expliquer les conditions d'émergence et la nature de la négociation dite raisonnée.

Les auteurs se concentrent ensuite sur le cas spécifique des entreprises québécoises, compte tenu des diverses formes que peut prendre la transformation des milieux de travail. Cette présentation se fonde sur plus d'une centaine de monographies ou d'études portant sur des cas d'entreprises réalisées au cours des années 1990. Les transformations observées se situent surtout dans des entreprises syndiquées du secteur manufacturier. Une des particularités de la situation québécoise concerne l'importance de la participation de l'État et des travailleurs à la propriété et aux choix stratégiques de l'entreprise. Les transformations les plus fréquentes des relations du travail au niveau institutionnel portent sur les modes de négociation et de résolution de problèmes, de même que sur un élargissement des objets de négociation et de discussion entre les parties, et ce sous une forme paritaire qui déborde du cadre de la négociation périodique de la convention collective, De plus, les ententes intervenues dans le cadre de cette négociation ou de consultations continues, ne se traduisent pas nécessairement dans les textes officiels des conventions collectives. Finalement, l'examen des études de cas souligne que les transformations les plus nombreuses se situent au stade de l'organisation de la production et du travail, par exemple une plus grande polyvalence dans les tâches, la constitution d'équipes semi-autonomes de travail et le desserrement de l'encadrement hiérarchique. Les auteurs concluent par un retour au cadre théorique utilisé dans l'analyse de transformation et de modernisation sociales des milieux de travail, de même que sur la spécificité relative de l'expérience québécoise.

Le dernier chapitre rédigé par Smith aborde la question des **différences régionales dans les modes d'organisation du travail et les rapports de travail au Canada.** La diffusion des innovations dans les milieux s'effectue-t-elle au même rythme ? Dans quelle mesure la nature et l'implantation de ces innovations diffèrent-elles ou non d'une région à l'autre ? Smith tente donc d'expliquer le sens des mutations que connaît le régime des relations industrielles au Canada.

Il semble que partout au pays les acteurs doivent tenir compte, puis s'adapter aux transformations du marché des produits et de l'emploi, de même qu'à la décentralisation accrue des structures organisationnelles et opérationnelles. Il suggère que le modèle traditionnel axé sur les relations contractuelles des acteurs opère d'une façon parallèle au nouveau modèle reposant sur les méthodes innovantes. La diversification de la main-d'œuvre et de l'organisation du travail, et le caractère plus flou des frontières hiérarchiques accroissent la fluidité et la complexité des intérêts en jeu. La réorganisation du travail interpelle également les pratiques de formation et, à partir des expériences canadiennes, Smith conclut que le Canada investit moins que ses concurrents internationaux. En outre, le type de formation dispensé varie selon les secteurs, les régions et les emplois. Finalement, la réduction du nombre de classifications professionnelles et les programmes de formation axés sur la polyvalence des salariés conduisent à l'instauration de modes de rémunération prenant plus en considération les qualifications individuelles.

Cet auteur se demande ce qu'il advient de la représentation ouvrière dans le contexte des changements au sein des milieux de travail. Il souligne la pertinence d'études comparatives des modèles alternatifs par rapport au type de représentation ouvrière connu jusqu'à maintenant. Comment les syndicats peuvent-ils s'impliquer dans la gestion de l'entreprise, tout en préservant leur rôle de défenseur des intérêts de leurs membres ? Pour Smith, il est fondamental de comprendre que personne n'est à l'abri des pressions concurrentielles ; la technologie est disponible et son mode d'adaptation aux qualifications des travailleurs dépend en bonne partie du régime national régulant les rapports de travail. L'expérience canadienne se caractérise plus par sa diversité que par son uniformité, et le développement de recherches privilégiant les études comparatives nous permettrait de mieux comprendre les modes de gestion de régulation des rapports de travail au Canada.

Références bibliographiques

ALBERT Michel, *Capitalisme contre capitalisme*, Paris, Seuil, 1991.

BÉLANGER, Paul R., Michel GRANT et Benoît LÉVESQUE, *La modernisation sociale des entreprises*, Montréal, Presses de l'Université de Montréal, 1994.

BERGGREN, Christian, *Alternative to Lean Production ; Work Organization in the Swedish Auto Industry*, Ithaca, ILR Press, 1992.

BLAUNER, Bob, *Alienation and freedom : the factory worker and his industry*, Chicago, University of Chicago Press, 1964.

BOYER, Robert, *New Directions in Management Practices and Work Organization. General Principles and National Trajectories*, Paris, CEPREMAP, n° 9130, 1991.

BOYER, Robert, *New Directions in Management Practices and Work Organization. General Principles and National Trajectories*, Paris, CEPREMAP, 1989.

BRAVERMAN, Harry, *Travail et capitalisme monopoliste : La dégradation du travail au 20ᵉ siècle*, Paris, Maspero, 1976.

CHASKIEL, P., « Le mouvement participatif dans l'industrie automobile américaine : vers une nouvelle forme sociale structurelle ? », *Sociologie du travail*, n° 2, 1990, p. 195 à 211.

CHAYKOWSKI, Richard P. et Anil VERMA, *Industrial Relations in Canadian Industry*, Toronto/Montréal, Dryden, 1992.

CORIAT, Benjamin, *L'atelier et le chronomètre*, Paris, Christian Bourgois, 1979.

CORIAT, Benjamin, *L'atelier et le robot : essai sur le fordisme et la production de masse à l'âge électronique*, Paris, Christian Bourgois, 1990.

CORIAT, Benjamin, *Penser à l'envers ; travail et organisation dans l'entreprise japonaise*, Paris, Christian Bourgois, 1991.

CORIAT, Benjamin, « Du fordisme au post-fordisme », dans FREYSSENET, Michel, *Une décennie de modernisation :*

quels modèles socio-productifs ?, Paris, GIP-MI, n° 58, janvier 1992.

CUGGIA, Gérard, *Cascades. Le triomphe du respect*, Montréal, Québec/Amérique, 1989.

DUPUIS, Jean-Pierre, *Le modèle québécois de développement économique*, Montréal/Casablanca, Presses Inter Universitaire/Éditions 2 Continents, 1995.

HERZBERG, Frederick, *Work and the nature of man*, Cleveland, World, 1966.

JENSON, Jane et Rianne MAHON (eds), *The challenge of restructuring; North American Labor Movement Respond*, Philadelphia, Temple University Press, 1993.

KATZ, Harry C., « The GM-UAW Settlement : Breakthrough or more of the same », *Personnel*, janvier 1985.

KERN, Horst et Michael SCHUMANN, *La fin de la division du travail ? La rationalisation dans la production industrielle*, Paris, Éditions de la Maison des sciences de l'homme, 1989.

LAPOINTE, Paul-André, « La réorganisation du travail. Continuité, rupture et diversité », dans BLOUIN, Rodrigue et al., *La réorganisation du travail ; efficacité et implication*, Québec, Presses de l'Université de Montréal, 1995, p. 3 à 43.

LAPOINTE, P.-A. et Paul R. BÉLANGER, « La participation à la modernisation sociale des entreprises », dans MURRAY, G., M.-L. Morin et I. DA COSTA (sous la direction de), *L'État des relations professionnelles*, Québec, Presses de l'Université Laval, 1996, p. 284 à 310.

LEBORGNE, Danièle, « De la réorganisation du travail au partenariat régional », dans BLOUIN, Rodrigue et al., *La réorganisation du travail ; efficacité et implication*, Québec, Presses de l'Université Laval, 1995.

LINHART, Danièle, *La modernisation des entreprises*, Paris, La Découverte, 1994.

LIPIETZ, Alain, *Choisir l'audace*, Paris, La Découverte, 1989.

LORINO, Philippe, *L'économiste et le manageur*, Paris, La Découverte, 1989.

MURRAY, Gregor, Marie-Laure MORIN et Isabel DA COSTA (sous la direction de), *L'état des relations professionnelles*, Québec, Presses de l'Université Laval, 1966.

OUCHI, William, *Théorie Z ; faire face au défi japonais*, Paris, InterÉditions, 1982.

PÉPIN, Normand, *Post ou Néo-fordisme chez Cascades Inc. : Analyse des dimensions culturelles, organisationnelles et institutionnelles de l'entreprise à travers le cas de Kingsey Falls et d'East Angus*, Montréal, Thèse de doctorat, 1996.

PETERS, Thomas et Robert WATERMAN, *Le prix de l'excellence*, Paris, InterÉditions, 1983.

PIORE, Michael J., « La crise du mouvement ouvrier aux États-Unis et la crise de la régulation macro-économique », dans DOSTALER, Gilles (sous la direction de), *La crise économique et sa gestion*, Boréal Express, Montréal, 1982.

PIORE, Michael J. et Charles F. SABEL, *Les chemins de la prospérité : de la production de masse à la spécialisation souple*, Paris, Hachette, 1989.

REICH, Robert B., *The Works of Nations : Preparing Ourselfves for 21st Century Capitalism*, New York, A.H. Knopf, 1991 (traduction française, 1993).

STREECK, Wolfang, *Social Institutions and Economic Performance*, Sage, Londres, 1992.

VELTZ, Pierre et Philippe ZARIFIAN, « Entreprise. Vers de nouveaux modèles d'organisation de la production ? », *Sociologie du travail*, XXXV, n° 1, 1993.

WOMACK, James P., Daniel T. JONES et Daniel ROOS, *Le système qui va changer le monde*, Paris, Dunod, 1992.

ZARIFIAN, Philippe, *Travail et communication*, Paris, PUF, 1996.

Première partie

ÉTUDES DE CAS

Chapitre 1

Cascades Jonquière : entre le modèle de la réalité et la réalité du modèle

Paul-André LAPOINTE

Reconnue comme l'une des entreprises typiquement québécoises ayant le mieux réussi au cours des dernières années, Cascades attire également l'attention sur son mode gestion spécifique que d'aucuns considèrent comme étant la pierre angulaire de ce modèle d'entreprise, voire la meilleure illustration du modèle québécois (Aktouf, Bédard et Chanlat, 1992). Mais, de manière tout à fait paradoxale, à l'exception des recherches effectuées principalement dans les usines non syndiquées et particulièrement à Kingsey Falls, le berceau de l'entreprise, (Aktouf, 1994, 1991 et 1990 ; Aktouf et Chrétien, 1987), ainsi qu'à Cabano (Bernier et Saucier, 1994), peu de chercheurs se sont livrés à une étude approfondie de ce modèle, et encore moins se sont penchés sur le cas des usines syndiquées. Car, s'il faut parler de modèle Cascades et de modèle québécois d'entreprise, n'est-il pas nécessaire de prendre en compte les usines syndiquées, puisque la main-d'œuvre actuellement employée chez Cascades est majoritairement syndiquée[1] et que le taux de syndicalisation au Québec s'élève à plus de 40 % ? La présente recherche[2],

---

[1] Depuis l'acquisition par Rolland et Perkins, la majorité des employés de Cascades sont syndiqués, la plupart à la CSN.

[2] Cette recherche a été menée grâce à des subventions du CRSH et du FCAR. Les résultats en sont présentés d'une manière exhaustive dans un rapport publié dans les Cahiers du CRISES (Lapointe, 1996).

dont les principaux résultats sont exposés ici, voudrait combler cette lacune, en se penchant sur la cartonnerie Jonquière, qui a été acquise par Cascades en 1984 alors qu'elle était en faillite, et dont les travailleurs sont syndiqués et affiliés à la CSN depuis l'entrée en exploitation de l'usine en 1962. Il est alors d'un intérêt certain d'en étudier l'organisation et les relations de travail, les formes de participation et de partenariat, ainsi que les stratégies patronales et syndicales, afin de les comparer à la philosophie Cascades, telle qu'observée dans les usines non syndiquées, et telle que diffusée dans le milieu de la gestion et dans la littérature scientifique.

Une réussite remarquable grâce à une philosophie particulière

Née en 1964 de l'acquisition d'un vieux moulin à papier situé dans le petit village de Kingsey Falls, Cascades a depuis connu une expansion fulgurante. Elle se place aujourd'hui au deuxième rang des compagnies de pâtes et papiers du Québec[3]. Au cours des dernières années, pendant que s'opérait le démantèlement des grandes compagnies de pâtes et papiers, notamment PFCP et Domtar, Cascades poursuivait son expansion en acquérant de nombreux actifs dans le secteur. Au total, en 1995, Cascades employait plus de 8000 personnes et exploitait 75 usines, dont 4762 personnes au Québec, travaillant dans 45 usines. Depuis 1991, elle a accru ses effectifs de près de 80 % en faisant l'acquisition de trois compagnies, soit Paperboard Industries Corporation (neuf usines canadiennes embauchant 1195 personnes, dont 122 travaillent dans une usine au Québec), Papiers Rolland (deux usines au Québec, 925 employés) et Papiers Perkins (trois usines au Québec et 745 personnes)[4]. Le personnel employé chez Cascades au Québec s'est alors accru de 2088 personnes, passant de 2674 en 1991 à 4762 en 1995.

---

[3]   Mesuré d'après l'emploi total en 1995, le classement des dix principales compagnies de pâtes et papiers au Québec est le suivant : Stone, 3590; Cascades, 3061 (en ne comptant que les usines liées directement à l'industrie des pâtes et papiers, soit dix-neuf usines); Abitibi-Price, 2519; Donohue, 2122; Kruger, 1600; Domtar, 1583; Tembec 1271; Scott, 1112; Daishowa, 1100 et Cartons St-Laurent, 840. (Lapointe et Caron, 1994; données mises à jour par Maryse Lachance.)

[4]   En 1991, Cascades a fermé son usine de pâtes à Port-Cartier (perte de 178 emplois) et le secteur kraft à l'usine Jonquière (perte de 143 emplois). Cascades Inc, *Rapport annuel 1990*, p. 24 et *Rapport annuel 1991*, p. 30.

Des années 1960 aux années 1990, Cascades est passée d'une petite entreprise familiale, sous contrôle privé, confinée dans un petit village du Québec, à une multinationale devenue société publique et implantée dans tout le Canada, aux États-Unis et en Europe. Cascades est un important producteur de produits d'emballage, de cartons, de papiers fins et de papiers tissus, c'est-à-dire de produits se caractérisant tous par une haute teneur en fibres recyclées. Elle est le plus important producteur de carton plat recyclé au Canada et le sixième en importance en Amérique du Nord. Entre 1991 et 1992, son chiffre d'affaires a triplé, passant de 800 000 $ à 2 300 000 $ (Valeurs mobilières Desjardins, 1995).

Cascades se démarque par une philosophie de gestion particulière. Selon les publications de l'entreprise elle-même (Cascades, 1993) et celles de certains chercheurs (les travaux d'Aktouf déjà cités et Cuggia, 1989), ainsi que les propos tenus par les dirigeants de l'entreprise (Lemaire, 1986) et les entrevues que nous avons réalisées avec la direction de la cartonnerie Jonquière, la philosophie Cascades reposerait d'abord sur une décentralisation administrative au sein des unités opérationnelles, c'est-à-dire des usines, lesquelles sont responsables de leurs investissements et de leur financement. Elle s'appuierait ensuite sur le partage : partage des profits, dons d'actions, réinvestissement des profits dans l'entreprise qui les génère (plutôt que distribution de dividendes aux actionnaires) et maximisation des retombées locales afin d'en faire profiter la communauté environnante. Le respect constituerait la troisième caractéristique de la philosophie Cascades : respect des employés, respect de leur savoir-faire, respect des clients. La transparence et la franchise dans leurs relations avec les employés et avec tous les autres participants seraient également fondamentales pour les frères Lemaire, principaux actionnaires de l'entreprise. Cela se traduirait par le libre accès aux informations et la tenue de réunions d'information régulières à l'intention de tous les employés et de leur syndicat, le cas échéant. Un autre élément fondamental de la philosophie Cascades résiderait dans l'écoute et la pratique des portes ouvertes. La direction, y compris la très haute direction, serait de la sorte continuellement disposée à entendre les doléances et les diverses suggestions des travailleurs. Les usines des frères Lemaire se signaleraient en outre par la quasi-absence de hiérarchie : le nombre de cadres serait réduit au strict minimum et l'organisation du travail ferait plutôt appel au travail d'équipe et à la responsabilisation des salariés. Enfin, cette philosophie de gestion favoriserait le maintien d'un bon climat de travail et susciterait une très grande motivation chez les salariés. C'est d'ailleurs ainsi qu'elle est présentée dans une publication récente du service de recherche du Mouvement Desjardins.

> La compagnie est également reconnue pour le caractère unique de sa philosophie de gestion qui favorise l'esprit d'appartenance et l'initiative par une structure peu hiérarchisée « portes ouvertes » et une politique de partage des profits. La plupart des usines ne sont pas syndiquées[5] et le climat de travail en usine est très bon. D'ailleurs, une seule visite en usine suffit pour remarquer la fierté des employés et leur motivation à battre des records de production. (Valeurs mobilières Desjardins, Recherche, 1995, p. 4.)

Dans la littérature scientifique, Aktouf s'est démarqué par la défense d'une thèse considérant la philosophie Cascades comme un nouveau modèle de gestion susceptible de permettre de surmonter la crise du management classique. Cette dernière serait attribuable à trois causes : l'incapacité du management classique et bureaucratique à réellement motiver les employés ; le caractère excessivement conflictuel des rapports de la direction avec les salariés et leur syndicat, de même que l'incapacité de faire face aux nouvelles conditions de la mondialisation des marchés, dominés notamment par les entreprises japonaises et allemandes (Aktouf, 1994). Cascades représente un dépassement du management classique par ses résultats exceptionnels, en transformant systématiquement en succès les entreprises en banqueroute qu'elle rachète, en motivant son personnel et en établissant des relations harmonieuses avec ses travailleurs.

Cette réussite repose sur deux facteurs fondamentaux : un style de gestion et une organisation particulière. Le leadership est à la fois traditionnel, charismatique et « interpellable ». Il est traditionnel, parce qu'il s'appuie sur la propriété. La direction de Cascades étant également propriétaire de toutes ses usines, elle limite ainsi l'émergence d'un intermédiaire bureaucratique entre des propriétaires absents et leurs salariés, et rétablit plutôt des relations directes entre les parties. Le caractère traditionnel de ce leadership se vérifie également dans la forte présence de la direction dans la communauté locale, jouant alors un rôle de mentor et de mécène. Le leadership est charismatique, car il s'incarne en la personne des frères Lemaire, à qui sont attribuées des qualités exceptionnelles de gestionnaires et de sauveteurs

---

[5]   Ce qui n'est pas tout à fait exact, comme nous l'avons indiqué plus haut (note ajoutée par l'auteur).

d'entreprises en faillite. Il est enfin « interpellable », car il permet aux salariés de s'adresser directement aux dirigeants, de mettre en cause leurs faits et gestes, de porter plainte, les dirigeants agissant alors comme arbitres magnanimes au-dessus de la mêlée des conflits quotidiens. Mais ce leadership, « largement reconnu, accepté, légitimé et incontesté par l'ensemble des employés » et suscitant « un tel degré d'adhésion et de complicité » peut fonctionner ainsi parce qu'il s'accompagne d'une organisation basée sur la reconnaissance des salariés qui bénéficient de bons salaires et d'avantages sociaux, jouissent d'un réel droit d'expression et peuvent exercer leur créativité dans un travail enrichissant. Tout cela permet de surmonter les situations d'exclusion, propres au management classique, en permettant aux salariés d'effectuer « un double rétablissement de la relation d'appropriation : par rapport au travail, à l'usine et à ce qu'elle fait, et par rapport à la prise de parole » (Aktouf, 1994). Les salariés se sentent propriétaires, grâce au partage des profits et à l'achat d'actions ; ils accomplissent un travail significatif et valorisant ; ils se sentent respectés et associés à l'entreprise, grâce aux engagements de la direction envers la sécurité d'emploi et ils ont un droit d'expression officiellement reconnu par la direction (Aktouf, 1994).

Ce « modèle de la réalité » correspond-il à « la réalité du modèle » ? L'étude de la cartonnerie Jonquière devrait permettre d'esquisser quelques éléments de réponse à cette question. Exploitée depuis 1962 et acquise par Cascades en 1984, la cartonnerie Jonquière possède une machine à carton d'une capacité actuelle de 400 tonnes par jour et qui se situe à la fine pointe de la technologie. Elle produit un carton plat couché de haute qualité qui sert à la fabrication de boîtes pour les produits alimentaires, les cosmétiques et les produits hygiéniques, ainsi qu'à l'emballage des produits de la restauration rapide. Son marché se situe principalement aux États-Unis, où elle écoule 70 % de sa production. Elle emploie au total un peu plus de 200 personnes. Les employés de bureau et les ouvriers de l'usine sont syndiqués, les uns à la CSN et les autres à la FTQ.

L'approche monographique

Aux fins de cette recherche, l'étude prolongée et approfondie au moyen d'une enquête sur le terrain et d'une observation directe a été retenue, parce qu'elle était susceptible de permettre une meilleure compréhension de la complexité des rapports sociaux en usine et d'une situation de changement. Nous avons recueilli les données de plusieurs sources : des entrevues avec de multiples intervenants représentant des catégories sociales différentes, une observation directe et, enfin, des sources documentaires variées et nombreuses (statistiques diverses, procès-verbaux de réunions de comité, conventions collectives, lettres d'entente, etc.). Nous avons mené des entrevues en profondeur, d'une durée moyenne de 60 à 90 minutes, avec dix-neuf personnes ainsi réparties : neuf représentants de la direction, quatre représentants syndicaux et six salariés identifiés comme informateurs-clés, soit des salariés repérés au cours de l'observation directe ou d'autres salariés choisis pour leur bonne connaissance de l'histoire de l'usine et ayant été identifiés par les divers intervenants. Les entrevues étaient de type semi-directif et incitaient les personnes interviewées non seulement à établir les faits, mais aussi à donner leur interprétation des événements et des phénomènes, à commenter les interprétations et les points de vue des autres intervenants.

L'enquête s'est déroulée sur une période de trois ans, entre 1992 et 1995. Des entrevues avec les représentants de la direction et du syndicat ont eu lieu régulièrement tout au long de cette période. L'observation directe a commencé au printemps 1994. Répartie sur quatre jours, elle aura duré 48 heures au total. Pendant l'observation, nous avons pu étudier le travail tel qu'il s'accomplit réellement et rencontrer un très grand nombre de travailleurs, plus d'une trentaine, avec qui nous avons dialogué en toute liberté. Les points de vue exprimés et les observations enregistrées alors se sont trouvés validés dans les entrevues qui ont eu lieu ensuite avec les informateurs-clés, en décembre 1995. Enfin, la collecte des données fut effectuée selon une grille très détaillée et couvrant toutes les dimensions d'un milieu de travail (Lapointe, 1993).

Débuts difficiles et « lune de miel »

Au moment de son démarrage en 1962, la cartonnerie Jonquière était la propriété de la compagnie Price. Elle possédait alors une capacité quotidienne de production de 150 tonnes de carton, 250 tonnes de pâte kraft et 50 tonnes de pâte mécanique. Elle employait environ 400 personnes. En 1974, elle devint la propriété d'Abitibi-Price, lorsque les installations de Price furent absorbées par Abitibi pour devenir la compagnie Abitibi-Price. Les données relatives à la capacité de production et à l'emploi demeurèrent à peu près inchangées jusqu'en 1983, année où Abitibi-Price décida de mettre en vente la cartonnerie Jonquière, invoquant le fait qu'elle n'avait jamais été rentable.

Face à cette situation, le syndicat[6] entreprit une étude auprès de ses membres pour enquêter sur les coûts de production, en vue de trouver des moyens de les réduire. Il proposait de revoir l'organisation du travail en diminuant le nombre de cadres et en accordant plus d'autonomie et de responsabilités aux travailleurs. Devant le peu d'empressement d'éventuels acheteurs, le syndicat s'associa à un partenaire régional pour présenter une offre d'achat. Mais Abitibi-Price préféra celle de Cascades. Toutefois, avant de finaliser l'entente, les frères Lemaire posèrent comme condition préalable la renégociation du contrat de travail qui liait Abitibi-Price à ses travailleurs syndiqués et qui, d'une durée de deux ans, venait à échéance en mai 1984.

Après des négociations longues et ardues pendant tout l'automne, un accord était finalement conclu en décembre 1983. Selon les termes de cette entente, les salaires ont été « gelés » pour toute la première année du contrat, d'une durée de trois ans, qui prit effet à compter de mai 1984. Pour les deux autres années, les augmentations salariales étaient respectivement de 2 % et 4 %. Des changements majeurs ont été apportés aux avantages sociaux. Cascades se retira de la caisse de retraite. Les employés ont récupéré leurs cotisations versées jusque-là, mais ils ont perdu la part de leur

---

[6]   Dans le reste du texte, il ne sera question que du syndicat des ouvriers d'usine affilié à la CSN et représentant la très grande majorité du personnel. Nous ne traiterons donc pas des employés de bureau affiliés à la FTQ, dont l'influence est mineure dans l'évolution de la situation étant donné leur importance numérique et stratégique plutôt faible.

ex-employeur et Cascades refusa de l'assumer. Avec le recouvrement de leur contribution, ils mirent sur pied un REÉR collectif administré par le syndicat et auquel l'employeur s'engagea à verser, une fois par année, l'équivalent de 2 % de la masse salariale. Il fut également mis un terme au régime collectif d'assurances financé par l'employeur. Le syndicat se retrouva ainsi dans l'obligation de mettre sur pied son propre régime collectif d'assurances et l'employeur accepta d'y contribuer mensuellement pour un montant variant de 95 $ à 115 $ par employé. Un régime de partage des profits fut instauré en vertu duquel les travailleurs reçurent un montant forfaitaire fixé selon l'importance des profits bruts de l'usine. À cette occasion, la formule de partage fut précisément définie dans la convention collective[7].

Durant les années qui suivirent l'acquisition de l'usine, Cascades ne procéda pas à de grands changements, si ce n'est l'abolition de certaines distinctions hiérarchiques, comme la couleur des chapeaux de travail. L'usine continua à fonctionner comme avant. Les premières années, on vécut même une certaine lune de miel entre les salariés et les frères Lemaire. L'exploitation de la cartonnerie dégageait alors d'importants profits, grâce à la pâte kraft dont le prix atteignait des sommets. Au cours des bonnes années, les employés reçurent des montants forfaitaires annuels s'élevant jusqu'à 1200 $ et même 1500 $ (entrevue avec un représentant syndical, le 2 novembre 1995).

Les négociations collectives pour le renouvellement de la convention en 1987 se déroulèrent rondement. Elles n'exigèrent que neuf séances (Cuggia, 1989). Selon les représentants syndicaux, les travailleurs de la cartonnerie Jonquière ont alors obtenu la meilleure convention dans le secteur du papier (entrevue, le 17 décembre 1992). Quant aux négociations de 1990, elles ont été conclues en respectant les grands paramètres du secteur, notamment au sujet des augmentations salariales et de l'introduction de la flexibilité, qui fut à Jonquière l'objet d'une entente spéciale sur la réorganisation du travail.

En 1988 et en 1989, la direction investit 50 M $ dans la modernisation de la machine à carton ; le bout humide de la machine a été complètement rénové avec une technologie

---

[7]   Depuis 1993, cette formule n'est plus définie dans la convention collective. C'est la formule Cascades qui s'applique : soit 3 % des profits bruts de l'usine partagés entre les cadres supérieurs, 3 % entre les autres cadres et 4 % entre les salariés (employés de bureau et travailleurs d'usine). Convention collective 1990-1993 et 1993-1996 et entrevue avec un représentant syndical, le 13 novembre 1995.

de fine pointe. La capacité de production doubla, passant à 300 tonnes par jour, et un nouveau produit était fabriqué : un carton trois couches destiné au marché des contenants pour la restauration rapide et à celui des boîtes d'emballage pour les produits alimentaires. L'avenir s'annonçait très prometteur pour la cartonnerie et les relations patronales-syndicales évoluaient sans problème, les plaintes se faisant plutôt rares. Avant l'arrivée de Cascades, il y avait jusqu'à 150 griefs par année, dont une vingtaine nécessitait un arbitrage. Depuis, il n'y a qu'une douzaine de griefs par année et seulement un ou deux demandent un arbitrage (entrevue avec deux représentants syndicaux, les 17 décembre 1992 et 1er mars 1993). Selon les témoignages recueillis, le syndicat connaissait même une certaine désaffection.

Le tournant

L'année 1991 marqua un tournant majeur dans l'histoire de la cartonnerie et dans les relations entre la direction, les salariés et leur syndicat. Elle coïncida avec le retournement de la situation commerciale : le prix de la pâte atteignit son point le plus bas, les pertes succédant aux profits des années précédentes. En 1991, les pertes se sont chiffrées à près de six millions de dollars, pour un chiffre d'affaires de 82,5 M $. Malgré les investissements considérables, la machine à carton ne dégageait toujours pas de profits, mais était plutôt la cause de pertes énormes, plus de dix millions de dollars en 1990 et près de cinq millions de dollars en 1991, que les opérations du secteur kraft ne parvenaient plus à compenser.

Face à cette situation plutôt critique, la direction réagit de manière vigoureuse. En octobre, les frères Lemaire annoncèrent la fermeture du secteur de la pâte kraft pour conserver la machine à carton dont les perspectives de rentabilité s'annonçaient meilleures. Non seulement les prix de la pâte étaient-ils trop bas, mais il aurait fallu investir environ une quinzaine de millions de dollars pour répondre aux nouvelles exigences environnementales, dont l'entrée en vigueur étaient prévues pour bientôt (Bourse de Montréal, 1992). À cette occasion, la direction réunit tous les travailleurs syndiqués. C'est alors que Bernard Lemaire critiqua sévèrement le comportement des travailleurs, leur faisant porter une lourde part de responsabilité dans les difficultés que connaissait l'usine.

J'ai fait mon deuil de Cascades-Jonquière, leur a-t-il dit. Vous ne méritez pas beaucoup de notre part. Vous avez une machine à carton ultra-moderne capable de produire 300 tonnes par jour et vous n'en faites pas 200. Il y a 10 % de pourris qui mènent ici. À vous de ne pas les écouter et de collaborer avec nous. L'avenir est entre vos mains. » (Bernard Lemaire, cité dans *L'Actualité*, 1er mars 1992, p. 47[8].)

Nous sommes en mesure d'affirmer aujourd'hui que ces propos n'étaient pas vraiment fondés. En effet, les investissements des années précédentes avaient porté la capacité de production de la machine à 300 tonnes par jour, mais seulement au bout humide. Le reste de la machine, c'est-à-dire les séchoirs, la section du couchage et la bobineuse, n'avait pas été modifié et représentait autant d'obstacles ou de goulots d'étranglement (selon l'expression utilisée dans le procès-verbal de la réunion du comité d'entreprise du 14 juillet 1992, p. 1) qui ralentissaient la vitesse de la machine et l'empêchaient de produire à pleine capacité. Les investissements effectués durant les années subséquentes ont éliminé ces goulots d'étranglement et il fut alors possible d'atteindre le cap des 300 tonnes par jour et même de le dépasser.

Des opportunités, mais un partenariat impossible

L'annonce de la fermeture imminente du secteur kraft de l'usine fut l'élément déclencheur qui amena les acteurs sociaux de l'entreprise à définir différentes stratégies et à concevoir différents moyens d'assurer l'avenir de l'usine. L'exécutif syndical forma un comité de relance et entreprit une enquête auprès des travailleurs afin d'évaluer la situation et de proposer des mesures de redressement. Il présenta une trentaine d'améliorations techniques et de méthodes de production, une importante réduction des postes de travail, une réorganisation du travail sur la base d'une cogestion, l'élimination des cadres de premier échelon et une participation financière des travailleurs. Bien qu'accueilli avec intérêt et considéré comme tout à fait crédible par les frères Lemaire, ce plan fut écarté et la direction décida de fermer le secteur kraft à la fin de novembre 1991. Cette fermeture entraîna la suppression de 135 postes de travail, dont 127 par-

---

[8]   Bernard Lemaire a repris des propos semblables lors des pourparlers d'achat de l'usine de Trois-Rivières de PFCP. Il a alors déclaré qu'il ne voulait pas respecter la liste d'ancienneté pour une éventuelle embauche de travailleurs, parce qu'il ne voulait pas rengager « les pourris et les dangereux », et il a poursuivi en disant qu'il ne voulait pas « revivre les mêmes difficultés qu'à [leurs] usines de Jonquière et d'East Angus ». *La Presse*, 13 avril 1992, C3.

mi les travailleurs d'usine, affectant ainsi un peu plus de 40 % de la main-d'œuvre.

Malgré tout, la situation de l'usine demeurait des plus critiques. La machine à carton fonctionnait à pertes depuis cinq ans. Les clients étaient rares et insatisfaits de la qualité de la production. Le carnet de commandes était presque vide. Par ailleurs, des investissements étaient encore nécessaires pour tirer pleinement profit des changements technologiques déjà apportés. La direction s'employa alors à redresser la situation. Elle mit sur pied un comité d'entreprise au début de janvier 1992, dans le but de recueillir les suggestions des salariés et de les informer adéquatement de la situation de l'usine. Au même moment, elle se lança dans un projet d'introduction du programme d'assurance qualité ISO 9002. Elle partit à la conquête des clients et des marchés et elle continua d'investir dans l'amélioration de la machine, afin d'en éliminer les goulots d'étranglement. Enfin, elle se tourna du côté de la main-d'œuvre pour exiger des concessions salariales et pour modifier l'organisation du travail.

La direction força une réouverture de la convention afin de renégocier les augmentations de salaires, les horaires de travail et de procéder à une nouvelle réorganisation du travail. En mai 1992, sous la menace d'une fermeture totale de l'usine, une entente intervint qui accorda à la direction des gains importants : l'annulation de l'augmentation de 5 % prévue dans la convention signée en mai 1990 ; l'introduction d'un horaire de douze heures en remplacement de la semaine de 4/2 (cela se traduisit par un accroissement du nombre d'heures de travail par semaine de 37 heures un tiers à 42 heures) ; l'élimination des contremaîtres de premier échelon à la production et une réduction importante des postes de travail dans les échelons supérieurs. Ces concessions, notamment l'horaire de douze heures, furent très difficiles à accepter pour les salariés, car ils avaient mené une grève de quatre mois, vingt ans plus tôt (en 1973), pour obtenir la semaine de 4/2 et la réduction des heures de travail. L'introduction d'un horaire de douze heures et l'allongement de la semaine de travail étaient perçus comme un véritable recul, d'autant plus difficile à avaler que, quelques mois plus tôt, la direction avait mis à pied 130 de leurs collègues. Ce ne fut d'ailleurs qu'à une très faible majorité de 53 % que les travailleurs ont consenti à ces concessions et, n'eut été la participation des travailleurs de l'entretien non concernés par la modification aux horaires de travail, elles auraient été rejetées.

Au début de l'année suivante, les négociations pour le renouvellement de la convention collective pointent à l'horizon. La direction prit rapidement l'initiative en demandant, dès le mois de janvier, une réduction salariale de 10 % ou l'application de tout autre mesure visant à réduire la masse salariale d'un pourcentage équivalent. Les salariés refusèrent toutefois dans une proportion de 90 %. Les négociations se sont néanmoins poursuivies et elles ont donné lieu, trois mois plus tard, à une troisième entente sur la réorganisation du travail. Quant à la convention collective, elle fut signée en juillet 1993 pour une durée de trois ans. Au sujet des salaires, l'entente prévoyait leur gel pour l'année 1993 et leur renégociation l'année suivante. Au terme de cette renégociation, en mai 1994, les salariés ont obtenu une augmentation de 1,5 % pour la première année et 2 % pour l'année suivante. Dans la convention collective de 1993, les parties se sont en outre entendues pour ajouter un préambule dans lequel elles conviennent d'une certaine forme de négociation continue et du maintien du comité d'entreprise, avec la présence d'un représentant syndical à chacune de ses réunions. Il n'est toutefois pas question de l'établissement d'un partenariat pour assurer la survie et le développement de la cartonnerie, ce qui était pourtant proposé par le syndicat. À la suite d'une demande syndicale, la convention collective de 1993-1996 comportait, par ailleurs, une clause relative à l'information en vertu de laquelle des rencontres régulières sont prévues pour permettre à la compagnie de communiquer au syndicat des informations de « nature comptable et factuelle sur les activités de l'entreprise ». Enfin, une annexe était ajoutée à propos de la polyvalence des corps de métier.

Sur le plan de l'organisation du travail, la direction essuya un échec au début de l'année dans ses tentatives d'introduire des comités de résolution de problèmes. La direction a néanmoins poursuivi ses efforts sur le plan de l'amélioration de la qualité. En août 1993, la compagnie a reçu l'agrément du QMI pour ISO 9002. L'introduction du programme d'assurance qualité a été réalisée en un temps record de dix-huit mois et a fait de Cascades Jonquière « la première usine de carton multicouches à obtenir l'accréditation ISO 9002 » en Amérique du Nord (*Le Cascadeur*, novembre 1993, p. 6 et *Le Quotidien*, 18 août 1993, p. 4).

À l'automne 1994, le prix de la pâte kraft poursuivit la remontée qu'il avait amorcée un an plus tôt. Il dépassait déjà de beaucoup le seuil de rentabilité de l'usine. Face à cette situation, le syndicat se mobilisa pour amener la direction à relancer les opérations du secteur kraft de l'usine. Il forma un comité de relance avec la participation d'un professeur en sciences administratives de l'Université du Québec à Chicoutimi. Il remit à jour l'étude qu'il avait produite trois ans plus tôt et proposa de nouveau à la direction un partenariat et une participation financière, selon diverses modalités à préciser lors d'éventuelles discussions. Au cours de différentes assemblées d'information, ouvertes à tout le personnel de l'usine et auxquelles la plupart des cadres assistèrent, il recueillit au bas d'une pétition appuyant le plan de relance soumis à la direction la signature de tous les employés et ex-employés de l'usine, hormis les cadres qui préférèrent s'abstenir. De son côté, la direction entreprit ses propres études de faisabilité et explora diverses formules d'association avec des partenaires-clients et des fournisseurs. Les études et les démarches se sont prolongées et étaient encore en cours. Avec les délais qui s'allongent et malgré un accueil plutôt favorable de la part de la direction de Cascades, le syndicat a l'impression d'avoir été écarté du dossier. Entre-temps prenait fin la période durant laquelle les salariés mis à pied en novembre 1991 conservaient leur priorité d'embauche. La direction était donc libérée de ses engagements à leur égard.

Tableau 1 – Production et productivité (en tonnes métriques), Cartonnerie Jonquière, 1985-1995

Année	Production annuelle	Production par jour*	Employés à la production **	Productivité Tonne/jour/employés
1985	37 850	113	145	0,78
1986	46 730	140	138	1,01
1987	45 340	136	141	0,96
1988	36 720	110	145	0,75
1989	52 600	157	143	1,12
1990	58 030	174	138	1,26
1991	73 800	220	135	1,63
1992	74 140	222	125	1,77
1993	76 200	228	115	1,98
1994	92 600	277	117	2,36
1995	101 350	303	120	2,53

* Le nombre de jours de production par année a été estimé à 334, en se basant sur les années 1992 (343 jours), 1993 (316,2 jours) et 1995 (343 jours). Sources : *Procès-verbaux du comité d'entreprise*, 22 décembre 1992, annexe 1 ; Cascades Jonquière Inc., *Rapport de production pour l'année 1992*, 16 décembre 1993, annexe 2 ; Cascades Jonquière Inc., *Rapport de production pour l'année 1993*, 20 juillet 1995, annexe 2 ; 23 août 1995, annexe 1 ; 21 septembre 1995, annexe 1 ; 25 octobre 1995, annexe 1 et 23 novembre 1995, annexe 1.

** Pour calculer le nombre d'employés à la production, le nombre d'employés affectés au secteur kraft a été retranché, ce qui représente 42,7 % de la main-d'œuvre pour les années 1985 à 1991. Ce pourcentage a été obtenu en comparant le nombre d'employés d'usine des années 1991 et 1992. Leur nombre passe alors de 297 à 170, soit une diminution de 127, à cause de la fermeture du secteur kraft ; de ce nombre, est enlevé le nombre de travailleurs figurant sur la liste de réserve ; ainsi estimé, entre 1985 et 1991, ce pourcentage, calculé sur la base des données de 1982, représente 20,9 % des ouvriers de production, soit 76 sur 364 ; pour les années 1992-1995, ce pourcentage est estimé à 26,3 %, calculé sur la base de l'année 1993, soit 44 sur 167.

Sources : La Compagnie Price Limitée, Cartonnerie Jonquière,

« Nombre d'employés par département », 23 novembre 1982 ; Cascades Jonquières Inc., « Organigramme », 10 août 1993 et Cascades Jonquière Inc., « Production (tonnes métriques), 1985-1995 », novembre 1995.

Des résultats ambigus

Au terme de douze années de gestion Cascades et d'un redressement entrepris à la fin de l'année 1991, les résultats sont à la fois éloquents et décevants. D'une part, l'usine s'est vraiment modernisée du point de vue de la technologie. Elle possède maintenant l'une des machines à carton multicouches les plus modernes en Amérique du Nord. Celle-ci atteint des records de production de l'ordre de 400 tonnes par jour. La productivité s'est considérablement accrue : entre 1985 et 1995, elle est passée de 0,78 à 2,53 tonnes par jour par employé ; depuis 1991, elle a doublé (voir le tableau 1). L'importance des changements technologiques, dont témoigne l'ampleur des investissements qui, au cours de la période, s'élevèrent à près de 90 M $, explique en très grande partie ces résultats. Pour réaliser ces investissements, la compagnie s'est toutefois considérablement endettée. L'efficacité de la production, qui mesure la qualité du produit et du processus, s'est améliorée de manière significative sur une période plus courte : elle est passée de 66,88 % en 1992 à 71,8 % en 1995[9]. Le nombre et le coût des plaintes ont diminué de façon tangible. La quantité de plaintes en pourcentage du chiffre d'affaires est passée de 2,33 % en 1993 à 0,97 % en 1995[10]. L'usine renoue avec la rentabilité à la fin de 1995. Mais les profits sont minces, car le prix de la pâte kraft et le fardeau de l'endettement entravent lourdement leur croissance.

Quant aux salariés, ils ont largement contribué aux gains de productivité par une forte intensification du travail. À propos de l'emploi, les coupures ont été radicales. Entre

---

[9] Les moyennes annuelles sont calculées à partir des données mensuelles fournies par les sources suivantes : *Procès-verbaux du comité d'entreprise*, 22 décembre 1992, annexe 1; Cascades Jonquière Inc., *Rapport de production pour l'année 1992*, 16 décembre 1993, annexe 2; Cascades Jonquière Inc., *Rapport de production pour l'année 1993*, 20 juillet 1995, annexe 2; 23 août 1995, annexe 1; 21 septembre 1995, annexe 1; 25 octobre 1995, annexe 1 et 23 novembre 1995, annexe 1.

[10] Les données dont nous disposons ne permettent pas de construire une longue série chronologique, pas plus que d'établir une tendance. La moyenne pour l'année 1993 est compilée à partir des chiffres des mois de septembre et octobre (sur la base des procès-verbaux du comité d'entreprise des 5 octobre, 18 novembre et 16 décembre 1993). Pour l'année 1994, moyenne des douze mois; pour l'année 1995, moyenne des neuf premiers mois. Procès-verbal du comité d'entreprise du 25 octobre 1995, annexe 2.

1985 et 1995, le nombre d'employés est passé de 396 à 213, soit une réduction de près de moitié. L'allongement des heures de travail n'a rien fait pour contrer le phénomène. Dans l'usine, le climat et les conditions de travail se sont dégradés. Au niveau organisationnel, la direction a réalisé des changements sans vraiment y associer les salariés et le syndicat. La seule forme de participation mise en place est le comité d'entreprise, dont le mandat et le fonctionnement suscitent beaucoup de critiques de la part des salariés et du syndicat. Sur le plan des relations de travail, il n'y pas eu véritablement de changements majeurs par rapport aux relations traditionnelles, si ce n'est que le rapport de force s'est nettement déplacé en faveur de la direction.

Flexibilité accrue et intensification du travail

L'introduction de la flexibilité et de la polyvalence s'est traduite par une réduction du nombre de postes de travail, par un décloisonnement du secteur de la production et des métiers, et des métiers entre eux. Lorsque Cascades acquit la cartonnerie Jonquière, l'organisation du travail se caractérisait par une très grande parcellisation du travail et par un cloisonnement important entre les postes de travail. À la production, le nombre de classifications est passé de 54 en 1984 à 23 en 1993[11]. Cette réduction a davantage pris la forme d'un élargissement des postes de travail déjà existants, les tâches des postes supprimés ayant soit disparues avec les changements technologiques ou la fermeture de certains services, comme le Kraft, soit été ajoutées aux postes. Ce phénomène ne s'est toutefois pas accompagné d'innovations organisationnelles, comme la création d'équipes de travail, bien qu'il en soit question dans les ententes de réorganisation[12]. Dans les faits, conformément aux textes des conventions, les postes sont organisés dans chaque service

---

[11]   Pour l'année 1993, la suppression de treize postes est due à la fermeture de sections dans le secteur kraft (sept postes) et à la coupeuse (six postes); il y a eu trois postes abolis dans les services qui ont continué à produire. Voir les conventions collectives de 1980 à 1993.

[12]   Ainsi, dans l'entente de réorganisation de 1990, il est mentionné que « les employés de la machine forment une équipe de travail. Les différentes tâches reliées à la machine ne sont pas effectuées de façon restrictive mais, au contraire, les titulaires des postes de travail doivent s'entraider. Dans la pratique, les postes de travail sont très hiérarchisés à l'intérieur de systèmes d'avancement reposant sur l'ancienneté. Quant à l'entraide, elle a toujours existé parmi les ouvriers affectés à la machine, particulièrement lors des pannes. *Mémoire d'entente sur la réorganisation du travail*, décembre 1990, p. 3.

ou secteur en différents échelons selon la qualification et le taux horaire, et ils sont attribués sur la base de l'ancienneté. C'est le système traditionnel d'organisation du travail et il est encore en vigueur. Il n'y a pas de rotation sur ces postes de travail. Par contre, lorsqu'il y a une absence sur un poste quelconque ou lorsque celui-ci devient vacant, il est automatiquement comblé par l'occupant du poste inférieur. Il est toutefois possible de noter une plus grande coopération entre les travailleurs ; en ce sens, il y a donc une certaine forme de travail d'équipe.

L'évolution de la taille de l'équipe affectée à l'exploitation de la machine à carton illustre bien ce phénomène de réduction du nombre de postes, lequel s'accompagne en outre d'une augmentation du travail. Depuis 1982, le nombre de postes a diminué presque de moitié, passant de onze à six. Certes, il y a eu de nombreux changements technologiques : informatisation de la régulation effectuée principalement à partir d'une salle de contrôle, meilleure régulation et stabilisation des procédés (diminuant ainsi considérablement la fréquence des pannes), améliorations du déplacement des bobines et automatisation de l'emballage. Mais, simultanément, la vitesse de la machine a été doublée, le volume de production ainsi que les exigences de qualité ont considérablement augmenté, tandis que le nombre de travailleurs diminuait de près de moitié. Quoique difficile à mesurer, il y a eu, de l'avis de tous les travailleurs rencontrés en entrevue et au cours de l'observation en usine, une réelle intensification du travail, principalement sur les postes de 3ᵉ et 4ᵉ mains et de conducteur d'emballeuse. Le travail est moins exigeant physiquement, mais il demande une attention de tous les instants pour surveiller ou effectuer différentes opérations de déplacement des bobines et rouleaux de cartons à l'aide d'un pont roulant commandé au sol, d'ajustement des couteaux sur la bobineuse ou de bobinage du carton et de son emballage à partir de panneaux de commande. À l'emballeuse, le travail est si rapide et intense que les travailleurs ont surnommé cet endroit « l'ensorceleuse ». Sur ces postes de travail, les ouvriers ont à peine le temps de prendre les pauses prévues pour leur repas.

Un événement, malheureusement tragique, atteste d'une augmentation certaine des charges de travail. Au début d'avril 1992, un accident mortel s'est produit. Un travailleur a été écrasé par un rouleau de papier alors qu'il s'affairait à ajuster les couteaux de la bobineuse. Un rouleau, resté coincé sur une rampe de la table élévatrice, avait été laissé là, dans une position que l'on croyait stable, pendant que l'on entreprenait le bobinage d'une autre bobine. Ce rouleau s'est malheureusement déplacé au moment où la table élévatrice a été baissée pour entreprendre une autre opération de bobinage et il est venu écraser le travailleur contre la bobineuse. Dans son rapport d'enquête, le représentant de la CSST retient comme une des « causes réelles et fondamentales de l'accident » le fait que les travailleurs n'ont pas pris le temps de dégager le rouleau avant de baisser la table élévatrice et de redémarrer la bobineuse. On notait un retard de production et c'est dans les habitudes des travailleurs de tout faire pour rattraper ce retard (CSST, 1992).

Les cloisonnements traditionnels entre services ont par ailleurs été supprimés, notamment entre la machine à carton et la fabrication des pâtes. Cela s'est traduit par la mise en place de relations directes, fréquentes et régulières entre les chefs opérateurs afin de mieux maîtriser les conséquences des divers changements survenus dans l'un et l'autre des secteurs sur la qualité et l'efficacité. Auparavant, ces relations étaient à peu près inexistantes ou se faisaient par l'intermédiaire de la hiérarchie.

Au niveau de l'entretien, les démarcations traditionnelles entre métiers ont été considérablement assouplies. Sur le site d'une réparation, un ou deux travailleurs sont maintenant habilités à faire tous les travaux nécessaires, peu importe leur métier de base, alors qu'auparavant tous les métiers étaient présents, chacun exécutant son travail successivement. Les uns travaillaient et les autres attendaient qu'ils aient terminé. Il y avait beaucoup de temps morts, selon les témoignages recueillis. Maintenant, les métiers sont regroupés en deux grandes familles : mécanique et électricité. Dans la famille électrique, les métiers d'électricien et de technicien en instrumentation ont fusionné pour former un seul métier, celui de technicien. Dans la famille mécanique, il y a quatre métiers différents : mécanicien automobile, mécanicien d'entretien, tuyauteur et soudeur. Avec l'introduction de la flexibilité, deux configurations nouvelles apparaissent. D'une part, après une période de formation, le mécanicien automobile peut effectuer des travaux de base en soudure et en plomberie. Dans le cas des trois autres métiers, chaque travailleur conserve son métier de base, mais il acquiert les connaissances nécessaires pour faire des travaux élémentaires dans les autres métiers, moyennant une formation de 40 heures par métier, ce qui selon les salariés est vraiment très minime. En échange de l'acceptation de la flexibilité, les ouvriers de métier ont reçu la garantie qu'il n'y aurait pas de mise à pied occasionnée par l'introduction de cette réorganisation (*Mémoire d'entente sur la réorganisation*, avril 1993 et entrevue avec un représentant syndical, le 13 novembre 1995).

Depuis l'entente de 1990 sur la réorganisation, le cloisonnement entre la production et l'entretien a également été revu. Il est entendu que les ouvriers de production pourront désormais effectuer des travaux non spécialisés d'entretien et assister, le cas échéant, les ouvriers de métier si nécessaire. Par exemple, au cours de l'observation en usine, nous avons assisté à la réparation d'une pompe, effectuée par un mécanicien d'entretien assisté d'un ouvrier de production, le chef contrôleur de la distribution des pâtes. Pendant plus d'une heure, ils ont travaillé en collaboration pour débloquer une pompe. Auparavant, dans une telle situation, le mécanicien se serait contenté d'ouvrir la pompe et de vérifier l'état du mécanisme. S'il s'était avéré nécessaire de défaire des tuyaux pour entreprendre une réparation, il aurait demandé au contremaître d'appeler un tuyauteur en heures supplémentaires et, si la réparation avait été jugée assez importante, il aurait demandé les services d'un mécanicien d'entretien. Si jamais un ouvrier de production s'était avisé de toucher à des outils pour aider à la réparation, les mécaniciens auraient déposé une plainte contre lui. La situation actuelle est bien différente et les ouvriers de production ont même un coffre à outils dans leur salle de commandes afin de faire des réparations mineures.

Réduction de la hiérarchie et redéploiement des formes de contrôle

Dans le cadre de la réorganisation de mai 1992, les postes de cadres de premier échelon du secteur de la production ont été éliminés. Une partie de leurs fonctions et responsabilités ont été transmises aux chefs opérateurs de la machine et du secteur de la préparation des pâtes, qui agissaient auparavant comme contremaîtres remplaçants. Avant cette abolition, il y avait un superviseur en fonction pour l'ensemble de l'usine. Son élimination engendre un aplatissement de la structure hiérarchique, qui ne comprend plus dès lors que trois niveaux : directeur de l'usine, surintendant et opérateurs. Mais le phénomène est plus complexe qu'il n'y paraît. D'une part, on assiste au même moment à l'embauche de cadres techniques, responsables du contrôle de la production et de la qualité. Ainsi, au surintendant de la machine s'ajoutent trois postes : ceux d'assistant opération-nel, d'ingénieur de procédé et d'adjoint à la production. Une comparaison avec l'organigramme existant en 1982, avant l'arrivée de Cascades, fait apparaître également l'ajout de quelques postes de cadres techniques. Fait étonnant, le nombre de salariés par cadre aurait légèrement diminué de-puis l'acquisition de la cartonnerie par Cascades. En 1982, il y avait 5,5 ouvriers par cadre ; en 1993, il y a 4,7 ouvriers par cadre[13]. Les exigences accrues des clients et la recrudescence de la concurrence entre les producteurs contraignent les entreprises à améliorer la qualité et l'uniformité des pro-duits. Ces nouvelles responsabilités ont été, en bonne partie, confiées à des cadres techniques, spécialement embauchés à cet effet. Le fait de les avoir données en totalité à des salariés syndiqués aurait alors exigé la création de nouveaux postes de travail ou l'enrichissement de ceux déjà existants.

Le contrôle revient désormais à chaque équipe de travail. En effet, certaines responsabilités à l'égard de la gestion de la main-d'œuvre (contrôle des absences, remplacement des absents, distribution du travail si nécessaire, etc.) sont con-fiées à des travailleurs syndiqués qui ont le statut de chef d'équipe. Ce statut est, moyennant une certaine compensa-tion financière, accordé au conducteur de la machine et au chef contrôleur de la préparation des pâtes, les deux étant les « têtes de ligne » dans le système d'avancement de leur service respectif. D'une certaine façon, ils remplacent les su-perviseurs, dont le poste a été aboli en mai 1992, comme l'affirme le surintendant à la machine : « Le *runner* ou l'opérateur des pâtes, qui a 50 cents de plus, c'est un peu notre superviseur sur les *shifts* » (entrevue avec le surinten-dant de la machine et son adjoint technique, le 11 décembre 1995). Par ailleurs, la pression du marché et les menaces de fermeture de l'usine, largement véhiculées par la direction dans les divers messages qu'elle adresse aux salariés, et no-tamment dans les procès-verbaux du comité d'entreprise, agissent comme facteur d'auto-contrôle. Dans ce cadre, le

---

[13]   En 1982, il y avait 52 cadres pour 364 travailleurs d'usine. De ce nombre, il faut en-lever les employés sur la liste de réserve, soit 76. C'est donc dire qu'il y avait 288 employés de production actifs; ce qui donne un cadre pour 5,5 travailleurs. En 1993, il y a 26 cadres et 167 travailleurs d'usine, dont 44 sont sur la liste de réserve; c'est donc dire qu'il y a au travail 123 employés de production et que le ratio ca-dre/travailleur est de un pour 4,7. Voir La Compagnie Price Limitée, Cartonnerie Jon-quière, *Nombre d'employés par département*, le 23 novembre 1982; Cascades Jonquière Inc., *Organigramme*, 10 août 1993.

poids considérable accordé aux objectifs de qualité et de productivité, comme étant les principaux facteurs susceptibles d'assurer la survie de l'entreprise, et la sensibilisation faite par la direction à cet égard, amènent les salariés à intérioriser ces objectifs.

> Tu sais, le monde quand même sont assez respectueux pour que leur ouvrage se fasse quand même. Ils n'ont pas besoin de personne pour leur pousser dans le dos. (...) Le monde, ce n'est pas des fous non plus, quand tu te fais tout le temps dire que ce n'est pas rentable (...) tu essaies de donner un peu plus de toi-même. C'est ce qui se fait. (Entrevue avec un travailleur, le 12 décembre 1995.)

À cela s'ajoute, enfin, l'existence de rapports de production, rédigés par les opérateurs eux-mêmes, et de rapports informatiques systématiquement vérifiés et analysés par le surintendant et les cadres techniques (Entrevue avec le surintendant à la machine et l'adjoint technique, le 11 décembre 1995). Le système informatique agit dès lors comme un véritable « espion électronique ». Le nombre de ces différents rapports s'est considérablement accru avec l'introduction du programme d'assurance qualité, lequel comporte une certaine standardisation du travail et une révélation sur des pratiques anciennement cachées et soustraites au regard de la direction. C'est ce que l'on appelle la transparence : les travailleurs sont sollicités pour exposer toutes leurs pratiques et tous leurs « trucs » à la direction, les meilleurs comme les pires. Ils y sont particulièrement encouragés par la philosophie Cascades qui reconnaît le droit à l'erreur. Le surintendant à la machine le dira en ces termes :

> Ce qu'on a gagné de plus fort ici à Jonquière, là, nous autres ce qu'on dit, là, c'est qu'au moins les gars y sont honnêtes avec nous autres pis, ils nous le disent. On a des erreurs qui nous ont coûté des 70 000 piastres, là, deux fois que ça nous arrive, là, les gars nous le disent. Si tu veux, on prend la pilule et pis on note dans nos coûts qu'on a fait une erreur. (Entrevue avec le surintendant à la machine et son adjoint technique, le 11 décembre 1995.)

En somme, plutôt qu'un simple aplatissement de la structure hiérarchique, il y a eu un redéploiement des formes de contrôle, même si, par ailleurs, la qualification du travail s'est accrue dans certains cas.

Requalification, déqualification et standardisation

L'évolution de la qualification est variable selon les postes de travail. Les postes de régulation du processus de production, à l'aide de systèmes informatisés, connaissent une requalification importante. En effet, les exigences de qualité et le nombre de paramètres à respecter se sont considérablement accrus, tandis que la vitesse des machines s'accélérait. Les clients sont de plus en plus exigeants et n'hésitent pas à porter plainte si le produit ne répond pas à leurs critères de plus en plus spécifiques et précis. Par ailleurs, la nécessité de réduire les coûts de production est devenue une préoccupation constante dont les opérateurs doivent tenir compte dans leur travail, notamment en utilisant la combinaison optimale de pâtes, compte tenu des spécifications du produit demandé, et en réduisant le temps de rééquilibrage de la machine lors de la transition d'une commande à l'autre. Enfin, la matière première est souvent d'une qualité variable et il faut faire des ajustements en conséquence. C'est ainsi que dans la salle de commandes de la machine à carton, où travaille un seul opérateur, il y a sept terminaux d'ordinateurs avec écran qui fournissent chacun différentes informations et à partir desquels diverses décisions peuvent être prises pour réguler le processus.

Les communications et la coopération dans le travail sont devenues des dimensions majeures de son accomplissement. D'une manière générale, l'organisation du travail est construite autour de trois postes-clés : le conducteur de la machine, le chef contrôleur de la préparation des pâtes et l'inspecteur qui procède aux tests de qualité du carton. La communication est très importante entre les titulaires de ces trois postes. Ils s'informent mutuellement des changements qui surviennent constamment dans le processus de production et se concertent sur l'application des corrections nécessaires. En certaines circonstances, tel un défaut récurrent et inédit sur une feuille de carton, la coopération et la concertation concernent alors tous les opérateurs de la machine et même ceux des pâtes. C'est là une nouvelle dimension de la qualification qui prend de plus en plus d'importance et qui se traduit par une certaine forme de travail en équipe.

Même si elle s'accompagne d'une description des opérations et d'une certaine standardisation des pratiques, l'introduction d'un programme d'assurance qualité n'élimine pas la latitude et l'autonomie du conducteur de la machine. Les situations sont tellement variables, les sources d'erreur tellement nombreuses et les actions correctrices multiples et variables selon les produits, qu'il est impossible de tout prévoir. Comme par le passé, on recourt aux petits carnets noirs dans lesquels les travailleurs notaient certains trucs et certaines façons de procéder pour résoudre des problèmes particuliers.

Malgré une recherche accrue de standardisation du travail, il y a indéniablement une requalification du travail des opérateurs de la salle de commandes. Ils jouissent en effet d'une grande autonomie. Par contre, sur les autres postes de travail, au bout de la machine, au bobinage et à l'emballage par exemple, le travail demeure encore largement routinier et monotone. Il consiste principalement en la manipulation des produits à l'aide de ponts roulants ou autres mécanismes plus ou moins automatisés. L'effort physique s'est allégé, mais le nombre de produits a considérablement augmenté. Là, le rythme de la production commande le rythme du travail humain. C'est la machine qui commande sans cesse et, comme le dit un travailleur : « ça devient routinier en fin de compte... Ça prend pas un diplôme non plus pour faire ça. » (Entrevue avec un travailleur, le 12 décembre 1995.) En somme, deux évolutions différentes caractérisent le travail ouvrier.

La soumission au travail

Dans l'usine, les préoccupations à l'égard de la qualité et de la productivité, ainsi que les efforts consentis pour les obtenir sont remarquables. Les travailleurs se concertent pour résoudre un problème de production, les ouvriers de la production aident les ouvriers de métier, tous donnent un rendement maximal et la machine atteint des records de production. Par ailleurs, les ouvriers sont très critiques à l'égard de la gestion et ils partagent un fort sentiment de rancœur et d'amertume à l'égard de la direction et des frères Lemaire. Comment expliquer cette « implication paradoxale »[14] ?

Les gens travaillent par nécessité, par crainte de perdre leur emploi à cause de la situation précaire de l'usine. Mais ils travaillent aussi par résignation. Ils ont l'impression d'avoir été obligés de faire des concessions injustifiées et d'avoir été forcés de le faire sous la menace de fermeture. Les concessions ont été acceptées parce qu'ils n'avaient pas la force de les rejeter. Ils se sentent en outre dévalorisés par certains propos de la direction.

---

[14] C'est un peu l'implication paradoxale dont D. et R. Linhart (1985) font état lorsqu'ils traitent de l'attitude des salariés dans le fordisme; mais elle est ici reconduite sous d'autres formes et pour d'autres raisons.

(...) il y a trop de choses dans le passé qui ont fait mal aux travailleurs, se faire traiter de vaches, pis, 10 % de pourris (...) à cause qu'on était syndiqué. On ne peut pas développer une relation à partir du moment où on se fait pas confiance (...) Là, là, la réaction des gars, c'est de la soumission (...) pas plus que ça (...) La situation actuellement à l'usine c'est de la soumission. On fait notre travail, on sait que c'est notre gagne-pain. (Entrevue avec un travailleur, le 13 novembre 1995.)

L'engagement entier ne résulte pas d'une acceptation volontaire et ne signifie ni l'avènement d'un travail différent en vue de relever le défi de la survie de l'usine, ni la reconnaissance de la contribution ouvrière par la direction ; elle est plutôt imposée. La crise de survie de l'usine n'a pas été l'occasion de renouveler le travail en le rendant plus enrichissant et plus satisfaisant ; au contraire, il est demeuré, voire devenu, davantage repoussant.

(Le monde) essaie de toffer jusqu'à l'âge de retraite... ce n'est pas normal... Le monde rêve d'avoir l'âge de retraite. Les gars de 50 ans, ils ont assez hâte d'avoir 58, 60 ans. Ce n'est pas normal non plus. (Entrevue avec un travailleur, le 12 décembre 1995.)

Le paradoxe de l'engagement maximal, mais forcé, peut être aussi vu sous un autre angle. Malgré la transparence et la révélation de pratiques de travail auparavant dissimulées, malgré la concertation officieuse sur la solution des problèmes de production, comme évoqué plus haut, les travailleurs refusent une participation solennelle en vue de résoudre des problèmes de qualité et de production. La participation comporte donc des limites.

Sollicitation maladroite et refus de participation

Pour améliorer la qualité et l'efficacité de la production, la direction a sollicité la participation des salariés dans des structures définies. Tout d'abord, au printemps 1992, elle a lancé un programme de boîtes à suggestions. Elle l'a retiré quelques mois plus tard à cause du peu d'intérêt manifesté par les travailleurs. Au début de l'année suivante, elle a tenté d'implanter des comités de résolution de problèmes. Un peu à la manière des cercles de qualité, ces comités auraient regroupé sur une base volontaire des travailleurs et des cadres disposés à résoudre des problèmes techniques liés à l'efficacité et à la qualité de la production. Au cours des mois de février et mars 1993, un affichage dans l'usine invitait les travailleurs intéressés à s'inscrire. Ce fut en vain.

Trois facteurs sont susceptibles d'expliquer cet échec : le contenu des formes de participation, les modalités d'introduction et le contexte. Tout d'abord, il s'agit de formes de participation qui offrent peu de pouvoir aux salariés ; leur participation se limite à la formulation de suggestions, soit sur une base individuelle, soit à l'intérieur d'un comité. Un pouvoir limité suscite évidemment peu d'intérêt. D'autre part, cette invitation à la participation a revêtu des modalités plutôt dissuasives. L'idée en a été lancée unilatéralement, en faisant directement appel aux salariés, sans y associer le syndicat ou le comité d'entreprise, et elle s'est déroulée sans préparation apparente et sur une période extrêmement courte. Cette approche était en tout point similaire à celle utilisée pour améliorer la qualité et l'efficacité et introduire le programme ISO 9002. En premier lieu, et à l'encontre d'une autre approche appuyée sur la reconnaissance des savoir-faire ouvriers, la direction a embauché des cadres techniques au moment même où elle supprimait des postes à la production[15]. En deuxième lieu, l'introduction du programme ISO 9002 s'est faite par le haut et de manière unilatérale. La décision de l'introduire a été prise par la seule direction et selon des modalités définies par elle. Les salariés et leur syndicat ont simplement été informés du processus ainsi mis en branle. D'ailleurs, le syndicat n'a pas revendiqué une participation particulière, ni au programme d'assurance qualité, ni aux programmes de participation destinés aux salariés. Il s'est contenté de laisser faire la direction.

Enfin, les propositions de participation ont été avancées dans un contexte extrêmement défavorable, comme l'ont d'ailleurs exprimé les membres du comité d'entreprise lors de l'analyse de l'échec de l'introduction des comités de résolution de problèmes (*Procès-verbal de la réunion du comité d'entreprise*, 31 mars 1993, p. 4). Grande encore était à l'égard de la direction la méfiance créée par les événements récents, comme la fermeture d'une partie de l'usine ayant entraîné la mise à pied de 130 travailleurs, ainsi que les déclarations négatives du président de la compagnie au sujet des comportements des travailleurs, l'introduction de l'horaire de douze heures sous la menace de fermeture de l'usine et la récente demande de réduction salariale de 10 %. Il ressort donc que l'incertitude quant au proche avenir n'est pas suffisante, à elle seule, pour susciter la participation ; au contraire, lorsqu'elle est trop grande, elle engendre un sentiment de découragement, de démoralisation et de résignation. L'incertitude peut certes jouer le rôle d'élément

---

[15] Ainsi, les ouvriers libérés par l'accroissement de la productivité auraient pu être affectés à l'amélioration de la qualité et de l'efficacité.

déclencheur pour faire prendre conscience de la nécessité d'agir autrement, mais elle n'engendre pas nécessairement la participation. D'autres conditions sont nécessaires. Au lieu d'essayer de les réunir, la direction choisit plutôt de prendre acte de l'absence de participation directe des travailleurs et de composer avec ce facteur. Le comité d'entreprise devint ainsi le seul véhicule de participation des salariés et du syndicat aux affaires de l'entreprise.

Participation ou pseudo-participation

Les innovations majeures qui se retrouvent dans la plupart des entreprises en cours de modernisation, et particulièrement dans le secteur québécois des pâtes et papiers (Bourque et Rioux, 1994), les comités conjoints, à géométrie et appellation variables selon les entreprises, sont le plus souvent un produit du renouvellement des relations de travail et jouent un rôle important dans la réorganisation du travail. Le comité d'entreprise à la cartonnerie Jonquière est-il de ce genre ?

Mis sur pied en janvier 1992, au moment où débute l'introduction du programme ISO 9002, le comité d'entreprise se revendique d'une double paternité aux visées contradictoires. Pour sa part, le syndicat avait proposé une forme similaire de comité dans le plan de relance qu'il avait présenté en novembre 1991 pour éviter la fermeture du secteur kraft. Dans cette proposition, il optait pour une véritable cogestion. Il s'agissait alors de créer un lieu où les travailleurs auraient pu recevoir les informations sur la situation financière et commerciale de l'entreprise, proposer des améliorations techniques et d'autres relatives aux méthodes de travail afin d'accroître l'efficacité et la qualité et, enfin, participer aux décisions sur le fonctionnement et l'avenir de l'usine (Cascades Jonquière Inc., *État de la situation et plan de redressement*, novembre 1991). Quant à la direction, elle recherchait une formule de participation beaucoup plus limitée. Ainsi, son choix s'est arrêté sur une formule épousant plutôt les contours d'un groupe d'amélioration de la qualité et d'un véhicule d'information sur la situation financière et commerciale de l'usine, comme en font foi les objectifs attribués au comité d'entreprise (Cascades Jonquière Inc., *Comité d'entreprise*, janvier 1992).

Il n'y a pas eu de discussion officielle ni de négociation sur la formule des comités d'entreprise. C'est la direction qui a choisi une formule et qui, avec l'approbation du syndicat, l'a ensuite introduite dans l'usine. Le comité d'entreprise a été inclu dans le préambule de la convention collective signée l'été 1993. C'était en fait un compromis par rapport aux demandes de participation beaucoup plus large du syndicat. La composition et les objectifs du comité d'entreprise sont toutefois demeurés inchangés, hormis le fait que la présence d'un représentant syndical soit explicitement mentionnée.

Le comité est composé d'un nombre égal de cadres et d'employés. Du côté de la direction, on trouve le directeur de l'usine, la directrice des ressources humaines, le contrôleur et deux surintendants ; du côté des employés, il y a un représentant de chaque service de l'usine (entretien, machine et préparation des pâtes), un employé de bureau et un représentant syndical des travailleurs de l'usine. Le mode de nomination des membres n'est cependant pas défini et fait l'objet d'une interprétation différente, révélant par là une ambiguïté sur le rôle du syndicat. Pour sa part, la direction soutient que ce sont les salariés d'un même service qui, de manière officieuse, choisissent eux-mêmes un représentant. Du côté syndical, on affirme que c'est la direction syndicale qui, en accord avec les travailleurs d'un même service, choisit un représentant. Nos entrevues attestent que le point de vue syndical a prévalu, car tous les travailleurs membres du comité d'entreprise que nous avons interviewés ont affirmé avoir été sollicités par la direction syndicale.

Le comité se réunit sur une base mensuelle et, à chacune de ses rencontres, il reçoit des rapports détaillés sur la production, la situation financière, les plaintes des clients et les projets d'investissement[16]. Il aborde également des problèmes relatifs à l'amélioration des méthodes de travail et de production. Il existe en outre une certaine division du travail au sein du comité : les salariés contribuent à soulever des problèmes et à suggérer des améliorations techniques ou organisationnelles, tandis que la direction intervient sur d'autres sujets, le plus souvent relatifs à la production et à la situation financière. Alors que la plupart des interventions de la direction sont neutres et se proposent d'informer, un nombre significatif de données, à raison de deux ou trois par rencontre, visent à influencer les comportements et les attitudes des salariés pour les inciter à travailler davantage et à faire un effort supplémentaire étant donné la situation

---

[16] Selon une analyse des procès-verbaux des 32 rencontres mensuelles du comité d'entreprise tenues entre 1992 et 1995, dont les résultats détaillés sont présentés dans le rapport de recherche (Lapointe, 1996).

fragile de l'usine. Voici deux extraits des procès-verbaux qui sont suffisamment éloquents :

> Il faut qu'on ait des arguments qui permettent aux banques de reprendre confiance en nous. Il nous faut démontrer aux banques que tout le monde croit en l'avenir de la compagnie. Actuellement, les fournisseurs font leur part en baissant les prix ; certains clients ont accepté de nous payer à la livraison ; Cascades Inc. vient de réinjecter 2 millions $ cette semaine et les cadres et employés de bureau ont accepté le gel des salaires. La compagnie doit retourner voir les banques au début de mars. Il est donc primordial que la réponse des employés d'usine arrive d'ici la fin de février[17]. La situation est très critique et exige la collaboration de tout le monde. (*Procès-verbal du comité d'entreprise*, 21 février 1992)

> Si on ne respecte pas ces engagements (le budget qui implique la réorganisation proposée), les banques pourraient mettre la compagnie en défaut et exiger un remboursement immédiat des sommes dues qui sont de l'ordre de 40 millions $. Cascades Inc a injecté 10 millions $ parce que les banques l'exigeaient mais aussi parce qu'elle considère qu'il y a encore des chances de réussite à Jonquière. Cependant, il n'y aura plus de mise de fonds par Cascades Inc. Dans les mêmes conditions, d'autres compagnies de Cascades réussissent à faire des profits. Il faut donc devenir autonome financièrement à très court terme. La compagnie informe le comité des pertes encourues à la machine depuis 1988... [suivent alors les chiffres sur les pertes qui totalisent près de 22 millions $] (*Procès-verbal du comité d'entreprise*, 31 mars 1992)

Par ailleurs, le comité n'a pas de rôle décisionnel, ni même consultatif. À titre d'exemple, mentionnons que le comité a convenu de modifier la forme des procès-verbaux à compter de sa réunion du 20 juillet 1995. Dorénavant, les interventions seraient divisées en deux catégories : les informations et les décisions. En incluant cette réunion et les quatre subséquentes, il y a eu 122 interventions. Sur ce nombre, 117 sont classées comme des informations, représentant 96 % des interventions, et les cinq restantes sont considérées comme des décisions, dont trois portent sur la régie interne, une sur la formation à donner à un groupe de salariés touchés par un changement technologique, et une dernière sur un objet n'ayant aucun rapport avec le travail, soit l'adhésion des salariés à un marché d'alimentation en gros.

En résumé, le comité d'entreprise confine les salariés dans un rôle de suggestion et de consultation, pour lequel ils enregistrent d'ailleurs un résultat plutôt faible, puisqu'ils n'ont formulé qu'une soixantaine de propositions au cours des 32 rencontres du comité. Le comité lui-même est plutôt devenu un outil de communication pour la direction, en vue

---

[17]   La direction avait déjà déposé ses demandes de concessions salariales auprès du syndicat. Après négociations et réouverture de la convention collective, cela donnera lieu à l'accord de mai 1992.

d'amener les salariés à adopter les comportements et les attitudes souhaités par elle. Quand de rares décisions se prennent avec la participation des salariés, c'est sur des points d'une importance tout à fait mineure. En conséquence, après un certain temps, il s'est produit un désenchantement des salariés, ainsi que l'exprime l'extrait suivant d'une entrevue :

> Moi, au début, j'y ai cru... j'y ai été pendant un an et au bout d'un an, j'ai abandonné... [hésitations et embarras] L'année que j'ai été là, ça pas été concluant. Tu te sentais pas nécessairement impliqué. Pis, la décision était toujours prise avant que l'on décide n'importe quoi... Fais qu'à ce moment-là, on s'est rendu compte qu'on était là comme messager... pour faire passer leur message à eux autres, c'est-à-dire dans le sens «Ça va mal... » Tu sais, on n'était pas consulté plus qu'il faut là-dedans. (Entrevue avec un représentant syndical, le 13 novembre 1995)

L'ambiguïté du rôle du syndicat constitue un autre facteur dissuasif. Le rôle de recruteur et de guide joué par le syndicat n'est pas réellement reconnu par la direction. Plus fondamentalement, c'est le statut et le rôle du syndicat dans l'entreprise qui sont ainsi posés, un point sur lequel nous reviendrons plus loin.

Le contexte des relations de travail n'est pas non plus favorable à la participation des salariés au comité. Il y a une contradiction entre les stratégies de la direction relatives aux relations de travail et celles utilisées lorsqu'il s'agit de la participation au comité d'entreprise. D'une part, la direction recherche des concessions, par les menaces de fermeture, l'avantage du rapport de force que lui procure la vulnérabilité de l'usine et les critiques négatives à l'égard des salariés ; d'autre part, en comité d'entreprise, elle voudrait amener les salariés à participer. Cette contradiction affecte considérablement la crédibilité de ses propositions de plein droit, tant au comité d'entreprise qu'au plan de l'organisation. Enfin, le contexte économique de l'usine incite peu à la participation. Par surcroît, la direction semble souffrir d'un important problème de crédibilité lié à ses stratégies financières et à ses décisions stratégiques, lesquelles seront étudiées plus longuement dans la prochaine section.

L'internalisation de l'externe

Malgré une amélioration remarquable, la situation de l'usine demeure toujours des plus précaires. Elle serait encore au bord d'une fermeture ! Même si elle dégage des profits d'exploitation, elle enregistre malgré tout des pertes

nettes. Et la direction invoque encore les contraintes externes pour exiger une nouvelle augmentation de la production. Pourquoi en est-il ainsi, ont demandé les salariés lors
d'une réunion récente du comité d'entreprise ? La direction
leur a répondu en ces termes :

> Il y a des choses sur lesquelles nous n'avons pas de contrôle. Les taux
> d'intérêts, la valeur du dollar canadien, le prix des pâtes sur le marché et
> indirectement le marché au niveau de notre clientèle sont les principales
> (...) En fin de compte, notre meilleur impact est sur la productivité et
> l'efficacité. Par exemple, une production augmentée de 30t/j équivaut à
> 900t/mois et à 230 $/t de profit marginal ; l'impact est de plus de
> 200 000 $/mois de profit supplémentaire. C'est ce qui nous assurera de
> conserver une profitabilité pour la cartonnerie. (*Procès-verbal du comité
> d'entreprise*, 21 septembre 1995)

Mais le poids qu'occupent deux de ces facteurs dans les
coûts actuels de production est le résultat de décisions et de
stratégies de la direction, que les salariés connaissent
eux-mêmes très bien, grâce aux événements récents et à la
transparence financière. La pâte représente un coût élevé
parce qu'il faut l'acheter ; si elle était produite à l'usine, elle
serait une source importante de profit. Or, la direction a
fermé le secteur kraft et tarde à le rouvrir, malgré les pressions des salariés et de leur syndicat. Pour ces derniers, cela
apparaît comme une mauvaise stratégie de la direction, au
mieux comme une stratégie incompréhensible. Quant à la
dette, elle aurait dû être remboursée avec l'intégration de la
cartonnerie dans l'ensemble Paperboard Industries Corporation et son achat par Cascades Paperboard International, à
la fin de 1992. En effet, lors de cette transaction, il était prévu
que le produit de la vente d'actions devait servir à rembourser « jusqu'à 39 millions $ de [la] dette à long terme [de Cas-
cades Jonquière Inc.] ». D'ailleurs, en comité d'entreprise, le
directeur avait mentionné à quelques reprises que la dette
de Jonquière avait été remboursée (*Procès-verbal du comité
d'entreprise*, 10 novembre 1992 et 22 décembre 1992). Or,
après avoir évoqué la possibilité d'un remboursement de la
dette de la cartonnerie Jonquière, il était immédiatement
ajouté dans le prospectus que « la Compagnie pourra modifier le montant et la date d'échéance de ces remboursements
d'après son évaluation des taux d'intérêt, des frais de remboursement anticipé et d'autres facteurs » (*Bourse de Montréal*, décembre 1992). Selon cet extrait, il semblerait donc
que la direction de Cascades ait choisi de ne pas rembourser
la dette de la cartonnerie Jonquière. En effet, deux ans et
demi plus tard, c'est-à-dire l'été 1995, elle est réapparue,

sans explication, dans le bilan financier de la cartonnerie[18] !
Cette situation crée beaucoup d'étonnement chez les salariés et porte atteinte à la crédibilité de la direction :

> (...) Parce qu'ils font tellement de « tourlipettes »-là avec l'administration qu'ils font icitte. R'garde, cette machine a coûté 45 millions $. Ils ont acheté Paperboard. Ils ont pris la dette qu'on avait icitte et ils l'ont transférée chez Paperboard. Ils ont vendu des actions. Ils ont clairé notre dette icitte. On n'a pu de dette... Ils ont clairé la dette avec les actions qu'ils ont vendues de Paperboard. La dette est clairée. Un an après, ils ramènent la dette icitte.. Ça coûte 400 000 à 450 000 $ par mois d'intérêts ... qui déduisent sur les montants des profits qu'ils font. (Entrevue avec un salarié, le 11 décembre 1995)

Pour le directeur de l'usine, il est normal que la cartonnerie assume sa dette, car c'est elle qui l'a contractée (entrevue avec le directeur de l'usine, le 11 décembre 1995). En vertu du principe de la décentralisation financière qui est au cœur de la philosophie Cascades, chaque usine est une unité indépendante « responsable de sa croissance, de son exploitation quotidienne, de ses relations avec le milieu financier et de sa rentabilité ». Ainsi, les usines peu rentables qui investissent beaucoup pour moderniser de vieux équipements, comme la cartonnerie Jonquière, doivent s'endetter auprès des banques et elles sont responsables du remboursement de leurs propres dettes. Cette situation est doublement avantageuse pour la maison mère : d'une part, elle n'a pas à investir dans les usines, ce sont les banques qui le font sous forme de prêts ; d'autre part, l'obligation pour chaque usine de rembourser ses dettes crée une forte pression sur les salariés et les incitent à travailler plus et mieux. Cette stratégie financière, peu coûteuse pour la direction, met une pression constante sur les salariés. De cette manière, le financier est omniprésent dans l'usine et suscite à l'égard des stratégies de la direction de nombreux débats et critiques, que la transparence économique alimente. Puisque le financier est devenu si présent, il amène les salariés et leur syndicat à considérer les interventions à ce niveau comme étant cruciales pour assurer la survie et le développement de l'usine. En conséquence, ils veulent s'en occuper et proposer des solutions qu'ils jugent plus appropriées. Le syndicat émet ainsi des contrepropositions et cherche à étendre son champ d'action dans l'usine, mais la direction s'y oppose. Le statut et le rôle du syndicat apparaissent une fois de plus au centre des enjeux.

---

[18] Elle figure de nouveau pour la première fois dans le procès-verbal du comité d'entreprise du 23 mai 1995, dans l'annexe sur les résultats financiers d'avril 1995 où on peut lire que les intérêts sur la dette représentent 425 000 $ par mois.

Impossible partage des pouvoirs

Tout au long de l'histoire récente, le syndicat s'est démarqué par ses propositions pour réorganiser le travail, assurer la relance du secteur kraft, recevoir davantage d'informations et participer aux décisions. De son côté, la direction est demeurée plutôt tiède par rapport à ces offres de participation et de partenariat. En ce qui concerne tant la réorganisation du travail que la gestion financière et économique, les décisions ont été prises et les projets introduits sans association ni même consultation avec le syndicat. Tout au plus, lorsque la convention collective le stipulait, y a-t-il eu des négociations sur les conséquences négatives de ces décisions et projets. Les dernières négociations et le projet de relance du secteur kraft illustrent encore mieux les divergences à l'égard du statut et du rôle du syndicat.

Lors des négociations de 1993, le syndicat concentra principalement ses demandes sur quatre points : la participation à la gestion, l'information, la sécurité d'emploi et la formation. Les deux dernières demandes ont été rejetées. L'une recherchait un engagement de la direction à utiliser exclusivement l'attrition dans l'éventualité d'une réduction des effectifs, tandis que l'autre proposait la création d'un comité paritaire pour évaluer les besoins de formation et assurer sa réalisation avec les ressources appropriées. Les deux premières demandes, de nature davantage intégrante et relatives à l'obtention de nouveaux droits, ont connu un sort différent. Concernant l'information, le syndicat demandait la tenue de rencontres régulières avec la direction locale pour recevoir des informations sur les résultats financiers, la production et les ventes. Il voulait aussi une rencontre annuelle avec la haute direction pour être tenu au courant de la planification stratégique de l'entreprise. Les demandes d'information impliquant la direction locale ont été satisfaites, alors que les autres demandes, de nature stratégique et concernant la haute direction, n'ont pas été reçues. La première demande syndicale portait sur le partage des pouvoirs et la participation et ce, tant au niveau organisationnel, dans le cadre de la participation directe, qu'au niveau institutionnel, dans le cadre de la participation représentative. Au premier niveau, le syndicat voulait d'abord qu'une priorité soit accordée à « l'implication des travailleurs dans le processus de décision dans leur lieu de travail » et qu'en vue de la réalisation de cette priorité des « structures de participation mutuellement acceptées » soient créées. En matière de participation représentative, le syndicat demandait la mise sur pied de « tout mécanisme approprié afin de gérer les changements dans l'organisation du travail de façon à les anticiper et à les introduire avec ordre et progressivement ». Il proposait enfin l'adoption de la négociation continue, soit la possibilité de modifier la convention collective en cours (projet de convention 1993). Cette dernière proposition a été acceptée, alors les négociations avec la direction ont considérablement réduit la portée de la demande syndicale pour une plus grande participation. Le principe de l'implication est reconnu en stipulant que ce sont toutefois « les ressources humaines de tous les niveaux (qui) doivent s'impliquer de façon active et constructive dans le processus de décision ». Par contre, aucun mécanisme n'est prévu à cet effet. Au niveau institutionnel, il y a la reconnaissance du comité d'entreprise, tel qu'il existe déjà, et il est précisé que son rôle demeure confiné à la transmission d'informations, l'élaboration de suggestions d'amélioration de la qualité et de la productivité, ainsi que la discussion sur les priorités d'investissement (convention collective 1993-1996). En somme, entre les demandes syndicales et le texte négocié, il y a une différence importante dans le degré et les objets de la participation. La participation, véhiculée par les demandes syndicales, concerne la gestion, et donc la participation aux décisions, et porte également sur l'organisation du travail. Telle qu'inscrite dans le texte de la convention, la portée de la participation est plutôt réduite aux améliorations des techniques de production et méthodes de travail, et elle est limitée aux suggestions et aux discussions, la direction conservant seule le pouvoir de décision.

Lorsque le prix de la pâte remonta à l'automne 1994, le syndicat se mobilisa pour la relance du secteur kraft. Dans le document contenant sa proposition de relance, il offrait très clairement sa collaboration en indiquant qu'il voulait être partenaire et qu'il était prêt à assumer les risques d'une participation financière.

Les solutions proposées dans le présent projet auraient été inimaginables il y a cinq ans à peine. Aujourd'hui, ces travailleurs veulent œuvrer dans une usine rentable dont la survie est assurée par la pérennité de leur rendement maximal. Ce faisant, ils sont prêts à aller à une étape subséquente de leur développement en devenant partenaires financiers de leur employeur. (Comité de relance du kraft, 1994)

Cette offre de partenariat, en provenance de ses propres employés, ne fut pas saisie par la direction comme une occasion de renouveler les relations de travail, d'améliorer le climat dans l'usine et d'inciter les salariés à la participation. Elle fut simplement évaluée comme une proposition d'affaires émise par un partenaire secondaire pour réaliser un projet incertain.

> On peut pour faire plaisir aux employés ou pour leur permettre de s'impliquer (...) développer un projet. Mais, quand tu fais un projet comme ça qui est tellement d'envergure, on ne veut pas non plus se tromper, pis partir pis être obligés de le refermer quelques années ou quelques mois plus tard... (Entrevue avec la directrice des ressources humaines, le 11 décembre 1995)

> Leur participation était intéressante. Mais, il faut être prudent dans tous ces marchés là pour ne pas faire en sorte que des gens investissent dans quelque chose et que le marché étant si volatile que ces gens-là perdent la valeur de leur investissement. (...) Donc, c'est par prudence peut-être que jusqu'à un certain point on n'a pas pu considérer ça comme étant la pierre angulaire pour réaliser le projet. (Entrevue avec le directeur de l'usine, le 11 décembre 1995)

Pour la direction, l'offre de participation ne pouvait être considérée comme « la pierre angulaire pour réaliser le projet ». Derrière des préoccupations financières se cachent un refus de la participation syndicale et un refus du partage du pouvoir.

> (...) on voudrait être partenaires, d'une façon réelle (...), d'une totale façon (...), pis ça, ça fait pas leur affaire. Donc, ils s'en rendent compte aussi qu'à partir du moment où on sera décisionnel avec eux autres ça leur fait peur un peu. Ils s'imaginent qu'on est pas capable de prendre les bonnes décisions. Je pense qu'ils ne font pas assez confiance aux gens qui ont fait du syndicalisme. (Entrevue avec un représentant syndical, le 13 novembre 1995)

De son côté, la direction, bien que perçue comme telle par nombre de salariés, n'est pas nécessairement antisyndicale ; elle est prête à reconnaître le syndicalisme, mais dans la mesure où il accepte les projets de la direction et qu'il ne les conteste pas. La direction locale s'appuie par ailleurs sur une mauvaise perception du syndicat. Elle le perçoit encore comme un partisan du syndicalisme de combat des années soixante-dix. Elle est incapable de mesurer l'évolution qu'il a connue et de le considérer comme un partenaire crédible. En outre, elle a des méthodes qui peuvent être interprétées comme une attaque à la légitimité du syndicat. Ainsi en est-il de sa volonté de s'adresser directement aux salariés dans le cadre du comité d'entreprise et de son refus de voir le rôle stratégique que le syndicat y joue, notamment en choisissant les membres qui vont en faire partie.

Paradoxe organisationnel et blocage institutionnel

À la suite de l'étude du travail à la cartonnerie Jonquière se dégagent un certain nombre de conclusions qui remettent en question le « modèle Cascades » et, de manière plus globale, le sens de la modernisation et des modèles censés la caractériser, tout en révélant la complexité du phénomène et la multiplicité des formes qu'il peut revêtir. Sur le plan de l'organisation du travail, on a assisté à l'introduction de la polyvalence et à une certaine requalification du travail, quoique limitée, pendant que s'opérait un redéploiement des formes de contrôle, cela sans qu'il n'y ait de véritables innovations organisationnelles. Les préposés au contrôle et à la régulation des processus informatisés et automatisés ont vu leurs qualifications s'accroître, tandis que les autres travailleurs affectés à la manipulation des matières premières et des produits sont demeurés confinés à l'exécution répétitive. En ce qui concerne les métiers, la qualification a été sans conteste accrue par la polyvalence introduite qui amène les travailleurs d'un métier à accomplir certaines tâches d'un ou de deux autres métiers connexes. Quant à l'amélioration de la qualité et de l'efficacité, elle ne s'est pas faite par le biais d'innovations organisationnelles et en s'appuyant principalement sur la mobilisation des savoir-faire ouvriers, elle a été plutôt obtenue par une forte augmentation du travail et l'embauche de cadres techniques. L'élimination des contremaîtres de premier échelon ne s'est pas traduite par un accroissement de l'autonomie et du contrôle des salariés sur leur propre travail, mais par un redéploiement des formes de contrôle. Les cadres techniques jouent un rôle important à cet égard ainsi que les nombreux rapports informatiques sur la production. Mais la pression des contraintes extérieures, qui menacent constamment la survie de l'usine, renforce le contrôle de la direction de l'usine et amène les salariés à s'autodiscipliner. Enfin, l'engagement dans le travail est davantage imposé et recherché par une approche culturelle ayant pour objectif de changer les attitudes et les comportements des salariés. Dans le cadre de cette stratégie, le comité d'entreprise jouera un rôle important pour véhiculer les messages de la direction.

Le refus d'une participation accrue de la part des salariés met en évidence l'importance des conditions d'introduction de tout programme à cet effet. Lorsqu'il est introduit par le haut et par la seule direction, dans un climat de travail tendu et des relations de travail marquées par la confrontation et les ultimatums, la participation ouvrière à l'organisation du travail ne fonctionne pas. Par ailleurs, l'étude en profondeur du comité d'entreprise a bien fait apparaître les limites de la participation des salariés, lorsqu'elle reste confinée à la formulation de suggestions. Elle a démontré que la participation s'épuise si elle ne donne pas l'occasion d'exercer un réel pouvoir. En effet, la participation des salariés s'est anémiée après un certain temps, lorsqu'ils ont constaté qu'ils n'avaient pas de contrôle ni de pouvoir sur la réalisation de leurs suggestions, bien qu'elles aient été prises en considération, ni qu'ils étaient le plus souvent placés devant des décisions arrêtées d'avance.

La gestion Cascades nous est apparue davantage innovatrice dans la gestion financière de ses usines que dans celle des ressources humaines. Le principe de la décentralisation, qui rend chaque usine responsable de ses investissements et de leur financement, fait en sorte que les vieilles usines, objet des acquisitions à rabais de Cascades, doivent s'endetter auprès des banques pour se moderniser et assurer leur survie. En retour, cet endettement, supporté par chacune des unités, exerce une pression continuelle sur les salariés, les contraint à travailler plus et mieux et à se soumettre aux concessions demandées. Pour la haute direction, cette innovation est triplement avantageuse : acquisition d'actifs périmés à rabais, leur rénovation à peu de frais et l'exercice d'une pression constante sur les salariés.

La transparence économique, autre élément majeur de la philosophie Cascades, se révèle être un phénomène complexe aux effets imprévus. Pour la direction, c'est un moyen d'inciter les salariés à se discipliner devant la situation précaire de l'usine, les résultats financiers faisant état de pertes importantes s'avèrent ici d'excellents incitatifs disciplinaires. Mais, à trop abuser de ce moyen, son effet s'épuise : les salariés finissent par ne plus croire aux messages d'apocalypse et mettent en doute la crédibilité du messager. Pour le syndicat, la transparence économique, définie comme un droit nouveau, est un moyen d'obtenir des informations vitales en vue de la définition de contrepropositions de gestion et de développement stratégique. En dévoilant ses états financiers, la direction expose à la critique ses décisions et ses stratégies. Celles-ci deviennent le centre du débat sur la sur-vie et le développement de l'usine.

Entre les années 1980 et 1990, le syndicalisme à la carton-nerie Jonquière a connu une véritable réorientation. D'un syndicalisme qui cherchait à tirer le meilleur parti en termes de rémunération et d'avantages sociaux, en exploitant au maximum le rapport de force dont il pouvait bénéficier, sans se soucier de la rentabilité de l'entreprise et tout en dénon-çant sans nuance la direction, il est passé à des stratégies pro-actives et de contrepropositions exprimant une volonté de participation aux décisions, et une nouvelle conscience des contraintes d'efficacité et de rentabilité. Avec la ferme-ture d'une partie de l'usine et les mises à pied importantes qui suivirent, et avec les menaces qui commencèrent à peser sur la survie même de l'usine, le syndicat procéda à une ré-orientation de son action syndicale, au moment même où la CSN modifiait son approche de la modernisation et incitait ses syndicats à participer à la réorganisation du travail et à la gestion des entreprises. Au lieu de privilégier une stratégie simplement défensive, axée sur la seule défense de l'emploi et des acquis, il se tourna plutôt vers une stratégie offensive en prenant l'initiative de proposer une réorganisation fon-dée sur le travail en équipe, qui incluait même des suppres-sions de postes, et en proposant sa participation à la gestion dans le cadre d'un comité d'entreprise. Très actif dans la re-lance du secteur kraft et dans la participation à la gestion, le syndicat est toutefois demeuré plus passif dans le domaine de l'organisation du travail.

L'histoire récente de la cartonnerie Jonquière a également montré que le modèle Cascades est partagé entre deux ex-pressions : communautaire et autoritaire. En situation de rentabilité et en l'absence d'opposition, il est convivial, pro-che des salariés et axé sur le partage et le respect. En situa-tion de difficultés économiques et financières, et confronté à une opposition, il est autoritaire et axé sur la menace et l'exacerbation des rapports de force. Il utilise alors les straté-gies de *downsizing*, de *reengineering* et de *forcing*. Les sala-riés de Jonquière ont vécu les deux périodes et les deux ten-dances : avant la fermeture du secteur kraft, lorsque la cartonnerie faisait des profits, tout allait bien ; mais le syndi-cat restait quand même exclu des décisions. Avec le chan-gement de conjoncture, tout a basculé. D'une période à l'autre, quelques traits communs demeurent : le refus de partager le pouvoir ainsi que le recours à une approche culturelle et directe auprès des salariés, sans innovation organisationnelle importante. La philosophie Cascades ne réprouve pas les syndicats en soi, mais seulement ceux qui veulent participer aux décisions et qui contestent la direction. Le modèle peut supporter une participation, ouvrière et syndicale, dans la mesure où elle est limitée à la formulation de suggestions et qu'elle accepte les objectifs définis par la direction. Lorsque la participation cherche à s'étendre à la prise de décisions, qu'elle s'appuie sur une position autonome et qu'elle veut contribuer à la définition des objectifs, elle est écartée. Confronté à un syndicalisme qui propose d'autres approches et qui critique sa gestion, confronté à des difficultés économiques et financières, le modèle Cascades s'est révélé autoritaire et exclusif, refusant autant le compromis négocié que le partenariat. En somme, ce que décrit Aktouf et ce que la direction aime à présenter, ce n'est qu'une face du modèle qui, tel Janus, en comporte deux. Le « modèle Cascades » possède une portée limitée, tout au plus aux usines non syndiquées de l'entreprise ; il ne convient pas du tout aux usines syndiquées du groupe et il est encore moins généralisable à l'ensemble des entreprises québécoises.

Même regard sur des objets différents ou regards différents sur un même objet

Certes, Aktouf analyse des usines différentes de celle que nous avons présentée dans ce texte. Bien sûr, les caractéristiques du milieu et de la main-d'œuvre, ainsi que les conditions d'implantation de Cascades à Kingsey Falls sont très différentes de la situation qui prévaut à la cartonnerie Jonquière. Une main-d'œuvre non syndiquée dans un petit village dominé par la forte présence des Lemaire, qui y ont apporté la prospérité il y a trente ans en sauvant une usine en faillite, telle est, à grands traits, la toile de fond des études d'Aktouf. Une main-d'œuvre syndiquée, fière de sa culture syndicale, nourrie par des luttes nombreuses contre les grandes multinationales du papier et de l'aluminium qui dominent une région passablement industrialisée, tout cela définit un contexte bien différent. En conséquence, il est compréhensible que les résultats des recherches soient peu comparables.

Néanmoins, Aktouf porte un autre regard, plutôt partiel, sur l'entreprise. Il se contente d'une conception strictement organisationnelle de l'entreprise, dont le problème essentiel réside dans la coordination d'une multitude d'individus, malgré leurs différences d'intérêts, en vue d'atteindre les buts de l'organisation (Coriat et Weinstein, 1995). Tel est d'ailleurs le problème classique étudié par les sciences du management. Dans ce cadre, il est concevable d'accorder une si grande importance au leadership, car de sa nature et de son exercice dépend la motivation des salariés. Ce leadership peut être autoritaire, méprisant et bureaucratique : dans ce cas, il réussit peu à motiver. Il peut par contre être convivial, à l'écoute des salariés et « interpellable », auquel cas il sera bien plus motivant, comme l'indique le leadership des Lemaire. Entre les rapports sociaux et l'instance organisationnelle, il n'y a pas d'instance institutionnelle de gestion des conflits et de définition des orientations de l'entreprise. C'est le chef qui intervient et qui règle les conflits. C'est lui qui prend les décisions et oriente les destinées de l'entreprise. S'il sait gérer en respectant et en reconnaissant ses salariés, il sera accepté et incontesté. Mais c'est là une vision partielle, voire trompeuse, de l'entreprise, dans la mesure où elle est considérée comme pacifiée. En situation fortement conflictuelle et en présence d'acteurs aux projets différents, une instance politique de négociation et de gestion des conflits est nécessaire dans la réalité, et sa prise en compte dans l'analyse s'impose tout autant. Le cas de la cartonnerie Jonquière serait incompréhensible, si l'on négligeait de considérer l'instance institutionnelle et les stratégies des acteurs sociaux.

Aktouf a sans doute le mérite d'attirer l'attention sur les dimensions culturelles du travail. Loin de lui opposer une approche structuraliste ou économiste, il apparaît plutôt nécessaire d'intégrer la culture dans une autre problématique théorique. À la conception de la culture d'entreprise, unique et partagée par tous les membres unis dans la poursuite de buts communs, dominante dans les sciences du management, Aktouf ajoute certes des impératifs d'authenticité :

[Le mouvement *corporate culture*] aurait beaucoup à apprendre [du cas Cascades] car c'est, nous semble-t-il, un pas très important vers ce qui nous paraît central dans le processus de réalisation d'une vraie vision commune (culture ?) d'entreprise : la recherche concrète, sincère et authentique du passage de l'ouvrier d'une situation où il est outil de production — donc objet —, c'est-à-dire instrument qu'on essaie faussement de convaincre qu'il est partenaire, à une tout autre situation où il serait associé-acteur dans la production — donc sujet. Et on le sait parfaitement, le « partage », la communion culturelle, ne peuvent exister que s'il y a partage entre sujets, également déterminés et déterminants. Cela ne peut être possible entre sujets d'un côté et objets de l'autre. C'est le prix que les managers devront payer. (Aktouf et Chrétien, 1987)

Mais cette vision reste prisonnière d'une conception unitaire de l'entreprise et de sa culture. En s'appuyant sur les travaux de Bernoux (1995) et Piotet et Sainsaulieu (1994), il s'agit de considérer la culture comme multiple et correspondant à différentes logiques, propres aux divers acteurs sociaux de l'entreprise. Ces logiques, construites sur les situations vécues et les positions occupées dans le travail, contiennent des représentations sur le travail, ses conflits et ses relations entre les acteurs sociaux, ainsi qu'une définition des problèmes rencontrés par l'entreprise et des solutions possibles. Elles se modifient selon les enjeux qui émergent dans le milieu de travail. Elles inspirent des stratégies, des comportements et des attitudes spécifiques.

Le cas de la cartonnerie Jonquière démontre toute l'importance que prend la confrontation entre des logiques différentes, véhiculées respectivement par la direction et le syndicat, se concentrant sur le partage des pouvoirs au sein de l'instance institutionnelle sans parvenir à trouver un compromis mutuellement bénéfique dans le cadre d'une démocratisation accrue de l'entreprise. Par la menace, en utilisant le pouvoir de fermer l'usine ou de réduire ses activités, la direction impose son calendrier et ses solutions au syndicat et aux salariés, qui se soumettent avec amertume, parce qu'ils n'ont pas les ressources (le pouvoir) de faire autrement. La direction utilise une stratégie traditionnelle de rapports de force; le syndicat résiste et avance une stratégie offensive et pro-active qui ne rencontre aucun écho du côté de la direction. Les salariés eux-mêmes travaillent dans la rancœur et la frustration, tout en s'épuisant physiquement.

Qu'arrivera-t-il à long terme? L'efficacité acquise avec autant d'efforts plafonnera-t-elle ou même diminuera-t-elle avec l'épuisement et le désintéressement des ressources humaines? Voilà le dilemme fondamental auquel mènent une modernisation et une implication imposées.

Références bibliographiques

AKTOUF, O., « Leadership interpellable et gestion mobilisatrice », *Gestion*, novembre 1990, p. 37 à 44.

AKTOUF, O., « Adhésion et pouvoir partagé. Le cas Cascades », *Annales des mines. Gérer et comprendre*, n° 23, juin 1991, p. 44 à 57.

AKTOUF, O., *Le management entre tradition et renouvellement*, troisième édition, Montréal, Gaëtan Morin Éditeur, 1994.

AKTOUF, O., R. BÉDARD et A. CHANLAT, « Management, éthique catholique et esprit du capitalisme : l'exemple québécois », *Sociologie du travail*, n° 1, 1992, p. 83 à 99.

AKTOUF, O. et M. CHRÉTIEN, « Le cas Cascades. Comment se crée une culture organisationnelle », *Revue française de gestion*, n° 65-66, novembre/décembre 1987, p. 156 à 166.

BERNIER, F. et C. SAUCIER, « Papier Cascades Cabano : modernisation des rapports de travail et développement local », dans BÉLANGER, P. R., M. GRANT et B. LÉVESQUE (sous la direction de), *La modernisation sociale des entreprises*, Montréal, PUM, 1994, p. 225 à 240.

BERNOUX, P., *La sociologie des entreprises*, Paris, Seuil, 1995.

BOURQUE, Reynald et Claude RIOUX, « Tendances récentes de la négociation collective dans l'industrie du papier au Québec », *Relations Industrielles*, 49, 4, 1994.

BOURSE DE MONTRÉAL, *Prospectus de Cascades Paperboard International*, décembre 1992.

CASCADES, *Affirmons notre philosophie*, Kingsey Falls, Service des ressources humaines de Cascades inc., 1993.

CASCADES, *Répertoire des entreprises et des services du Groupe Cascades*, 1996, s.l.

COMITÉ DE RELANCE DU KRAFT, *Cascades Jonquière Inc. État de la situation et plan de redressement préliminaire*, novembre 1994.

CORIAT, B. et O. WEINSTEIN, *Les nouvelles théories de l'entreprise*, Paris, Librairie générale française, 1995.

CSN, *Prendre les devants dans l'organisation du travail*, Montréal, CSN, 1991.

CSST, Direction régionale du Saguenay–Lac-St-Jean, *Rapport d'enquête d'accident. Accident mortel survenu à un travailleur le 1er avril 1992 vers 10h 35 à l'usine Cascades Inc. de Jonquière*, 30 avril 1992.

CUGGIA, Gérard, *Cascades. Le triomphe du respect*, Montréal, Québec/Amérique, 1989.

LAPOINTE, P.-A., *Participation et partenariat à Cascades-Jonquière : impasse temporaire ou impossible projet*, Montréal, Cahiers du CRISES, n° 9604, 1996.

LAPOINTE, Paul-André et Paul R. BÉLANGER, « La participation syndicale à la modernisation sociale des entreprises », dans MURRAY, G., M.L. MORIN et I. DA COSTA (sous la direction de), *L'état des relations industrielles*, Ste-Foy et Toulouse, Presses de l'Université Laval et Octarès, 1996, p. 284 à 310.

LAPOINTE, P.-A., avec la collaboration de P. R. BÉLANGER et B. LÉVESQUE, *Grille de collecte des données pour une monographie d'usine*, Montréal, Cahiers du CRISES, n° 9303, 1993.

LAPOINTE, P.A. et N. CARON, *Portrait statistique des usines de pâtes et papiers au Québec, 1989-1995*, Cahiers du CRISES, n° 9403, 1994.

LINHART, Danièle et Robert LINHART, « La participation des salariés. Les termes du consensus », dans D. Bachet (dir.), *Décider et agir dans le travail*, Paris, La Documentation française, 1985.

LEMAIRE, A., « La communication directe chez Cascades Inc. », dans AUDET, M., L. BÉLANGER, J. BOIVIN, E. DÉOM et J. MERCIER, *La mobilisation des ressources humaines. Tendances et impacts*, Sainte-Foy, Les Presses de l'Université Laval, 1986, p. 63 à 68.

PIOTET, Françoise et Renaud SAINSAULIEU, *Méthodes pour une sociologie de l'entreprise*, Paris, Presses de la Fondation nationale de sciences politiques, 1994.

VALEURS MOBILIÈRES DESJARDINS, RECHERCHE, *Cascades, Cascades Paperboard Intl, Rolland, Papiers Perkins*, Montréal, 25 octobre 1995.

Chapitre 2

L'expérience du contrat social à l'usine Aciers Atlas de Tracy

Reynald BOURQUE
Nathalie DUGAS

L'entreprise Aciers Inoxydables Atlas de Tracy, à l'origine du premier contrat social[1] au Québec, constitue un terrain privilégié pour l'étude de l'implication syndicale lors de l'expérimentation de nouvelles relations du travail[2]. Le partenariat patronal-syndical consacré par le contrat social de 1991 s'est maintenu malgré les difficultés survenues au cours des années subséquentes, et les parties ont convenu à l'automne 1995 d'une extension jusqu'en novembre 1999 de la garantie de paix industrielle de six ans signée dans l'entente de 1991[3]. De plus, la situation économique favorable de l'entreprise Aciers Inoxydables Atlas, au moment de la négociation du contrat social de 1991, permet de nuancer la conception selon laquelle les syndicats signent des ententes

---

[1] L'expression contrat social se rapporte aux ententes de longue durée incorporant des mécanismes de partenariat patronal-syndical en matière de gestion de l'organisation du travail, négociées à l'instigation du ministère de l'Industrie, du Commerce, des Sciences et de la Technologie (MICST) du Québec. À ce sujet, voir Bourque et Vallée, 1994.

[2] Cette étude a été réalisée dans le cadre d'une recherche subventionnée par le CRSH, sous la direction du professeur Reynald Bourque de l'École de relations industrielles de l'Université de Montréal.

[3] Le contrat social conclu en avril 1991 stipulait que la convention collective liant l'entreprise Aciers Inoxydables Atlas et le Syndicat des employés des Aciers Atlas (CSN), signée le 1er décembre 1990 et venant à échéance le 30 novembre 1993, serait renouvelée pour une période de trois ans selon une procédure instituant une renonciation à la grève et au lock-out et un mécanisme d'arbitrage des offres finales en cas de mésentente. En octobre 1995, les parties ont signé une nouvelle entente qui prolonge jusqu'au 30 novembre 1999 l'accord de paix industrielle et la procédure d'arbitrage des offres finales en cas de mésentente pour le renouvellement de la convention collective venant à échéance en novembre 1996.

de longue durée, parce que leur entreprise est près de la faillite ou de la fermeture (Bourque, 1993). Enfin, nous voulons montrer, grâce à l'analyse de l'expérience du contrat social d'Aciers Atlas, que la concertation patronale-syndicale dans l'organisation du travail ouvre la voie à une participation accrue du syndicat et des salariés dans la gestion de l'entreprise (Rankin, 1990 ; Verma et Cutcher-Gershenfeld, 1993).

Ce chapitre relate les origines de l'expérience du contrat social chez Aciers Atlas et dresse un bilan des changements apparus depuis la conclusion de l'entente du contrat social de 1991. Les informations proviennent de différents documents gouvernementaux, patronaux et syndicaux, et d'entrevues auprès de deux représentants de la direction, ainsi que de trois membres du comité de direction et de cinq militants (quatre délégués de section et un ancien membre du comité de direction) du Syndicat des employés des Aciers Atlas (CSN), lequel représente les salariés de la production de l'usine. La première série d'entrevues a été menée de mai à septembre 1994, et une mise à jour fut effectuée à l'automne 1995.

Ce texte comporte cinq parties. Dans la première partie, nous présentons succinctement l'historique et l'évolution des marchés, des effectifs et des unités syndicales de l'usine Aciers Inoxydables Atlas de Tracy. La deuxième partie dresse un portrait des relations patronales-syndicales à l'usine Aciers Atlas avant la conclusion de l'entente du contrat social de 1991. La troisième partie est consacrée à l'analyse du processus de mise en œuvre du contrat social chez Aciers Atlas de 1990 à 1995. Nous examinons dans la quatrième partie les principales innovations organisationnelles issues du contrat social de 1991. La dernière partie traite de l'effet de cette expérience de coopération patronale-syndicale sur l'efficacité productive et organisationnelle de l'entreprise, ainsi que sur les relations du travail qui y ont cours.

L'usine Aciers Inoxydables Atlas de Tracy : marchés, technologies et main-d'œuvre

Dans un premier temps, nous procédons à une description générale de l'industrie canadienne de l'acier. Ensuite, nous présentons l'entreprise Aciers Inoxydables Atlas de Tracy : son historique, ses méthodes de production et la technologie qu'elle utilise, ses marchés et ses produits et la composition de sa main-d'œuvre.

Portrait général de l'industrie canadienne de l'acier

L'industrie canadienne de l'acier comptait, en 1989, une douzaine de grandes entreprises installées majoritairement en Ontario et au Québec (Verma et Warrian, 1992, p. 89). Les trois principaux producteurs canadiens d'acier en 1989, les compagnies Stelco Inc., Dofasco Inc. et Algoma Steel, concentrent leurs activités en Ontario, tandis que la compagnie SIDBEC-DOSCO, classée au quatrième rang, a son siège social au Québec. Exception faite de la Dofasco Inc., l'ensemble du personnel des douze plus grandes compagnies de l'industrie canadienne de l'acier est syndiqué. La grande majorité des travailleurs canadiens de l'acier sont membres des United Steel Workers of America (USWA), mieux connu au Québec sous l'appellation Métallurgistes unis d'Amérique (Métallos). Les deux seules entreprises dont les salariés sont représentés par un autre syndicat, en l'occurrence la Confédération des syndicats nationaux (CSN), sont Québec Fer et Titane, et Aciers Inoxydables Atlas, dont les principaux établissements sont situés dans la région de Sorel-Tracy au Québec.

L'industrie canadienne de l'acier a été pendant les années 1970 l'une des plus productives du secteur de l'acier à l'échelle mondiale (Verma et Warrian, 1992). Cependant, ces années fastes ont pris fin à l'aube des années 1980 et l'industrie canadienne de l'acier est confrontée depuis à des difficultés économiques et technologiques majeures. La concurrence internationale et les accords de libre-échange avec les États-Unis et avec le Mexique, conjugués aux taux d'intérêts élevés au Canada, expliqueraient en partie le déclin de l'industrie canadienne de l'acier. De plus, il appert que les relations de travail particulièrement difficiles qui ont toujours caractérisé le secteur canadien de l'acier auraient aussi contribué à ce recul (Verma et Warrian, 1992).

L'usine Aciers Inoxydables Atlas de Tracy

Historique de l'usine de Tracy

L'usine Aciers Inoxydables Atlas a été créée à Tracy en 1962 par la multinationale américaine Rio Algom ; elle comptait alors un autre établissement canadien dans le secteur de l'acier, celui-là situé à Welland en Ontario. En 1985, Aciers Inoxydables Atlas devient une division autonome de Rio Algom. En 1989, elle est mise en vente et est acquise par la firme Sammi-Atlas Inc., une filiale de Sammi Steel Co. Ltd, important producteur d'aciers spéciaux et inoxydables de Corée du Sud. L'entreprise Aciers Inoxydables Atlas de Tracy est alors constituée en tant qu'entité distincte, dont la totalité des actions est détenue par Sammi Steel Co. Ltd (St-Michel, 1993).

La production et la technologie

L'usine Aciers Inoxydables Atlas de Tracy est spécialisée dans la production d'acier inoxydable en feuillards et en bobines à partir des matières premières suivantes : le nickel, le chrome et les ferrailles[4]. L'entreprise de Tracy est la seule entreprise de métallurgie à produire de l'acier inoxydable sur le sol canadien. Elle produisait en 1993 quelque 80 000 tonnes d'acier inoxydable en bobines et en feuillards, pour un chiffre d'affaires de plus de 180 millions de dollars canadiens.

Le processus de fabrication de l'acier inoxydable se divise en trois étapes principales. À la première étape, dans l'aciérie, la fonte et la fabrication de brames d'acier sont effectuées à partir du nickel, du chrome et de ferrailles. Dans ce secteur, la technologie principale, qui permet la fonte de l'acier dans des fournaises, est plutôt désuète et remonterait à une trentaine d'années.

À la seconde étape, dans le laminoir à chaud, on procède à la transformation des brames d'acier en bobines d'acier. Selon les répondants patronaux et syndicaux, la technologie principale utilisée dans cette section, qui correspond au laminoir planétaire, serait très moderne[5].

Enfin, dans l'unité de finition, on aborde les étapes du laminage, du découpage, de la finition et de l'expédition de l'acier en feuillards et en bobines[6].

---

[4]   L'acier inoxydable est un acier spécial qui résiste aux divers agents de corrosion.

[5]   En effet, il appert que le laminoir planétaire de l'usine Atlas serait unique en Amérique du Nord et qu'il n'en existerait que deux dans le monde (l'autre étant au Japon). L'avantage technologique que constitue ce laminoir serait d'ailleurs une des raisons pour lesquelles la firme coréenne Sammi aurait acquis l'établissement en 1989.

[6]   Il existe également des services périphériques comme l'entretien, le contrôle de la qualité et le magasin.

Les marchés

L'entreprise Aciers Inoxydables Atlas exporte plus de 25 % de sa production annuelle, principalement aux États-Unis et en Corée. La concurrence à laquelle elle doit faire face existe surtout sur le marché étranger, mais il semble qu'elle s'accroisse même sur le marché intérieur, où l'entreprise détient le monopole de production de l'acier inoxydable, surtout à cause de la prolifération de nouvelles usines ultra-modernes et non syndiquées aux États-Unis, et de l'abolition prochaine des tarifs douaniers sur le produit en question. Les normes de qualité ISO, qui ne sont pas actuellement exigées par les acheteurs d'acier inoxydable, le seront dans un proche avenir, selon les dirigeants de l'usine Atlas de Tracy. C'est pourquoi l'entreprise prévoit de rendre son produit conforme à ces normes d'ici 1996[7].

Le personnel et l'évolution de l'emploi

En 1994, l'établissement Aciers Inoxydables Atlas de Tracy employait 668 travailleurs permanents à plein temps. Parmi ces 668 employés, 215 sont des cols blancs (dont 73 employés de bureau), 445 sont des cols bleus (dont 300 sont des travailleurs non spécialisés et 145 des spécialistes diplômés) et huit sont gardiens de sécurité à la guérite de l'usine. Les employés sont regroupés en trois unités d'affiliation syndicale distinctes. Les 445 employés de production (cols bleus) sont représentés par un syndicat affilié à la CSN[8]. Pour leur part, les 73 employés de bureau et les huit gardiens de sécurité sont représentés par des syndicats affiliés à la Fédération des travailleurs du Québec (FTQ). Le tableau 1 expose les caractéristiques du personnel de l'usine Aciers Atlas de Tracy et l'affiliation syndicale de ses différentes catégories de personnel.

---

[7]   Le laboratoire où s'effectue le contrôle de la qualité à l'usine Atlas de Tracy est certifié ISO depuis 1993.

[8]   Il est à noter que c'est le Syndicat des employés des Aciers Atlas (CSN) qui a signé en avril 1991 le premier contrat social québécois et qui fait l'objet de cette étude. Les termes de ce contrat social ont par la suite été repris dans des ententes conclues par la direction avec les deux autres syndicats de l'usine affiliés à la FTQ.

Tableau 1 – Personnel et affiliation syndicale chez Atlas (mars 1994)

Catégorie	Nombre	Sous-catégories	Nombre	Affiliation syndicale
Cols blancs	215	Employés cadres	142	–
		Employés bureau	73	FTQ
Cols bleus	445	Spécialisés	145	CSN
		Non-spécialisés	300	CSN
Gardiens de sécurité	8		8	FTQ
Employés total :			668	

Le tableau 2 indique l'évolution des effectifs du Syndicat des employés des Aciers Atlas (CSN) de 1984 et 1994. Il est important de noter que les données utilisées pour dresser ce tableau ont été tirées des listes des membres du syndicat local telles qu'établies en janvier de chacune des années de la période étudiée. Les données utilisées ne font donc pas état des variations des effectifs du syndicat en cours d'année. Néanmoins, un des acteurs syndicaux indiquait à ce sujet que, au cours de la période étudiée, les effectifs du syndicat local n'ont pas connu de variation marquée, occasionnée par exemple par d'importantes mises à pied ou par une embauche massive.

Tableau 2 – Évolution des effectifs du Syndicat des employés des Aciers Atlas (CSN)

Années	Effectifs
1984	370
1985	373
1986	372
1987	385
1988	387
1989	453
1990	411
1991	411
1992	461
1993	453
1994	442

Les effectifs du syndicat des salariés de la production ont varié de 370 à 461 membres entre 1984 et 1994. Ils ont aussi connu une hausse depuis 1984. De plus, le tableau 2 fait ressortir qu'en 1990 et en 1991, les effectifs du syndicat correspondaient au plancher d'emploi (411 postes) prévu au contrat social signé par les parties patronale et syndicale en 1991.

Les relations patronales-syndicales à l'usine Aciers Atlas avant l'entente du contrat social de 1991

L'entreprise Aciers Inoxydables Atlas de Tracy est installée depuis 1962 dans une région du Québec réputée pour l'âpreté de ses conflits de travail (Verma et Warrian, 1992). Elle a elle-même connu des difficultés, puisque quelque 63 semaines de conflits de travail ont touché les employés de la production en moins de vingt ans[9]. Dans les pages qui suivent, nous retraçons les grandes étapes de l'histoire de ces relations patronales-syndicales à travers les nombreux conflits du travail survenus à l'usine même depuis 1962.

1963 à 1978 : des Métallos à la CSN

De 1963 à 1978, les employés de production de l'usine Atlas étaient représentés par les Métallurgistes unis d'Amérique, un syndicat international affilié à la Fédération américaine du travail-Congrès des organisations industrielles (FAI-COI) aux États-Unis, au Congrès du travail du Canada (CTC) et à la FTQ au Québec. Durant cette période, les syndiqués de l'usine ont vécu deux conflits de travail. Une première grève éclata en 1967 et dura deux semaines ; une seconde fut déclenchée en 1976 pour une durée de neuf semaines. En 1978, insatisfaits de leurs conditions de travail et de leurs représentants syndicaux, les employés de production décidaient de changer d'allégeance syndicale et adhéraient à la CSN. Si la grande majorité des salariés de l'industrie canadienne et québécoise de l'acier sont affiliés aux Métallurgistes unis d'Amérique, il est important de souligner que la CSN est le syndicat industriel dominant dans la région

---

[9]   En effet, Aciers Inoxydables Atlas et le Syndicat des employés des Aciers Atlas ont connu trois grèves et un lock-out depuis la fondation de l'entreprise en 1962.

de Sorel-Tracy[10]. L'affiliation à la CSN par les employés de production de l'usine Atlas date du 8 décembre 1978[11].

1979 : lock-out de neuf mois

La première table ronde de négociation collective du syndicat CSN de l'usine Aciers Atlas a débuté en décembre 1978. À cette occasion, les salariés ont tenté de modifier substantiellement les termes de leur convention collective et de négocier des conditions de travail et des textes qui rejoignaient ceux des autres syndicats de la CSN du secteur de la métallurgie[12]. Le 21 mars 1979, la direction de l'usine de Tracy décrétait un lock-out qui allait durer neuf mois. Au terme de 92 séances de négociations et de conciliations, les parties parvenaient à une entente qui assurait aux syndiqués des conditions de travail comparables ou supérieures à celles en vigueur dans les autres grandes entreprises de la région Sorel-Tracy. Cependant, à cause de ce long conflit[13], les relations de travail de l'usine étaient devenues extrêmement tendues.

1985 : grève de trois mois

En 1985, un nouveau conflit de travail éclate entre le syndicat des employés de production et la compagnie. Les syndiqués déclenchent une grève qui dure trois mois et provo-

---

[10]   La CSN représente les salariés de production des principales entreprises métallurgiques de la région de Sorel-Tracy, entre autres chez Fer et Titane, GEC-Alsthom, Aciers Forgés, Aciers Inoxydables Atlas.

[11]   Le témoignage suivant d'un ex-dirigeant du syndicat dresse le portrait de la situation vécue à l'époque des Métallos et les raisons du changement d'affiliation : « En 1978, on a changé d'allégeance parce que... c'ta pas une grosse raison, c'est que les Métallos eux autres de la manière qui fonctionnent, t'as un exécutif syndical pis t'as un *agent d'affaires*, eux autres y appellent ça un agent d'affaires mais pour nous autres c'est un conseiller syndical. Bon, l'agent d'affaires, lui c'était... du côté des Métallos si on regarde la constitution c'était... c'était lui qui avait le dernier mot ! On était peut-être pas mal autonomes mais le gars qui était conseiller syndical du temps, c'est un gars qui avait la main mise sur... l'exécutif, pis là ben nous autres quand on voulait passer des affaires, c'est sûr que les questions on les posait pas à lui, on les posait à nos représentants, mais là c'était l'agent qui prenait les décisions pis patati pis patata... là à un moment donné en assemblée générale on a dit : « nous autres, on est tanné ! », pis lui y était là, on a dit : « on est tanné d'avoir lui, on fait une demande officielle à la FTQ pour que lui il s'en aille de là ! »... fa que là, les Métallos y ont dit : « ça s'enlève pas ! » On a dit : « Non ? pas de problème ! » On s'est reviré, pis on a changé d'allégeance pour la CSN comme ça (il claque des doigts pour insinuer que ça a été facile). »

[12]   À titre d'exemple, les syndicats locaux de la CSN avaient négocié des dispositions sur le temps supplémentaire volontaire, tandis que les syndicats de la FTQ étaient encore, à cette époque, aux prises avec le temps supplémentaire obligatoire.

[13]   Certains syndiqués ont été poursuivis par la compagnie pour vandalisme et séquestration, un procès criminel a d'ailleurs été intenté à la suite de ce long conflit.

que un certain ressentiment parmi les membres du syndicat. À l'issue de la grève, l'ensemble des responsables du comité exécutif du syndicat sont remplacés. Une nouvelle équipe de sept employés de production occupe alors ces fonctions. La plupart des membres de cette équipe détiennent encore aujourd'hui ces postes de direction syndicale.

1987 : une négociation anticipée

Compte tenu du recul que connaissait l'usine depuis le début des années 1980, Rio Algom, la propriétaire, décida de la mettre en vente en 1987. Cependant, le dossier des relations de travail caractérisant cette usine décourageait les acheteurs éventuels. Pour cette raison, le syndicat proposa à la compagnie de procéder à une négociation anticipée en vue du renouvellement de la convention collective venant à échéance le 30 novembre 1987[14]. La première phase de négociations commença à l'automne 1986. Les parties signèrent leur nouvelle convention collective le 28 septembre 1987, et celle-ci entra en vigueur le 1er décembre 1987.

Il appert toutefois que les parties ne prévoyaient pas de procéder ainsi lors des renouvellements de conventions collectives ultérieurs. Les motifs invoqués par les parties pour justifier le devancement de la négociation de 1987 sont surtout liés à la mise en vente de l'usine, à l'arrivée d'une nouvelle direction syndicale et au désir du nouveau directeur d'usine d'éviter tout conflit ouvert pendant cette période cruciale pour l'avenir.

La mise en œuvre du contrat social à l'usine Aciers Atlas de Tracy

Cette partie est divisée en six sections qui correspondent aux diverses phases du processus de changement en cours depuis 1991 chez Aciers Inoxydables Atlas. Il s'agit donc d'aborder dans l'ordre : la démarche vers le changement, la négociation du contrat social, le dérapage du processus de changement, le redémarrage du processus de réorganisation du travail, le renouvellement de la convention collective en 1993 et la prolongation du contrat social en 1995.

---

[14]   « En 1987, l'usine était à vendre, et compte tenu du conflit de 1985 et de celui de 1979, qui avait duré neuf mois, on a décidé de négocier prématurément. On appelait ça la négociation anticipée. » Entrevue avec le président du syndicat.

La démarche vers le changement : 1990 - début 1991

Le 30 novembre 1990, la convention collective liant les Aciers Inoxydables Atlas et le Syndicat des employés des Aciers Atlas (CSN) venait à échéance. Les représentants des deux parties entreprirent en mai 1990 une négociation collective traditionnelle en se reportant au modèle de l'industrie de l'acier, institué en Ontario et au Québec par les Métallurgistes unis d'Amérique. Cette négociation fut difficile et la compagnie fit appel à un conciliateur du ministère du Travail du Québec en octobre 1990. L'intervention du conciliateur s'avéra fructueuse et les parties signèrent une nouvelle convention collective en février 1991.

À cette époque, le Québec était plongé dans une période de morosité économique et la région de Sorel-Tracy n'était pas à l'abri de cette récession. Les fermetures d'usines se multipliaient et le taux de chômage grimpait à près de 15-16 % dans la région. Selon les représentants patronaux et syndicaux rencontrés dans le cadre de notre enquête, l'usine Aciers Atlas n'était cependant pas dans une situation précaire sur le plan économique, contrairement à de nombreuses autres entreprises des secteurs primaire et secondaire du Québec. Elle détenait encore une part importante du marché canadien de l'acier inoxydable et faisait très bonne figure sur le marché américain[15]. Toutefois, les accords de libre-échange entre le Canada et les États-Unis, et plus tard avec le Mexique, allaient vraisemblablement aviver la concurrence[16].

Peu après la signature de la convention collective de 1991, le ministère de l'Industrie, du Commerce, des Sciences et de la Technologie (MICST), à l'initiative du ministre Gérald Tremblay, organisa une rencontre avec les représentants des deux parties pour leur soumettre les conditions de la participation gouvernementale à un projet de modernisation de l'usine de Tracy. La Société de développement industriel (SDI), sous la tutelle du MICST, offrait une garantie de prêt de l'ordre de 105 millions de dollars canadiens pour le projet de modernisation de l'usine, évalué à 300 M $, à condition que les parties s'engagent à renoncer à la grève et au lock-out durant une période de six ans.

---

[15]   Entrevue semi-dirigée avec les représentants de la direction de l'usine Atlas de Tracy.

[16]   L'intensification de cette concurrence était prévisible, selon les représentants officiels des parties, à cause de l'abolition des tarifs douaniers sur l'acier, prévue pour 1998.

Les parties venaient alors de conclure une bonne convention collective qui prévoyait, entre autres, une augmentation générale des taux de salaires horaires de l'ordre de soixante cents de l'heure (0,60 $/heure) pour 1991. Les responsables syndicaux, qui avaient été mis au courant du projet du ministre Tremblay en décembre 1990, estimaient qu'il n'y avait rien à perdre à simplement prendre connaissance de la proposition du MICST. Le comité directeur du syndicat n'eut d'ailleurs aucun problème à obtenir de l'assemblée générale un mandat de négociation tripartite.

La négociation du contrat social : février à avril 1991

Ainsi, tout de suite après la conclusion de la convention collective de février 1991, les représentants des deux parties rencontrèrent le ministre Tremblay en présence d'un conciliateur du ministère du Travail et amorcèrent la négociation du « contrat social», selon l'expression utilisée par le ministre. En mars 1991, après neuf rencontres de négociation tripartite, l'entente du contrat social fut recommandée par la direction aux membres du syndicat réunis en assemblée générale. Les membres votèrent majoritairement en faveur de l'entente, laquelle fut alors signée par les parties patronale et syndicale, mais demeura secrète jusqu'à l'annonce officielle, par le premier ministre Bourassa, de l'aide gouvernementale au projet de modernisation de l'usine de Tracy, le 8 avril 1991.

L'entente négociée prévoyait une paix industrielle de six ans, un plancher d'emploi de 411 postes correspondant au nombre de salariés permanents à la date de l'entente, l'arbitrage des offres finales en cas de mésentente sur les clauses à incidence monétaire lors du renouvellement de la convention collective de 1993, la création d'un comité paritaire de relations industrielles (CPRI) ayant pour objectif de faciliter les ajustements nécessaires à l'implantation des changements organisationnels, l'établissement d'un plan de développement des ressources humaines (PDRH) et de qualité totale.

Les représentants syndicaux rencontrés dans le cadre de notre étude soulignent qu'en raison des innovations majeures prévues dans cette entente (par exemple : arbitrage des offres finales, la qualité totale), ils avaient la conviction qu'une ère nouvelle débutait ou s'ouvrait dans les relations du travail chez Atlas. Aux yeux du syndicat, le point fondamental de ce contrat social était le projet d'investissement et de modernisation de 300 millions de dollars. De l'avis du syndicat et de ses membres, le plancher d'emploi qu'on avait réussi à négocier en était aussi un élément essentiel.

Le dérapage : fin 1991-début 1992

Quelques mois après la signature du contrat social, la direction de Sammi-Atlas informait le syndicat que le projet de modernisation de l'usine était reporté à cause de la détérioration des marchés alimentés par l'usine de Tracy. Dès lors, l'ordre local qui avait été institué par la signature du contrat social était remis en cause. Selon les représentants syndicaux, une panique générale s'ensuivit. Plusieurs membres ont alors cru que tout le projet de contrat social allait être abandonné et qu'ils avaient été bafoués par la compagnie. Il appert que les parties, tant patronale que syndicale, avaient perdu confiance dans le MICST, maître-d'œuvre de cette entente très médiatisée. Selon plusieurs répondants syndicaux, la relation de confiance mutuelle qui s'était établie entre les parties locales fut aussi remise en question et fortement ébranlée.

Le redémarrage : juin à septembre 1992

Avec le report des investissements annoncés par l'entreprise, tous les intervenants de l'usine étaient très inquiets. Il est à noter qu'une de ses dispositions, que le syndicat avait tenu à inclure dans l'entente, prévoyait que si les investissements n'étaient pas réalisés au 31 mai 1993, le syndicat pourrait résilier l'entente sociale[17]. Ainsi, selon les représentants officiels de la partie syndicale, le syndicat aurait pu faire annuler le contrat social parce que la compagnie n'effectuait pas les investissements prévus. Par contre, selon ces mêmes interlocuteurs, il n'aurait pas été avantageux pour lui de procéder de la sorte, car la sécurité d'emploi des membres en aurait été affaiblie. Les répondants syndicaux estimaient que si les investissements n'avaient pas lieu tels qu'ils avaient été prévus, le plancher d'emploi devenait fondamental pour la sauvegarde des emplois des membres.

Dans le but de résoudre la crise occasionnée par le report des investissements et parce que le contrat social prévoyait, en cas de besoin, le recours à une personne-ressource

---

[17]   L'article 4.02 du contrat social se lit comme suit : « La présente entente deviendra nulle et sans effet si le projet d'investissement n'est pas en cours de réalisation de façon concrète le 31 mai 1993. »

nommée par le ministère du Travail[18], les parties, d'un commun accord, demandèrent l'intervention du conciliateur-médiateur du ministère du Travail, Roger Lecourt, celui-là même qui les avait aidé à conclure le contrat social de 1991. Le médiateur Lecourt a alors agi auprès des parties à titre de « facilitateur » et il les a amenées à étudier des scénarios leur permettant de sortir de l'impasse. Cette intervention permit d'élaborer un compromis. Au mois d'août 1992, le syndicat proposa à la partie patronale une lettre d'entente visant à réassurer la validité du contrat social dans le but de protéger le plancher d'emploi[19]. La partie patronale accepta et régla ainsi l'éventuelle invalidité du contrat social.

Le renouvellement de la convention collective de 1993

La table ronde de négociation exceptionnelle[20] pour le renouvellement de la convention collective 1993-1996 s'amorça en juin 1993, soit près de cinq mois avant l'échéance de la convention collective, fixée au 30 novembre 1993. Cette négociation a nécessité dix-huit rencontres échelonnées sur quatre mois, du 12 juin 1993 (date de remise du projet syndical à l'employeur) au 22 octobre 1993 (date de l'acceptation des offres finales de l'employeur par l'assemblée générale des syndiqués).

En ce qui a trait au réglement des différends survenus durant cette négociation, les parties s'en remettaient aux procédures prévues par le contrat social[21]. De plus, les parties avaient ajouté au contrat social un mécanisme de re-

---

[18] L'article 3.01.6 du contrat social se lit comme suit : « Pour assurer le bon fonctionnement du comité, celui-ci peut requérir pour ses discussions la présence de personnes-ressources habilitées à informer le comité sur les sujets abordés. Les parties peuvent, d'un commun accord, demander en tout temps au ministre du Travail de désigner une personne-ressource pour les aider à faciliter la réalisation du mandat du comité. »

[19] La lettre d'entente à cet effet fut signée le 7 août 1992 et figure comme lettre d'entente n° 26 de la présente convention collective. Elle se lit comme suit : « Article 4 DURÉE DE L'ENTENTE : La présente entente entre en vigueur immédiatement et s'applique jusqu'au 30 novembre 1996. Les parties considèrent les investissements faits à ce jour et ceux déjà annoncés comme étant les investissements concrets au sens où on les entendait au moment de la signature de l'annexe M. »

[20] Nous qualifions d'exceptionnelle cette table ronde de négociation, parce qu'il s'agissait d'une négociation qui faisait exception par rapport aux négociations antérieures, où des dispositions précises quant à cette négociation en vue du renouvellement de la convention collective avaient été prévues au contrat social de six ans signé en 1991.

[21] L'article 1.04 du contrat social se lit comme suit : « Les parties conviennent de renoncer à tout recours à la grève ou au lock-out, au sens du Code du travail et ce, jusqu'au 30 novembre 1996 inclusivement. »

nouvellement par arbitrage des offres finales pour les clauses à incidence monétaire, si elles n'arrivaient pas à s'entendre dans les délais prévus par l'entente[22]. Tel qu'il avait été convenu, les parties n'ont pas eu recours à la grève ni au lockout, et elles ont négocié une entente sans le recours au mécanisme d'arbitrage des offres finales. Au mois d'octobre 1993, les parties ont demandé l'aide du conciliateur du ministère du Travail pour les aider à conclure leur convention collective à l'amiable. Le conciliateur Roger Lecourt intervint donc de nouveau. La convention collective conclue après seulement une dizaine de rencontres fut signée le 19 novembre 1993, soit onze jours avant l'échéance de la précédente. Selon les représentants patronaux et syndicaux qui ont pris part à cette négociation, les parties ont expérimenté à cette occasion une nouvelle approche de la négociation collective basée sur la recherche de solutions « gagnant-gagnant ».

Un des sujets cruciaux de cette négociation avait trait au régime d'assurance collective. Le syndicat, qui assumait l'administration de ce régime à partir d'une contribution fixe de l'employeur, a obtenu que le régime d'assurance soit dorénavant géré par un comité conjoint paritaire composé de six personnes. L'employeur s'engageait désormais à contribuer à 70 % des coûts (plutôt que de contribuer à un montant fixe pour chaque salarié). Le syndicat a également négocié une augmentation graduelle des allocations mensuelles de retraite en 1993 et 1994. Les syndiqués ont aussi obtenu un programme de participation aux gains, qui apparaît à l'annexe N de la convention collective et qui prévoit qu'en décembre 1994 les salariés recevront un montant forfaitaire équivalent à 3 % des profits d'exploitation de l'année 1994 ; le même pourcentage de ces profits est prévu pour 1995 ; et, pour l'année 1996, il est prévu que la prime à partager sera basée sur d'autres facteurs, à déterminer ultérieurement.

La prolongation du contrat social jusqu'en 1999

En octobre 1995, les membres du Syndicat des employés des Aciers Atlas (CSN) entérinaient, dans une proportion de 86 %, la prolongation jusqu'au 30 novembre 1999 de la garantie de paix industrielle prévue au contrat social de 1991 et

---

[22]   L'article 1.03 du contrat social se lit comme suit : « Les parties conviennent de recourir à la formule de l'arbitrage des offres finales prévue à l'article 1.11 pour solutionner tout différend qui pourrait survenir au terme des négociations pour le renouvellement des clauses à incidence monétaire de la convention collective 1990-1993. »

le maintien de la procédure d'arbitrage des offres finales en cas de mésentente lors du renouvellement de la convention collective. La nouvelle entente accordait la sécurité d'emploi aux 457 salariés en poste au moment de sa signature et elle prévoyait le maintien, dans la prochaine convention, des clauses normatives et de la clause d'indexation existante.

Cet accord confirme l'enracinement du partenariat patronal-syndical institué lors de la négociation du contrat social de 1991. Depuis sa conclusion, les parties ont développé un système de négociation continue qui permet à chacune de mieux s'ajuster aux aléas de la conjoncture. De nombreuses lettres d'entente ont été signées dans différents domaines touchant l'organisation du travail et les conditions de travail. Mentionnons, par exemple, les modalités de congés annuels, le remplacement des salariés en congé de maladie pour une longue période, le registre de candidatures aux postes vacants, les heures supplémentaires. Nous examinons dans la prochaine section les nombreuses innovations qui ont été introduites dans l'organisation du travail au cours des récentes années.

Les caractéristiques de la réorganisation du travail chez Aciers Atlas

Dans cette section, nous présentons les principaux changements intervenus dans l'organisation du travail et les méthodes de travail, tels qu'ils ont été rapportés par les représentants officiels des parties patronale et syndicale, c'est-à-dire les deux représentants de la direction et les trois membres du comité de direction du syndicat rencontrés lors de notre enquête.

Les représentants des deux parties soulignent d'abord que les changements touchent principalement les aspects relationnels entre les parties, plutôt que les aspects techniques de l'organisation du travail. Les relations de travail antérieurement très conflictuelles seraient aujourd'hui plus ouvertes. La plus grande liberté de circulation de l'information et les discussions raisonnées s'avèrent également des changements importants à leurs yeux. Les rencontres d'information seraient aussi actuellement beaucoup plus nombreuses qu'auparavant et s'adresseraient à tous les employés. Par exemple, depuis 1993, le président des Aciers Inoxydables Atlas tient trimestriellement une réunion avec tous les employés et les informe de la situation économique et commerciale de l'entreprise. Les responsables syndicaux insistent pour dire que les membres du syndicat apprécient beaucoup ces rencontres et se sentent ainsi plus concernés par la situation de leur entreprise.

Par ailleurs, un comité chargé d'élaborer un plan de développement des ressources humaines (PDRH) et composé de cinq représentants de la direction et de cinq représentants du syndicat, qui était prévu dans l'entente du contrat social, fut constitué en 1992. Ce comité paritaire avait pour mandat premier de sélectionner des consultants capables de procéder au diagnostic et à l'analyse des besoins de formation des employés.

Un comité directeur de la qualité totale fut aussi créé, en 1992, pour la mise en application du plan de qualité totale prévu dans le contrat social. Ce comité, composé de sept représentants de la direction et de sept représentants des trois syndicats (cols bleus, bureau, gardiens), avait lui aussi pour mandat premier de sélectionner des consultants responsables de la mise en œuvre du plan de qualité totale. Des rencontres d'information furent tenues à l'intention de tous les employés, par les consultants. Cinq rencontres de concertation, de trois jours chaque, rassemblant tous les employés cadres de l'entreprise, ainsi qu'une trentaine de salariés (membres des différents syndicats de l'usine Atlas), furent tenues à l'extérieur de l'entreprise pour jeter les bases communes du plan de qualité totale. Depuis, une vingtaine de comités de qualité totale *ad hoc* ont été mis en place pour trouver des solutions à différents problèmes. Ces comités mixtes sont composés de trois à sept membres selon les cas. De plus, en février 1994, un groupe de dix-huit employés fut sélectionné pour recevoir une formation d'animateurs de comités d'amélioration de la qualité.

Selon les représentants officiels des parties, tous les services furent affectés par les différentes actions précédemment citées. Les répondants des deux parties estiment que les échelons du pouvoir décisionnel de l'établissement ainsi que les définitions de tâches n'ont pas encore été modifiés substantiellement, mais que des changements dans les tâches sont à venir. Les répondants reconnaissent aussi, unanimement, qu'aucune équipe de travail n'a encore été mise en place. Ils conviennent par ailleurs du principe voulant que l'instance décisionnelle, quant aux orientations et aux modalités du changement, demeure la direction de l'entreprise, mais que beaucoup de discussions et de consultations soient organisées par cette dernière avant de prendre une décision irrévocable.

La formation, qui a été dispensée jusqu'à maintenant, aurait surtout trait à la résolution de problèmes liés à la démarche de qualité totale. D'autres sortes de formation sont envisagées et seront mises en place lorsque les investissements auront eu lieu et que de nouveaux équipements seront introduits dans l'entreprise.

Impacts du processus de réorganisation du travail

Cette dernière partie traite des principaux effets du processus de réorganisation conjointe du travail depuis la mise en œuvre du contrat social de 1991 et tels que nous les ont rapportés les répondants rencontrés dans le cadre de notre étude. D'abord, nous présentons les changements survenus au niveau individuel à partir de plusieurs indicateurs, notamment les relations entre les salariés et les relations entre eux et les contremaîtres, le degré de participation des travailleurs, leur degré de satisfaction et de motivation. Nous examinons ensuite l'évaluation faite par les répondants des résultats économiques de la réorganisation du travail, notamment aux plans de la productivité, de la quantité et de la qualité des produits et de la qualité des équipements. Nous abordons enfin les conséquences des changements en cours sur les conditions et les relations de travail, et sur la négociation collective. Nous distinguons les opinions exprimées à ce sujet par les différentes catégories de répondants lorsque certaines divergences ressortent de l'analyse des données.

Au plan des effets individuels, tous les répondants, tant patronaux que syndicaux, soulignent le plus grand engagement des salariés d'Atlas comme étant la conséquence majeure de la réorganisation du travail. Cette plus grande adhésion des salariés serait principalement attribuable à l'augmentation des informations qui leur sont transmises et à leur consultation plus fréquente par la direction depuis 1991. Par contre, pour l'ensemble des répondants, la réorganisation du travail semble n'avoir que peu ou pas d'effets sur la charge de travail et sur les qualifications requises des salariés de la production.

Les militants syndicaux estiment pour leur part que l'entraide et la collaboration entre coéquipiers seraient plus grandes dans l'usine depuis l'implantation des changements organisationnels, à cause d'une meilleure communication entre eux. La majorité des militants indiquent que la direction consulte plus souvent les travailleurs qu'auparavant, mais qu'en ce qui concerne les cadres de premier échelon et les cadres intermédiaires des divers services, cette consultation serait très variable.

Plusieurs aspects importants ont été soulevés au sujet des effets économiques occasionnés par les changements dans l'organisation du travail. D'une part, il semble que la quantité produite, la qualité de la production ainsi que la productivité du travail auraient augmenté de façon significative depuis 1991. Selon les représentants de la direction, le volume de la production annuelle a augmenté de 33 % de 1991 à 1993, passant de 60 000 tonnes à 80 000 tonnes, tandis que la croissance des effectifs affectés à la production était d'environ 10 % durant cette période. Les principaux facteurs expliquant cette amélioration de la production seraient, selon les répondants patronaux et syndicaux, la plus grande sensibilisation des salariés aux impératifs de productivité et de concurrence, et l'introduction du plan de qualité totale.

Les représentants des deux parties considèrent que la qualité des produits s'est améliorée depuis l'introduction des changements. Selon eux, cette évolution serait surtout attribuable au plan de qualité totale mis en place depuis 1992. Ils s'entendent aussi pour dire que la productivité du travail s'est également améliorée depuis 1991. Selon les représentants officiels de la partie patronale, cette augmentation serait tributaire, entre autres, du plus grand intérêt des travailleurs, de l'amélioration des équipements et de la réduction des temps morts dans le processus de production. Il semble également que la durée du cycle de production aurait diminué, compte tenu de la réduction des temps de coulée.

Les militants syndicaux affirment unanimement que la productivité du travail a augmenté considérablement depuis 1991. Selon certains, la cause première de cette augmentation résiderait dans les améliorations apportées à différentes machines par des ingénieurs. Certains militants syndicaux ont aussi indiqué que le partage des profits négocié en 1993 eut pour effet de motiver les travailleurs à l'accroissement de la productivité du travail.

Les représentants des deux parties sont d'avis que les changements dans l'organisation du travail ont eu très peu de conséquences sur la gestion des ressources humaines. Selon les représentants officiels de la partie patronale, les critères d'embauche, les classifications, les méthodes et la rémunération du temps supplémentaire, les dispositions touchant la santé et la sécurité au travail n'ont pas été modifiés sensiblement à la suite des changements intervenus dans l'organisation du travail. Les seuls changements importants selon les répondants syndicaux ont trait à l'horaire des douze heures et au programme de partage des profits introduit en 1993. Ils confirment également que les changements dans l'organisation du travail ont eu peu ou pas d'effets sur les conditions de travail des employés.

Les effets les plus significatifs des changements répertoriés par les parties concernent les relations du travail. Les répondants patronaux et syndicaux relèvent en effet une diminution du nombre de griefs et le règlement plus rapide des différends et des plaintes. Ensuite, les parties transmettent beaucoup moins de plaintes à l'arbitrage que par le passé ; en fait, aucun grief n'a fait l'objet d'une audition d'arbitrage depuis 1991. Tous les répondants ont aussi fait état d'une nette amélioration de la qualité des communications à tous les échelons. Une meilleure compréhension mutuelle est aussi perçue par la plupart des répondants comme un des effets les plus heureux des changements apportés à l'organisation du travail. Ils reconnaissent aussi que les relations patronales-syndicales sont devenues beaucoup plus ouvertes depuis 1991.

Relativement à l'évolution du processus de négociation collective, plusieurs changements importants ont été signalés par les parties. D'une part, tous les répondants s'entendent pour dire que depuis 1991 la négociation traditionnelle a cédé la place à une approche de négociation raisonnée ou gagnant-gagnant. D'autre part, les répondants des deux parties considèrent que leurs relations procèdent davantage d'une démarche de négociation continue. Il semble d'ailleurs que, depuis 1991, le nombre de lettres d'entente et la variété des sujets abordés par les parties sur une base de négociation continue soient à la hausse. Quant au processus de négociation et au renouvellement de la convention collective, les répondants apprécient que la table ronde de 1993 ait été beaucoup moins longue que les précédentes, et qu'il y eut un véritable climat de confiance mutuelle.

Conclusion

Nous concluons cet exposé en soulignant les principaux facteurs de succès et les difficultés de la démarche entreprise chez Aciers Inoxydables Atlas au cours des dernières années, tels qu'ils nous ont été rapportés par les représentants officiels des deux parties et par les militants syndicaux.

Les principaux facteurs de succès dénombrés par les représentants officiels de la direction sont : l'ouverture et le désir des salariés de s'impliquer, ainsi que l'engagement soutenu de la direction syndicale dans la réorganisation du travail. Pour leur part, les représentants officiels du syndicat et les militants syndicaux retiennent le plancher d'emploi inscrit dans le contrat social comme principal facteur de succès de la démarche en cours. L'expérience du contrat social chez Aciers Atlas a renforcé, selon eux, la confiance des membres envers leur syndicat. Il semble que chez Acier Atlas, la participation des salariés à la gestion de l'entreprise n'ait pas entraîné un recul de l'adhésion syndicale, comme ce fut souvent le cas dans d'autres entreprises d'Amérique du Nord (Bélanger et Lévesque, 1991).

Les principales difficultés rencontrées par les parties patronale et syndicale sont des problèmes d'attitude et de comportement de la part des différents acteurs de l'entreprise. Les représentants de la partie patronale soulignent, entre autres, le scepticisme et la résistance au changement de certains intervenants patronaux et groupes de salariés. Pour leur part, les représentants syndicaux considèrent le report des investissements, la résistance au changement des cadres de premier échelon et la lenteur de la direction à procéder aux changements prévus comme les entraves principales au déroulement du processus. Dans l'ensemble, les répondants patronaux et syndicaux estiment que la mise en œuvre du contrat social s'avère jusqu'ici une réussite partielle, bien qu'il soit encore trop tôt pour porter un jugement définitif sur cette expérience toujours en cours.

Références bibliographiques

BÉLANGER, P. R. et B. LÉVESQUE, « Amérique du Nord : la participation contre la représentation », *Travail*, 24, 1991-1992, p. 71 à 90.

BOURQUE, R. et G. VALLÉE, « Ententes de partenariat ou ententes de longue durée ? Inventaire et analyse juridique des contrats sociaux », *Info Ressources humaines*, février-mars 1994, p. 16 à 20.

BOURQUE, R., « L'objet de la négociation collective : adaptation ou innovation », dans BERNIER, Colette, Roch LAFLAMME, Fernand MORIN, Gregor MURRAY et Claude RONDEAU (sous la direction de), *La négociation collective du travail. Adaptation ou Disparition ?*, Sainte-Foy, Les Presses de l'Université Laval, 1993, p. 93 à 118.

RANKIN, T., *New Forms of Organization : The Challenge North American Unions*, Toronto, University of Toronto Press, 1990.

ST-MICHEL, P., « Le renouveau de la convention collective ; l'expérience des Aciers Inoxydables Atlas », dans BERNIER, Colette, Roch LAFLAMME, Fernand MORIN, Gregor MURRAY et Claude RONDEAU (sous la direction de), *La négociation collective du travail. Adaptation ou Disparition ?*, Sainte-Foy, Les Presses de l'Université Laval, 1993, p. 159 à 170.

VERMA, A. et J. CUTCHER-GERSHENFELD, « Joint Governance in the workplace : Beyond Union-Management Cooperation and Worker Participation », dans KAUFMAN, Bruce E. et Morris M. KLEINER (eds.), *Employee Representation : Alternatives and Future Directions, Industrial Relations Research Association Series*, University of Wisconsin, 1993, p. 197 à 234.

VERMA, A. et P. WARRIAN, « Industrial Relations in the Canadian Steel Industry », dans CHAYKOWSKI, Richard et Anil VERMA, *Industrial Relations in Canadian Industry*, Toronto, Dryden, 1992, p. 87 à 140.

Documents syndicaux

Conventions collectives entre Aciers Inoxydables Atlas et le Syndicat des employés des Aciers Atlas (CSN), 01/12/1984 au 31/11/1987 ; 01/12/1987 au 31/11/1990; 01/12/1990 au 31/11/1991 ; 01/12/1993 au 30/11/1996.

Procès-verbaux du bureau exécutif du Syndicat des employés des Aciers Atlas (CSN), 1980 à 1994.

Procès-verbaux de l'Assemblée générale du Syndicat des employés des Aciers Atlas (CSN), 1980 à 1994.

Projets de convention collective du Syndicat des employés des Aciers Atlas (CSN), 1987 ; 1990 ; 1993.

Réorganisation du travail et nouvelles configurations sociales : le cas de l'usine de la General Motors à Boisbriand

Christian LÉVESQUE
Dominique BOUTEILLER
Jean GÉRIN-LAJOIE

Il s'en trouvera peu pour contester que l'industrie automobile soit le site de multiples changements. Une riche littérature internationale montre bien que l'entrée en scène des constructeurs japonais, l'émergence de nouvelles normes de gestion de la production et la relocalisation de la production à l'échelle mondiale ont provoqué une redéfinition des règles du jeu, où l'amélioration de la productivité et de la qualité apparaît impérative (Appelbaum et Batt, 1994 ; Boyer, 1993 ; Rehder, 1994 ; Womack, Jones et Roos, 1990). Ces nouvelles règles du jeu, en plus d'augmenter la compétition entre les grands constructeurs, intensifient la concurrence entre les usines d'un même groupe pour l'obtention des contrats de fabrication ou d'assemblage.

Ce nouvel environnement, de plus en plus compétitif, accentue les pressions sur les gestionnaires nationaux et locaux, les plongeant ainsi dans une course effrénée dont l'issue dépend de la capacité de chaque usine à expérimenter de nouvelles techniques de production et de nouvelles formes d'aménagement des rapports sociaux. Des modifications importantes sont donc apportées au contenu

des conventions collectives, de nouvelles techniques de production, communément regroupées sous le vocable *lean
production,* sont expérimentées (amélioration continue,
juste-à-temps, etc.), de nouvelles formes d'organisation du
travail centrées sur le principe du travail en équipe sont
éprouvées, et de nouvelles structures sont implantées pour
favoriser l'implication des représentants syndicaux, le cas
échéant, dans des sphères décisionnelles jusque-là réservées
à la direction.

Si un consensus se dégage dans la littérature pour admet-
tre que l'ensemble de ces changements a ébranlé le modèle
traditionnel des relations du travail, le débat reste ouvert sur
les formes et les contours du modèle en émergence. Ce débat se polarise, en fait, autour de deux thèses maîtresses. On
soutient d'abord que les changements en cours dans
l'industrie automobile marquent une rupture avec le modèle
traditionnel des relations de travail. En plus d'introduire davantage de souplesse, ils impliqueraient une plus grande
participation des salariés et l'utilisation optimale de leur
créativité productive, ce qui favoriserait l'émergence de relations du travail plus étroites et une plus forte adhésion des
salariés aux objectifs de la direction (Bluestone et Bluestone,
1992 ; Kenney et Florida, 1993 ; Rubinstein, Bennett et Kochan, 1993 ; Wilms, Hardcastle et Zell, 1994). La seconde
thèse se situe à l'antipode de la première. Elle s'articule autour de l'idée que ces changements ne représentent qu'un
renouvellement des formes traditionnelles de subordination : la standardisation du travail et la manipulation de la
subjectivité et de la créativité des travailleurs (Green et Yanarella, 1996 ; Parker et Slaughter, 1994 ; Wells, 1993 ; Wood,
1993). Ces changements se traduiraient alors par une intensification du travail, une perte d'autonomie pour les travailleurs et une marginalisation du rôle des syndicats.

En toile de fond de ce débat se trouve posée la question de
la portée restructurante des expériences de réorganisation
du travail sur les dynamiques sociales au sein des usines : ces
expériences recomposent-elles les dynamiques sociales antérieures ou, au contraire, les renforcent-elles ? En d'autres
termes, ces changements impliquent-ils un nouveau partage
des rôles et des responsabilités au sein des groupes de travail
et entre la direction et le syndicat, une redéfinition des enjeux autour desquels vont se définir de nouveaux rapports de
pouvoir et se structurer de nouvelles formes et modalités de
coopération et de conflits ?

Prenant appui sur une étude réalisée à l'usine de la GM à Boisbriand, où le travail en équipe a été instauré en 1987 et où des principes de la production allégée sont introduits de façon graduelle depuis cette date, nous cherchons à fournir des éléments de réponse à ces questions[1]. Cette étude s'est échelonnée sur une période de trois ans, de 1993 à 1996. Nous étions régulièrement présents dans l'usine de septembre 1993 à mai 1994. Au cours de cette période, nous avons effectué une soixantaine d'entrevues semi-dirigées, d'une durée approximative de 90 minutes, auprès de membres de la direction, de surintendants, de contremaîtres, de représentants syndicaux et des employés syndiqués. Lors de ces visites, nous pouvions circuler librement dans l'usine, ce qui nous a permis d'observer directement le travail et de procéder à des entretiens impromptus avec des travailleurs de la chaîne de montage. Une telle stratégie de collecte des données permet la triangulation des informations recueillies, ce qui assure une plus grande validité des données. Un suivi a été effectué durant l'hiver et l'automne 1995, ainsi que l'hiver et au printemps 1996. Une quarantaine d'entrevues ont alors été effectuées auprès d'informateurs-clés, notamment des représentants du syndicat et des membres de la direction.

S'appuyant sur ces matériaux, la première partie de ce chapitre offre une brève description des changements survenus au cours des dix dernières années à l'usine de la GM à Boisbriand. La deuxième partie aborde l'épineuse question de la transformation des dynamiques sociales à l'échelon des ateliers de travail. L'analyse est centrée sur les enjeux et les logiques d'action associés au processus de recomposition du travail des employés de production, à l'implication de l'équipe dans le processus d'amélioration continue et à la définition du rôle des chefs d'équipe. La troisième partie procède à l'étude des relations patronales-syndicales. Nous chercherons alors à décrire l'évolution de ces relations en mettant l'accent sur la transformation des enjeux et les modes de résolution des conflits. Dans la quatrième partie,

---

[1]   La réalisation de cette recherche n'aurait pu être possible sans la collaboration de la direction de l'usine et des dirigeants du Local 1163 du Syndicat des travailleurs canadiens de l'automobile. Nous tenons à remercier tous les employés, cadres et délégués syndicaux qui ont bien voulu partager avec nous leur expérience de travail. Nous tenons aussi à souligner que la réalisation de cette recherche aurait été beaucoup plus ardue n'eut été de la collaboration de tous les instants de monsieur Henri Galarneau, président du comité d'usine, qui nous a quitté prématurément en février 1996. Il convient enfin de préciser que l'ensemble des propos émis dans ce chapitre n'engagent que les auteurs.

nous tentons, à partir d'une analyse transversale des données, d'expliquer que les changements en cours dans cette usine entraînent des dynamiques équivoques, où de nouveaux enjeux se conjuguent à des enjeux traditionnels, de nouvelles formes de conflits côtoient des conflits plus coutumiers. La conclusion traite de la singularité du cas de la GM à Boisbriand et s'interroge sur la signification et la portée théorique de cette expérience. Nous cherchons alors à mettre en évidence que ni l'une ni l'autre des thèses qui viennent d'être évoquées ne traduit le sens ni la portée restructurante des processus de réorganisation du travail sur les dynamiques sociales.

GM Boisbriand : du *team concept* au *lean production*

Rappelons à grands traits les changements survenus à l'usine de la GM à Boisbriand au cours des dix dernières années. À cet égard, 1986 constitue une année charnière : en février, lors d'une conférence de presse au Salon de l'automobile de Montréal, le directeur de l'usine annonce que Boisbriand ne produira plus à partir de 1987, mettant ainsi en péril la pérennité de l'usine. Quelque 3800 emplois étaient en jeu à l'époque. Selon la direction, l'usine est alors en très mauvaise position pour obtenir un nouveau contrat d'assemblage : les taux d'accidents du travail et d'absentéisme sont parmi les plus élevés de toute la profession, alors que les indices de qualité et de productivité sont parmi les plus bas. En juillet de la même année, la direction de l'usine demande au Local 1163 du Syndicat des travailleurs canadiens de l'automobile (TCA) de rouvrir la convention collective locale qui doit se terminer, en principe, l'année suivante[2]. Après des débats houleux, le syndicat accepte et, en septembre, après deux mois de difficiles négociations, une nouvelle convention est signée. Elle sera par la suite ratifiée en assemblée générale ; 62 % des employés se prononceront en sa faveur. Il s'agit d'une première, puisque aucune convention des TCA jusque-là n'avait été rouverte avant échéance.

---

[2]   Contrairement à la convention nationale, négociée entre la direction de GM et les TCA à l'échelle canadienne, et portant sur les niveaux de salaire, les avantages sociaux et sur toutes autres questions communes à l'ensemble des usines, la convention locale porte plus spécifiquement sur les modalités régissant les mouvements de personnel et sur l'organisation du travail interne à l'unité.

Cette nouvelle convention collective s'articule autour de deux grands principes : le travail en équipe et un nouveau compromis patronal-syndical[3]. Les équipes de travail constituent la pierre angulaire de la nouvelle organisation du travail. Elles comprennent de huit à douze employés de production, ayant la même classification, qui se voient assigner un poste spécifique au sein de l'équipe. Ces employés de production doivent assumer de nouvelles responsabilités : la vérification de la qualité, la codification des défauts et l'entretien de leur aire de travail. La rotation des postes de travail est consignée dans la convention collective, mais elle demeure volontaire malgré le désir de la direction de la rendre obligatoire. Chacune des équipes est épaulée par un chef d'équipe, communément appelé un technicien de soutien (T.S.), qui est un employé syndiqué. Il est sélectionné par la direction et s'en remet directement à un superviseur. En plus d'assurer le remplacement des membres de l'équipe pour des absences de courte durée, il doit déterminer la source des problèmes, assurer l'approvisionnement des fournitures, former les autres employés de l'unité de travail, communiquer l'information à son groupe, préparer et animer les réunions de l'équipe. Ces réunions, payées en temps supplémentaire par l'entreprise, ont lieu le plus souvent à l'heure du repas et durent une vingtaine de minutes.

À cette nouvelle organisation du travail s'ajoute un nouveau compromis patronal-syndical. D'abord, on retrouve dans la nouvelle convention collective une déclaration d'objectifs communs portant sur la nécessité d'assembler un produit de qualité de niveau mondial, de contribuer à l'amélioration continue de l'ensemble des processus et d'assurer le plus possible la satisfaction des employés et la sécurité d'emploi. Ensuite, plusieurs comités mixtes sont confirmés ou mis en place : qualité, efficacité, formation, mouvements de main-d'œuvre, démarcations entre corps de métiers. Il est également convenu que le syndicat serait désormais tenu au courant de l'évolution des grands paramètres de gestion de l'usine et serait consulté sur les projets d'investissement ou sur l'introduction de nouvelles technologies. Enfin, la nouvelle convention devient dynamique : elle peut être négociée en tout temps.

En mars 1987, l'usine obtient le contrat d'assemblage des modèles *Chevrolet Celebrity* et *Oldsmobile Cutlass*. L'atelier

---

[3]   Pour une description détaillée du contenu de la convention collective signée à cette époque, voir Bélanger et Huard (1993).

de peinture est alors modernisé au coût de 450 millions de dollars et, pendant les travaux, l'ensemble des employés est convié à des cours de formation sur le travail en équipe. Au dire des membres de la direction, de 1987 à 1990, tous les indicateurs de résultat de l'usine s'améliorent : productivité, qualité, absentéisme, accidents du travail, griefs, etc. De fait, l'usine de Boisbriand se classait désormais parmi les plus performantes du groupe. Ce redressement plaçait l'usine dans une position avantageuse pour obtenir un nouveau contrat d'assemblage : en 1991, alors que plusieurs usines sont en concurrence, elle décroche le contrat mondial d'assemblage de la *Camaro* et de la *Firebird*. L'outillage est alors modernisé, notamment dans l'unité de carrosserie : on y compte maintenant une centaine de robots et quelques centaines de bras articulés. La gestion de la production est organisée en flux tendus ou juste-à-temps. À titre d'exemple, mentionnons que, chaque jour, 110 camions et 55 wagons viennent livrer pièces et fournitures pour alimenter la chaîne de montage.

Un an après le redémarrage de l'usine, la direction cherche à accélérer le processus de production allégée[5]. La vitesse de croisière dans la production du nouveau modèle étant atteinte[6], il devenait important pour la direction, de manière à assurer la compétitivité de l'usine, d'affiner l'ensemble de son système productif et d'améliorer sa productivité. Il s'agissait en fait pour la direction d'appliquer de façon plus systématique un des principes conducteurs de la production allégée : l'amélioration continue (*kaisen*). Plus

---

[4]   Rappelons ici que la production en juste-à-temps est une composante centrale du *lean production*. Contrairement à l'approche traditionnelle de la gestion de la production, la production en juste-à-temps est un processus de production piloté par l'aval. L'objectif visé est de réduire, voire d'éliminer les stocks. Pour une description détaillée, voir Monden (1983).

[5]   La notion de *lean production* ou de production allégée popularisée par Womack, Jones et Roos dans leur ouvrage intitulé *The Machine that Changed the World* (1990) recouvre une série de principes et techniques de production. Ces techniques sont souvent regroupées sous différents vocables : le Toyotisme (Doshe et al., 1986), le Ohnisme (Coriat, 1991), le management par le stress (Parker et Slaughter, 1988), etc. Du même coup, les auteurs sont amenés à mettre l'accent sur diverses composantes. Pour ne prendre qu'un exemple, Coriat juge que « l'autonomation-autoactivation » de même que le juste-à-temps représentent les deux piliers du Ohnisme, alors que Doshe, Jurgens et Malsh estiment pour leur part que le principe de visualisation est au cœur de ces nouvelles techniques de production. Suivant la définition de MacDuffie (1995), nous entendons par production allégée un système de gestion de la production qui repose sur le juste-à-temps, l'amélioration continue, la polyvalence des employés et l'utilisation d'équipes de travail.

[6]   Début de la production de la nouvelle génération des *Camaro* et *Firebird*, en 1993 : 55 699 voitures produites; 1994 : 176 767 voitures produites pour une cadence de production de 47,5/50 véhicules à l'heure.

spécifiquement, la direction souhaitait que tous les participants (équipe, chef d'équipe, syndicat, hiérarchie) s'engagent activement dans une analyse rigoureuse de l'organisation du travail et de la répartition des tâches au sein de l'usine, de façon à procéder à une réduction des coûts par l'élimination des temps morts et des sources de non-valeur ajoutée. L'objectif affiché de la direction était alors de réduire les coûts par une diminution du personnel de 2800 à 2400 employés, sans toutefois diminuer la qualité ni les quantités produites. Pour la direction, la concurrence accrue entre les usines pour l'obtention de nouveaux contrats et, du même coup, la survie de l'usine, exigaient une forte mobilisation de tous les acteurs vers l'amélioration constante de la productivité et de la qualité. Ainsi, la direction devait composer avec deux exigences pas toujours, ni nécessairement, compatibles : la mobilisation des employés et la réduction des coûts.

Reste donc maintenant à voir de quelles façons, dans un contexte de production allégée, se structurent les rapports au sein des équipes de travail ainsi qu'entre la direction et le syndicat.

Les dynamiques sociales au sein des équipes de travail

Pour cerner les dynamiques sociales au sein des équipes de travail, l'analyse porte sur les logiques d'action qui se développent autour de trois questions : le processus de recomposition du travail des employés de production, l'implication de l'équipe dans l'amélioration continue et la définition du rôle des chefs d'équipe.

Vers une recomposition du travail à la chaîne ?

L'introduction du travail en équipe n'a pas eu d'effet significatif sur le contenu du travail des employés de production, du moins d'après ce que nous avons pu observer. Certes, les changements technologiques et l'ajout de bras articulés ont amélioré les conditions ergonomiques du travail, le rendant ainsi moins pénible. La définition des postes de travail intègre maintenant des tâches complémentaires, comme le contrôle qualité de premier niveau, ce qui constitue une forme d'élargissement du travail. Néanmoins, il faut reconnaître que le travail en équipe ne s'est pas traduit par un enrichissement des tâches. Les employés sur la chaîne de montage accomplissent des tâches simples, répétitives et peu complexes. La durée des cycles de travail en témoigne : elle varie de 50 à 70 secondes. Ce commentaire d'un employé est assez représentatif de l'opinion des monteurs :

> (...) je pense que le travail dans les quinze dernières années n'a pas changé du tout. On a changé les titres, mais l'employé sur la chaîne il n'a pas plus de jeu qu'il y a quinze ans, au contraire même.

Dans cet univers de travail hautement segmenté, la seule possibilité pour les travailleurs de briser la monotonie de leur travail résiderait dans la rotation des postes. Pourtant, elle apparaît comme un épiphénomène : dans toute l'usine, seulement quelques employés passent d'une tâche à l'autre, malgré le fait que la direction cherche à répandre cette pratique. Selon la direction, en plus d'offrir plus de variété, la rotation pourrait réduire les problèmes de santé et de sécurité du travail, et accroître la polyvalence des employés.

Comment expliquer, dès lors, le peu d'empressement des employés, voire leur résistance, à cette alternance de postes ? Trois raisons peuvent être avancées. D'abord, la rotation n'implique aucune forme d'enrichissement du travail. Au mieux, elle signifie un élargissement des tâches, soit l'ajout d'une ou de plusieurs opérations répétitives. Ensuite, après quelques semaines à un même poste, un employé développe des trucs, des tours de main lui permettant de gagner quelques secondes par minute. Ce temps gagné au détriment de la « chaîne » lui donne l'occasion de récupérer entre deux voitures. Le juste-à-temps a certes diminué les temps morts et réduit d'autant les possibilités « de remonter la chaîne », mais il n'en reste pas moins vrai qu'un employé peut encore gagner du temps. Cette possibilité d'aménagement du temps de travail, qui demeure partielle mais tout de même réelle, réduit d'autant la volonté des employés de passer d'un poste de travail à l'autre. Enfin, les exigences de rapidité et de précision inhérentes à chaque poste de travail sont très variables. Pour reprendre les termes du milieu, il y a des « débalancements entre les jobs » réalisés par les membres d'une même équipe. Il s'ensuit que les employés ayant choisi les postes les moins exigeants, qui sont le plus souvent les employés ayant le plus d'ancienneté, ne retirent aucun avantage de la rotation. Un chef d'équipe exprime bien un point de vue largement partagé parmi les employés :

> (...) je n'ai jamais rien eu contre la rotation. Mais celui qui a la meilleure job ne voit pas pourquoi il partagerait son acquis avec d'autres. La plupart des gars ne sont pas vraiment intéressés par la rotation, parce que les jobs sont différentes et difficiles.

Cette tendance s'est accentuée sous la pression de l'augmentation de la cadence, de la réduction des temps morts et de l'élimination des activités n'apportant pas de valeur ajoutée. En effet, ces mesures de rationalisation se traduisent par une augmentation de la charge de travail et du temps réellement travaillé, rendant ainsi chaque tâche plus difficile à accomplir. On assiste ainsi au renforcement des logiques individuelles : les employés cherchent continuellement à occuper le poste qui leur semble être le moins contraignant. On se trouve, dès lors, devant une situation paradoxale : d'un côté, les travailleurs résistent aux initiatives de la direction en vue d'accroître la polyvalence par le biais de la rotation des postes ; de l'autre, ils amplifient les mouvements de personnel pour contrer les effets de l'intensification du travail.

Ainsi, à un premier stade tout porte à croire que les logiques individuelles priment sur les logiques collectives. Si ces logiques individuelles apparaissent asynchrones par rapport au principe de fonctionnement en équipe, qui cherche à recomposer le travail dans une logique collective, elles semblent tout à fait adaptées à l'organisation du travail, laquelle continue d'isoler l'individu au sein de l'équipe et l'incite à exécuter indépendamment de ces collègues, une série de tâches standardisées et répétitives. On peut donc conclure que, dans le cas des monteurs, le fonctionnement en équipe n'a pas modifié les bases mêmes du travail, ni la différenciation des tâches, pas plus d'ailleurs que les logiques et méthodes ouvrières traditionnelles.

Si, pour la majorité des employés, en l'occurrence les monteurs, le travail a peu évolué, pour une fraction des employés, notamment les chefs d'équipe, on assiste à un net enrichissement du travail. Comme l'ancien rôle de l'*utility man* qui existait auparavant dans l'usine, le chef d'équipe, qui est un employé syndiqué, doit assurer le remplacement des membres de l'équipe pour des absences de courte durée, ce qui exige l'apprentissage de chacun des postes. Mais son rôle est beaucoup plus large et diversifié. Il doit en effet s'assurer de l'approvisionnement en fournitures, il doit former les autres employés de l'unité de travail, il peut être amené à communiquer directement avec des employés de métiers pour régler un problème de son secteur et il doit inspecter les voitures, repérer les erreurs et les codifier. C'est lui enfin qui a la responsabilité de communiquer l'information à son groupe, de préparer et d'animer les réunions de l'équipe. Bref, les chefs d'équipe se voient confier une série de tâches plus diversifiées, dont certaines ont un degré plus élevé de complexité. On observe donc dans leur cas un processus de requalification du travail. Certains chefs d'équipe évaluent d'ailleurs très positivement leur nouvelle fonction. En plus de la juger stimulante et enrichissante, certains estiment que « c'est la plus belle job dans l'usine ». Mais un tel constat ne peut être généralisé, car, comme on le verra plus loin, la définition du rôle des chefs d'équipe représente un enjeu qui structure fortement les rapports au sein des équipes.

L'implication de l'équipe dans le processus d'amélioration continue

Un des mandats que la direction espérait voir assumer par l'équipe consistait à rechercher, pour son secteur, une constante amélioration des coûts, du processus de fabrication et de la qualité. Ainsi, la fonction première des réunions d'équipe était de permettre la mise en commun d'observations sur les failles du système technique et sur les sources de perte d'efficacité des processus utilisés. La question qui peut se poser est donc la suivante : en quoi les réunions d'équipe contribuent-elles à l'amélioration de la qualité du produit ou de l'organisation du travail, à réorganiser la gestion de certains flux de pièces ou la fréquence de certaines opérations, ou encore à repérer et à supprimer les temps morts ?

Même s'il peut exister des différences d'une équipe à une autre, l'impression générale qui se dégage de notre collecte de données est que les réunions d'équipe ne représentent pas un lieu privilégié pour reconnaître, puis résoudre les problèmes de productivité et de qualité. Les témoignages révèlent qu'il n'est pas rare que l'absentéisme y soit élevé, ou encore qu'on y discute davantage du dernier match de hockey que sur la façon d'ajuster un outillage défectueux ou d'améliorer le confort d'un poste. D'ailleurs, la majorité des chefs d'équipe et des contremaîtres interviewés mettent en doute l'efficacité de ces réunions. Pour certains, elles ne constituent qu'un endroit où les salariés expriment leur mécontentement et leur frustration à l'égard de la compagnie. Pour d'autres, les salariés les utilisent uniquement comme des périodes de récupération, dénotant ainsi leur absence de motivation. Bref, les réunions d'équipe, à quelques exceptions près, ne sont pas utilisées pour dépister ni résoudre les problèmes de qualité et de productivité.

De fait, les salariés empruntent une autre voie, plus individuelle celle-là : la boîte à suggestions. Cette formule, fort attrayante au plan financier, peut rapporter des primes pouvant se chiffrer en milliers de dollars, voire dans certains cas exceptionnels, dépasser une dizaine de milliers de dollars. Cette formule, on le comprendra, ne favorise pas la mise en commun des expériences et savoir-faire, bien au contraire. Cet extrait d'un entretien avec un chef d'équipe illustre jusqu'à quel point cette formule exacerbe le secret et la compétition entre les employés :

> Tu l'as fait, tu l'as déposé dans la boîte, puis après, tu peux en parler à tout le monde. Si tu laisses transparaître une idée devant un autre, il va courir remplir une feuille.

Ainsi, les réunions, dont le but est d'amener tous les employés à collaborer à la résolution des problèmes et à l'amélioration de la qualité, semblent marginalisées par rapport à la formule de la boîte à suggestions, laquelle repose sur une logique individuelle et engage les employés sur la voie de la concurrence. Dans les quelques cas où les réunions d'équipe sont axées vers la résolution d'un problème spécifique, on y observe une forme de retrait, voire de résistance de la part des employés, comme en témoigne le récit suivant. Un contremaître demande à un chef d'équipe d'organiser une rencontre dans le but de résoudre un problème de répartition des tâches entre les monteurs. Le contremaître avise le chef d'équipe que c'est l'équipe qui doit trouver une solution, sinon il en imposera une. À la sortie de la réunion, le chef d'équipe indique au contremaître qu'il devra prendre une décision, les membres de l'équipe ayant refusé de traiter le problème. Il nous explique ainsi les motifs de ce refus :

> Les gars ne veulent pas prendre des décisions qui peuvent augmenter la charge de travail des uns et réduire celle des autres. Il n'y a personne qui veut se mettre les autres gars à dos.

Bref, l'implication de l'équipe dans le processus d'amélioration continue, telle qu'elle nous a été rapportée, ne correspond pas tout à fait aux descriptions normatives qu'on retrouve dans la littérature sur la production allégée. Les membres des équipes n'adhèrent que très partiellement à la finalité managériale, et l'équipe ne constitue pas un bloc autour duquel se développe une capacité collective de résolution des problèmes. Comme on l'a vu, à ce stade, c'est avant tout une logique individuelle qui prédomine. Lorsque l'équipe développe une capacité d'action collective, elle semble plutôt orientée vers une forme de retrait.

La définition du rôle des chefs d'équipe

On l'a vu, c'est au niveau du chef d'équipe que l'apport du nouveau mode d'organisation en équipe est le plus marqué. Cela dit, la définition de son rôle s'inscrit dans le cadre d'un marchandage continu au sein de l'usine. D'un côté, la direction et les contremaîtres souhaitent que le chef d'équipe consacre la majorité de son temps à l'amélioration de la qualité, à l'inspection des voitures et à la recherche de l'origine des problèmes. D'un autre côté, les employés et le syndicat cherchent à circonscrire son rôle : il devrait avant tout rendre service aux membres de l'équipe, notamment en leur fournissant des périodes de récupération par le biais des remplacements. Bref, les chefs d'équipe sont appelés à répondre à des exigences contradictoires : d'un côté, les exigences de la hiérarchie ; de l'autre, les besoins des membres de l'équipe. En témoignent ces extraits, tirés des entretiens avec des chefs d'équipe :

> Il faut faire attention pour ne pas être du côté de la compagnie (...) Je me suis donné comme tâche de montrer au gars que je suis de leur bord et que je fais mon travail de T.S. Dans mon cas, c'est difficile d'être neutre. Moi, je ne crache pas dans les mains de celui qui me donne à manger.

> J'ai essayé de prouver à mes gars que je voulais travailler avec eux plutôt que contre eux, mais il y a des barrières. Je suis pogné entre l'arbre et l'écorce.

Le compromis entre les exigences de la hiérarchie et celles des membres de l'équipe prend diverses formes. De façon schématique, on peut distinguer trois cas de figure. Le premier caractérise les équipes où on observe une forme d'accommodement entre le chef d'équipe et les employés de production. Leurs rapports sont dénués de conflit, mais ils ne sont pas pour autant axés sur la collaboration. Une telle situation s'explique sans doute par le fait que les employés peuvent organiser eux-mêmes leur temps de récupération, puisque leur travail n'est pas particulièrement astreignant, comparativement à d'autres secteurs dans l'usine. Cette possibilité réduit d'autant les pressions sur le chef d'équipe pour remplacer les absences de courte durée. Du même coup, il peut se dégager du temps de la chaîne de montage pour s'acquitter de ses autres tâches, en particulier pour assurer sa mission d'inspection et de contrôle de la qualité de l'assemblage.

Le deuxième cas de figure se démarque du premier en ce sens que la définition du rôle du chef d'équipe est une source de tensions au sein de l'équipe. Ce dernier cherche à aménager son temps hors de la chaîne, mais les pressions du groupe sont fortes pour qu'il consacre plus de temps à remplacer les employés pendant des absences de courte durée. Le travail dans ces équipes étant particulièrement pénible et astreignant, les salariés cherchent le plus souvent possible à quitter la chaîne de montage. L'implantation de mesures visant à diminuer les temps morts et à rationaliser le travail (analyse du travail, redécoupage de certaines tâches entre les membres de l'équipe, etc.) a alors pour effet d'accentuer les pressions sur le chef d'équipe, comme l'illustre cet extrait :

> Les gars n'arrivent pas à faire leur temps. Les voitures n'arrivent pas à la bonne fréquence, il n'y a plus rien qui arrive à temps ! Les gars veulent sortir de la chaîne et se reposer, et je suis obligé de les remplacer. Je n'ai pas le temps de faire autre chose.

Une telle dynamique exacerbe les tensions entre les exigences provenant du groupe et les exigences véhiculées par la hiérarchie, et place le chef d'équipe dans une position délicate. Il se trouve marginalisé par rapport aux membres de son équipe dans l'exercice quotidien de son travail. Les travailleurs ne le perçoivent pas comme un allié et ont déjà développé à son égard des comportements d'évitement, voire dans certains cas des conduites traduisant une certaine hostilité. Cet extrait tiré d'un entretien avec un chef d'équipe est à cet égard très évocateur :

> Ça marchait bien, mais maintenant avec l'augmentation de la charge de travail, je n'ai jamais vu ça. Ça n'a jamais été aussi pire. Je ne vis pas ça facilement. Vous savez... la frustration.

Ainsi, certains comportements de résistance des employés à l'alourdissement de leurs tâches les conduisent à utiliser au maximum la possibilité de s'absenter de leur poste. La présence du chef d'équipe, pour une douzaine de salariés, devient ainsi une occasion réelle pour les employés d'aménager leur temps de récupération et d'alléger leur travail. La flexibilité opérationnelle, qui leur a été enlevée par l'intensification de leurs tâches, est ainsi récupérée en partie par un recours plus fréquent à une règle existante, mais dont l'application est excessivement difficile à contrôler. Le chef d'équipe, quant à lui, se voit assigné presque en permanence sur la chaîne et passe la plus grande partie de sa journée à faire des remplacements de courte durée. On est donc ici en présence d'une stratégie de compensation des effets de l'intensification du travail basée sur l'utilisation optimale du chef d'équipe dans les remplacements. Dans cette relation avec les membres de son équipe, le chef d'équipe dispose de très peu de ressources organisationnelles. Il n'a aucune autorité officielle et il peut difficilement sanctionner un employé qui utilise de manière abusive le système de remplacement. De fait, son seul allié, mis à part les membres de son équipe, reste le contremaître. Mais, là encore, il s'agit d'une arme à double tranchant. Un recours trop fréquent au contremaître peut placer le chef d'équipe dans une position encore plus critique face à son groupe.

Le dernier cas de figure permet de caractériser les équipes où il existe une forte identification du chef d'équipe à ses membres, malgré le fait qu'il consacre une partie considérable de son temps à les remplacer sur la chaîne. Cet autre extrait d'entretien avec un chef d'équipe, par la manière dont il dresse le portrait des chefs d'équipe, est révélateur d'un comportement orienté vers la défense des intérêts des membres de l'équipe.

> Il y a le T.S. « vendu ». Il va défendre la compagnie, plutôt que les gars. De l'autre côté, il y a le T.S. correct. Il a l'appui de ses gars et il défend ses gars. Si quelqu'un essaie de toucher à mes gars, je vais les défendre. Tu ne peux pas être contre les gars, sinon tu débarques.

Ces chefs d'équipe en viennent ainsi à assumer une double fonction : une fonction d'amortisseur et une fonction de représentant des intérêts du groupe. Dans ce dernier cas, on constate que le chef d'équipe cherche « à défendre ses gars » face au risque d'un alourdissement de leurs tâches. Il n'hésitera pas à discuter de la pertinence d'une étude de temps, ou encore, fort de son expérience de l'ensemble des postes du secteur, à prendre l'initiative d'argumenter en faveur des membres de son équipe auprès du contremaître. En contrepartie, les ouvriers ne cherchent pas à abuser de leur chef d'équipe en se faisant remplacer à une fréquence et pour des durées exagérées. Bref, il y a développement d'une solidarité au sein du groupe de travail. Le chef d'équipe s'affiche clairement du côté des employés et il n'hésite pas à prendre le leadership d'une stratégie d'opposition collective à l'intensification du travail. On observe donc dans ce cas une forme de réappropriation par l'équipe du système de participation ou, plus spécifiquement, de la fonction de chef d'équipe.

Ces trois cas de figure illustrent, chacun à leur façon, des formes différentes d'ajustement des groupes de travail face aux contraintes productives : une forme d'accommodement entre le chef d'équipe et les employés, dans un contexte où la charge de travail des uns et des autres ne constitue pas un enjeu majeur ; une forme d'opposition entre les membres de l'équipe et le chef d'équipe, qui amène les employés à développer des comportements excluant et marginalisant leur chef d'équipe ; une forme d'identification du chef d'équipe aux membres, où la logique d'action consiste à se solidariser avec le chef d'équipe et à s'opposer aux efforts de la direction.

Que faut-il retenir des données présentées jusqu'ici ? D'abord, on serait tenté de conclure que nous sommes en présence d'un processus de recomposition partielle du travail : d'une part, pour la majorité des employés, le travail en équipe est loin de signifier un enrichissement du travail ; d'autre part, pour une fraction d'entre eux, soit les chefs d'équipe, il implique une réelle requalification du travail. Ensuite, autour de cette recomposition partielle du travail, se développent des dynamiques sociales d'ateliers équivoques au sein desquelles se conjuguent des logiques individuelles et collectives, des logiques de coopération et de conflits.

La dynamique des relations patronales-syndicales

Après avoir décrit brièvement l'évolution des relations patronales-syndicales, nous tentons de cerner la dynamique de ces relations en centrant l'analyse sur deux enjeux autour desquels se nouent ces relations, à savoir le statut des chefs d'équipe et l'implication du syndicat dans les changements en cours.

L'évolution des relations patronales-syndicales

Un consensus se dégage nettement de notre collecte de données : les relations patronales-syndicales sont beaucoup moins conflictuelles qu'elles ne l'étaient au cours des années 1970-1980. Mais on ne peut en conclure pour autant qu'elles sont devenues essentiellement coopératives. On y retrouve des éléments de conflits et de coopération, et leur intensité est variable dans l'espace et dans le temps. À titre d'exemple, le climat s'avère plus tendu sur la relève de soir que sur la relève de jour. On reconnaît aussi, tant du côté patronal que syndical, que les relations suivent une trajectoire cyclique : elles sont tantôt plutôt coopératives, tantôt plutôt conflictuelles. Un délégué syndical exprimait en ces termes ce phénomène :

> (...) Ça dépend de la température, y'a des moments, ils ne veulent pas de conflits... y'a d'autres moments... c'est 3000 griefs.

L'évolution du nombre de griefs en suspens est à cet égard symptomatique : de 150 en janvier 1993, le nombre de griefs en suspens passe à 900 en septembre 1993, à 1200 en janvier 1994, à 1400 en janvier 1995 pour chuter à 600 en juin

1995. Autre indice : le nombre de nouveaux griefs soumis grimpa de 3000 en 1993 à 3800 en 1994, pour redescendre à 2500 en 1995. Les tensions au sein de l'usine ont d'ailleurs atteint leur point culminant en janvier 1995, lors du déclenchement d'une grève illégale de 24 heures.

Le nombre des griefs reflète, même si c'est de façon imparfaite, le climat des relations patronales-syndicales. Plus important encore, il révèle la centralisation de la procédure de griefs dans les relations du travail. Cette procédure constitue encore un élément stratégique dans la conduite des relations patronales-syndicales et dans les relations entre les délégués et les membres. Par exemple, il est reconnu dans l'usine qu'un délégué peut utiliser la procédure de griefs pour discréditer un contremaître ou un surintendant aux yeux de la direction. La direction étant très sensible à l'évolution du nombre de griefs, le recours à une telle stratégie fournit un atout non négligeable aux délégués syndicaux. Mais les délégués doivent utiliser ce recours avec discernement, puisque la direction peut nuire à un délégué en laissant des griefs en suspens. Cet extrait d'entretien avec un délégué syndical, par la façon dont il décrit la procédure de griefs, révèle son utilisation concrète dans les rapports entre la direction et le syndicat.

> Si la compagnie s'acharne sur moi, je peux devenir un délégué qui ne reflète plus rien. Ils peuvent me laisser poireauter avec mes griefs, pis les régler avec les autres. Ils peuvent te planter facilement (...) faut faire attention, c'est toute une jungle ! Quand toi tu te fais planter comme ça, c'est des coups qui remontent à la surface quand vient le temps des élections... ton adversaire, il n'hésite pas des fois à s'en servir...

Cet extrait illustre également l'importance de cette procédure dans les rapports qui se nouent entre les délégués et les membres. Il est clair, à tout le moins pour les délégués, que leur élection dépend de leur capacité à résoudre les problèmes des membres, qui s'expriment en partie à travers la procédure des griefs. Les règles conventionnelles, et plus spécifiquement le jeu autour de l'application de ces règles, constituent un élément structurant les relations patronales-syndicales au sein de cette usine. De fait, ces relations s'apparentent beaucoup plus à ce qui a été décrit par Strauss, Sayles et Kuhn il y a plus de trente ans, qu'aux descriptions parfois théoriques et souvent normatives sur les nouvelles formes de relations du travail. En fait, ces données suggèrent que certains auteurs ont, sans doute, trop rapidement décrété la fin d'une forme d'action syndicale centrée sur la surveillance de l'application de la convention collective.

Le statut des chefs d'équipe

On l'a vu, la définition du rôle des chefs d'équipe est l'objet d'un marchandage continu sur les lieux de travail. Leur position au sein de l'usine constitue également un enjeu central et récurrent dans les relations patronales-syndicales. Déjà en 1990, lors de la négociation de la convention collective locale, les discussions ont achoppé sur le salaire des chefs d'équipes. D'un côté, la direction souhaitait que le salaire accordé aux chefs d'équipe reflète les responsabilités accrues qui leur étaient confiées ; elle souhaitait ainsi accroître l'écart salarial de 25 cents à 55 cents de l'heure. D'un autre côté, le syndicat voulait maintenir cet écart, jugeant que les différences dans le travail effectué par les uns et les autres n'étaient pas majeures. Puis, lors de la réouverture de l'usine, la direction décida de sélectionner les chefs d'équipe sur la base d'un test administré par une commission scolaire. Il s'agissait en fait d'introduire un autre mécanisme pour évaluer la compétence des postulants. Le syndicat ayant toujours maintenu que seul le critère d'ancienneté devrait guider le choix des chefs d'équipe, il porta plainte contre cette décision. Ces griefs sont toujours en suspens.

Les différends entre la direction et le syndicat au sujet de la désignation et de la rétribution des chefs d'équipe ne sont que le reflet d'un enjeu plus général, soit la définition des fonctions des chefs d'équipe. En fait, la question semble se poser dans les termes suivants : le chef d'équipe est-il le bras droit du contremaître, celui qui véhicule les valeurs de la direction auprès des employés ou, au contraire, une forme de représentant des intérêts des employés auprès de la direction ? Cette recherche de définition se déploie sur plusieurs fronts : au niveau de la négociation collective, comme on vient de le voir, mais aussi à un niveau plus officieux et individuel. Ainsi, l'une et l'autre des parties jugent assez sévèrement les chefs d'équipe qui n'adhèrent pas à leur rationalité, à leur conception de son rôle. À cet effet, plusieurs délégués syndicaux sont particulièrement critiques vis-à-vis des chefs d'équipe qui adhèrent à la rationalité patronale, comme en témoigne le passage suivant :

Le T.S., c'est mal vu des fois ! Y'a des T.S., la soupe qu'ils mangent (...) y'a deux lettres dedans : « G » et « M », c'est l'intérêt de la compagnie avant tout. Des T.S. comme ça, y' en n'a pas beaucoup, mais y' en a. Les T.S. qui mangent du GM, ils font ça sérieusement, avec les chartes, les graphiques.

Ces propos sévères se conjuguent à une attitude plus conciliante. La majorité des délégués n'hésitent pas à défendre
les chefs d'équipe en indiquant qu'ils sont sur une corde
raide, qu'ils sont appelés à répondre à des demandes contradictoires. Cette position, à la fois critique et conciliante,
découle du fait que les chefs d'équipe occupent une position
stratégique dans les rapports entre les délégués et les travailleurs. Ils peuvent en effet représenter une ressource-clé :
ils peuvent devenir des informateurs privilégiés qui les renseignent sur l'état des relations au sein des équipes. Ils peuvent aussi faciliter le travail du délégué en transmettant des
informations aux membres. De plus, dans cette relation avec
les délégués, les chefs d'équipe ne sont pas totalement démunis. Ils peuvent en effet compter sur un allié de taille : les
membres de leur équipe. Ce témoignage d'un délégué syndical fait ressortir les atouts dont disposent les chefs
d'équipe.

> Quand le T.S., il est très bien avec ses gars, le délégué doit faire très at
> tention parce que le T.S., il a ses gars de son bord... Le délégué, il doit
> faire bien attention si, devant les gars, il va dire du mal du T.S. en ques
> tion.

Les contours de la relation entre les chefs d'équipe et le
syndicat sont ainsi complexes et difficiles à cerner. Il s'agit
de relations ambiguës et équivoques où se côtoient confiance et méfiance, acceptation et désapprobation, opposition et intégration. Tout semble évoquer une relation de dépendance mutuelle : d'un côté, le syndicat ne peut faire
abstraction de ce nouvel acteur organisationnel, en raison de
sa position stratégique au sein des équipes de travail, et, de
l'autre, les chefs d'équipe ne peuvent s'isoler du syndicat au
risque de perdre le soutien des membres de l'équipe. Mais
un autre trait saillant de cette relation est sans aucun doute
sa fragilité : la position des uns et des autres est instable et
peut parfois basculer selon les circonstances.

L'engagement du syndicat dans les changements en cours

Rappelons que la convention collective de 1986 repose sur
une déclaration d'objectifs communs portant sur la nécessité d'assembler un produit de qualité à l'échelle mondiale,
de contribuer à améliorer continuellement l'ensemble des
processus et d'assurer le plus possible la satisfaction des
employés et la sécurité d'emploi. Plusieurs mécanismes de
participation sont également confirmés ou mis en place :
qualité, efficacité, formation, mouvements de main-
d'œuvre, démarcations entre corps de métiers.

Il ressort assez clairement de nos entrevues que l'existence de ces multiples comités a permis au syndicat d'obtenir plus d'informations, sur la gestion de l'usine et les projets de la direction. Soulignons également que, de 1986 à 1992, le syndicat était activement impliqué dans les décisions concernant la survie de l'usine. Cette implication reposait sur un engagement mutuel de la part des parties en vue d'assurer la pérennité de l'usine. Mais elle allait au-delà de cet engagement. Elle s'appuyait aussi sur une forme de coopération patronale-syndicale. À titre d'exemple, mentionnons qu'en 1991, lors du réaménagement de l'usine, plusieurs délégués syndicaux ont été impliqués dans la conception des postes de travail. Certains ont même séjourné plusieurs mois à Détroit. Selon la direction, l'implication des délégués a permis d'améliorer plusieurs aspects ergonomiques des postes de travail.

À partir de 1993, l'engagement syndical prend une autre forme. Il s'inscrit dans un contexte où la direction cherche à accroître les gains de productivité par divers moyens : élimination des temps morts, compression des effectifs, recours à la sous-traitance. Dans un tel contexte et compte tenu des enjeux, le syndicat a refusé de s'impliquer. Ce non-engagement s'est ensuite transformé en opposition lorsque la direction chercha à impliquer les chefs d'équipe dans le processus d'analyse du travail et de rationalisation des postes. Le comité d'usine est alors intervenu directement auprès des chefs d'équipe avec, pour effet, le retrait des chefs d'équipe du processus. Ce commentaire, extrait d'un entretien avec un membre de la direction du syndicat, résume bien la position du syndicat :

> La job de T.S., elle est clairement indiquée dans la convention, et c'est sûrement pas de contribuer à couper des jobs. C'est à la compagnie de faire ça (...) Qu'ils exercent leurs droits de gérance, nous on se positionnera en fonction de ce qu'ils feront... Il veulent couper 300 jobs... C'est pas à nous-autres de s'impliquer là-dedans.

L'opposition du syndicat a polarisé les rapports au sein de l'usine. D'un côté, la direction poursuit ses objectifs de rationalisation du travail et de compression des effectifs ; de l'autre, le syndicat cherche à contrer ses effets. Dans un contexte de concurrence accrue entre les usines pour l'obtention de nouveaux contrats d'assemblage, une telle position pourrait devenir difficilement défendable pour le syndicat. Les travailleurs voient en effet leur syndicat comme une force d'opposition qui défend leurs intérêts spécifiques, mais en corollaire, ils ne veulent pas que ses actions mettent en péril la survie de l'usine. Par ailleurs, une implication active du syndicat dans le processus de production allégée pourrait être tout aussi difficile à soutenir. Le syndicat pourrait ainsi être amené à cautionner des décisions allant à l'encontre des intérêts immédiats de ses membres, remettant dès lors en cause sa propre légitimité. Tel est le dilemme auquel est confronté le syndicat et avec lequel doit composer la direction de l'usine.

Rupture ou continuité ?

Il s'agit maintenant, à partir d'une analyse transversale des données, de dégager les points de rupture et de continuité dans les dynamiques sociales prévalant dans cette usine. Rappelons d'abord une donnée incontournable pour saisir l'évolution de ces dynamiques. Les changements introduits au cours des dix dernières années s'inscrivent dans un contexte de compétition accrue entre les grands constructeurs, mais aussi entre les usines du groupe. Une telle situation est porteuse d'un double mouvement : elle favorise une forte mobilisation de la part du personnel, en vue d'assurer la survie de « leur usine », et engendre, en parallèle, une plus grande méfiance envers les dirigeants, qui se nourrit de rumeurs plus ou moins alarmistes. Ce double mouvement entraîne des dynamiques sociales contrastées, à la fois en rupture et en continuité, avec les dynamiques sociales antérieures. On assiste ainsi à l'émergence de dynamiques sociales hybrides qui possèdent trois caractéristiques distinctives, dont il s'agit maintenant de présenter les traits saillants.

En premier lieu, nous sommes en présence d'une recomposition partielle du travail. Pour un noyau d'employés, soit les chefs d'équipe, on observe un enrichissement du travail qui se caractérise notamment par une plus grande polyvalence et une diversification des tâches, ce qui contribue à élever leur niveau de qualification. Pour la majorité des employés, soit les monteurs sur la chaîne, l'organisation du travail repose encore sur une forte division entre conception et exécution, une parcellisation et une standardisation des tâches très poussées, ce qui favorise une prise en charge individuelle du travail plutôt que collective. L'organisation effective du travail apparaît ainsi en décalage par rapport aux principes de fonctionnement en équipe, qui cherchent à transformer le travail dans une logique collective. Dans un tel contexte, on assiste à un renforcement des logiques individuelles qui se manifeste notamment par le refus des travailleurs de passer d'un poste à l'autre. En corollaire, on observe une forme de résistance collective à l'engagement de l'équipe dans le processus d'amélioration continue. Même si, en théorie, il pouvait les amener à avoir une certaine emprise sur la conception des postes de travail, les travailleurs estiment qu'il est trop risqué, car il pourrait se traduire à la fois par une réduction des temps morts et des effectifs. Le fonctionnement en équipe, dans un contexte de production allégée, produit ainsi des logiques d'action contrastées : là où on souhaite voir poindre une logique collective, c'est essentiellement une logique individuelle qui domine ; là où l'on cherche à obtenir la coopération, c'est surtout l'opposition qui prime.

En deuxième lieu, les conflits à l'échelon des ateliers de travail se structurent autour de deux enjeux assez traditionnels, à savoir le marchandage de l'effort et la délimitation de la frontière de contrôle. Ils prennent en revanche une coloration différente dans un contexte de travail en équipe et de production allégée. Les nouvelles méthodes de gestion de la production se traduisent par une intensification du travail et une perte d'autonomie pour les monteurs. Ils ne peuvent plus, comme c'était le cas auparavant, remonter la chaîne ou encore se constituer une banque de pièces. Pour pallier l'intensification des tâches et la flexibilité opérationnelle qui leur a été enlevée, les travailleurs ont recours aux chefs d'équipe. Leur présence devient ainsi une occasion réelle pour les employés d'aménager leur temps de récupération. Il y a donc au sein des équipes de travail, un marchandage de l'effort entre les membres de l'équipe et le chef d'équipe. Les modalités (coopération/conflit) et les termes (temps consacré par le chef d'équipe sur la chaîne de montage) de ce marchandage varient d'une équipe à l'autre et d'un secteur de l'usine à l'autre.

Cette négociation continue autour de l'effort est directement liée à la délimitation de la frontière de contrôle à l'échelon des ateliers, c'est-à-dire à la définition du rôle et des responsabilités des uns et des autres. Il est clair que la présence de ce nouvel acteur qu'est le chef d'équipe constitue une nouvelle donne dans l'usine : elle modifie le cadre des relations à l'échelon des ateliers. Le chef d'équipe occupe en effet une position d'interface entre l'équipe, d'une part, et le contremaître et le délégué syndical, d'autre part. La définition de son rôle constitue donc un enjeu central, dont le contenu demeure largement indéterminé.

Néanmoins, on a pu dégager diverses formes de compromis entre les membres de l'équipe et le chef d'équipe qui constituent autant d'ajustements des équipes aux contraintes de production. Malgré le fait que ces types d'arrangement demeurent fragiles et largement tributaires de la conjoncture, c'est là qu'on observe les changements les plus marqués dans les rapports entre les acteurs. Bref, la présence de ce nouvel acteur fait émerger de nouvelles dynamiques sociales d'ateliers où s'affrontent diverses rationalités.

En troisième lieu, on note une certaine continuité dans les relations patronales-syndicales. Certes, les relations sont globalement plus ouvertes qu'elles ne l'étaient dans les années 1970-1980. Mais elles se structurent encore autour de l'administration de la convention collective, contrairement à ce que des schèmes trop coutumiers laissent présager. De fait, il y a beaucoup de négociations et de marchandages autour de la procédure de griefs, chaque partie cherchant à obtenir le meilleur arrangement. Cela dit, les changements en cours placent le syndicat devant un nouveau dilemme : doit-il s'opposer aux processus de rationalisation du travail, au risque de mettre en péril la survie de l'usine, ou doit-il s'impliquer activement dans ce processus, au risque de voir les travailleurs s'éloigner de leur syndicat remettant ainsi en cause sa légitimité ? Cette question n'est pas nouvelle dans le sens où opposition et intégration sont des sœurs jumelles antinomiques et pourtant indissociables de l'action syndicale. Cependant, la concurrence féroce entre les usines pour l'obtention de nouveaux contrats amplifie les tensions entre ces deux dimensions de l'action syndicale.

De la même manière, la direction est appelée à concilier des exigences qui ne sont pas nécessairement compatibles : d'un côté, elle doit réduire les coûts de production et maintenir les standards de qualité de manière à assurer la survie de l'usine ; de l'autre, elle doit chercher à instituer des rapports sociaux basés sur plus de coopération et d'implication. La direction se trouve ainsi dans une situation quasi inextricable : pour accroître la rentabilité de l'usine et désamorcer les conflits, elle tente d'impliquer les employés dans le processus d'amélioration continue, mais ce faisant, les oppositions et la méfiance se renforcent. Comment, dès lors, impliquer dans l'activité de production des individus qui ne sont pas nécessairement prêts à jouer le jeu ?

Conclusion

Au terme de ce chapitre, il convient de situer cette analyse dans un ensemble empirique et théorique plus vaste, de manière à dégager à la fois la singularité de ce cas et sa portée théorique. À la lumière de cette analyse, on pourrait être tenté de conclure que le cas GM Boisbriand est atypique par rapport aux transformations en cours dans l'industrie automobile. En effet, ne sommes-nous pas en présence d'un processus de réorganisation du travail partiel marqué par la recomposition des anciennes logiques sociales dans un univers en continuelle redéfinition ? Globalement, le fonctionnement en équipe n'a pas entraîné une véritable recomposition du travail à la chaîne, pas plus qu'il n'a sérieusement remis en cause la traditionnelle dichotomie entre la conception et l'exécution du travail. L'organisation du travail continue d'isoler le travailleur au sein de l'équipe, limitant ainsi les possibilités d'une prise en charge collective du travail. L'engagement des employés et du syndicat dans le processus d'amélioration continue oscille entre le retrait et l'opposition, réduisant d'autant sa portée. Au sein des équipes, se développent des dynamiques contrastées où se côtoient coopération et conflits, intégration et opposition.

Pourtant, GM Boisbriand ne semble pas constituer un cas singulier. Dans une étude récente, MacDuffie (1995) montre que les principes de la production allégée sont très inégalement diffusés dans les usines nord-américaines. Si le juste-à-temps est largement répandu, la rotation des postes, pas plus d'ailleurs que le travail en équipe ne semblent généralisés. Les données présentées par cet auteur montrent que ces pratiques concernent moins de 20 % des employés, ce qui laisse à penser que la réorganisation du travail à l'usine de Boisbriand progresse à un rythme comparable, sinon supérieur, à celui qu'on observe dans d'autres usines nord-américaines. La situation apparaît en revanche différente dans les entreprises transplantées *(transplants)* où le processus de réorganisation apparaît plus achevé. En plus du justeà-temps, la majorité d'entre elles ont instauré la rotation des postes, le fonctionnement en équipe et l'amélioration continue. Néanmoins, les dynamiques sociales y prévalant ne correspondent pas aux descriptions normatives sur les nouvelles formes de relations de travail dans l'industrie automobile. À l'instar de Boisbriand, ces dynamiques sont porteuses de logiques individuelles et collectives, de logiques de coopération et de conflits. Ainsi, il ressort clairement des études menées dans ces usines que la parcellisation et la standardisation du travail demeurent très poussées (Adler, 1993 ; Babson, 1993; Graham, 1993 ; Rehder, 1994 ; Robertson et al., 1993 ; Wilms, Hardcastle et Zell, 1994 ; Green et Yanarella, 1996). Certains ont même utilisé l'expression « taylorisme démocratique » pour caractériser l'organisation du travail dans ces usines (Adler, 1993). Il semble également que la définition du rôle du chef d'équipe représente, là aussi, un enjeu porteur de conflits. À titre d'exemple, Babson rapporte qu'à l'usine de Ford-Mazda à Flat Rock, le mécontentement des travailleurs a conduit la direction et le syndicat à circonscrire encore plus le rôle des chefs d'équipe dans la convention collective, en éliminant des tâches autrefois assumées par les contremaîtres (Babson, 1993, p. 21). De la même manière, l'implication des employés dans le processus d'amélioration continue provoque des attitudes de résistance, voire d'opposition. Même dans une usine non syndiquée, comme SIA (Subaru-Isuzu Automotive), les employés développent sous une forme individuelle ou collective des moyens pour contrer les effets de l'amélioration continue sur leur charge de travail (Graham, 1993). Dans un tel contexte, les risques d'un retour vers des méthodes de gestion plus traditionnelles sont élevés, d'autant plus lorsque les contraintes du marché sont fortes. C'est d'ailleurs l'un des constats qui se dégage de l'étude réalisée à la NUMMI par Wilms, Hardcastle et Zell (1994).

Bref, à l'instar d'un corpus de recherche de plus en plus imposant, notre étude montre que la trajectoire des expériences de réorganisation du travail dans l'industrie automobile reste incertaine et ouverte. D'anciennes et de nouvelles logiques se conjuguent pour former des blocs hybrides autour desquels coexistent des dynamiques contradictoires. Force est donc de reconnaître que ni la thèse de la rupture (recomposition du travail, coopération et identification aux objectifs de la direction), pas plus que celle de la continuité (renouvellement des formes traditionnelles de subordination) ne reflètent le sens et la portée des changements en cours dans l'industrie automobile. Sans épuiser toutes les possibilités, il nous semble que ces thèses achoppent sur trois problèmes-clés. D'abord, bien qu'ils empruntent des directions différentes, les tenants de chacune de ces thèses définissent les employés comme des êtres passifs qui subissent les changements. Pourtant, comme on a cherché à le mettre en évidence, même dans un contexte technique très contraignant, les employés disposent d'une marge de manœuvre relative qui leur permet, par ajustements successifs, d'intervenir sur les changements en cours. Ensuite, les tenants de ces thèses conçoivent les relations du travail de façon tout à fait dichotomique : elles sont soit coopératives, soit conflictuelles. Une telle position théorique ne permet pas de saisir la complexité de la relation du travail. Si, comme le suggèrent les tenants de la thèse de la continuité, la relation d'emploi s'organise autour d'un antagonisme structuré entre les employeurs et les salariés, il n'en reste pas moins qu'elle leur impose aussi une forme de coopération en raison de leur dépendance mutuelle. En ce sens, la coopération et le conflit constituent deux dimensions indissociables de la relation d'emploi mais, comme on l'a vu, l'intensité avec laquelle ils se manifestent varie dans le temps et l'espace. Enfin, les tenants de l'une ou l'autre des thèses qui viennent d'être évoquées conçoivent les changements ou les nouvelles règles du jeu soit en termes de contraintes, soit en termes d'opportunités. Il nous semble qu'il serait beaucoup plus pertinent de considérer que tout changement crée à la fois de nouvelles opportunités et de nouvelles contraintes. Une telle perspective permettrait sans doute de mieux saisir à la fois la complexité des changements en cours et les dilemmes dans lesquels se trouvent plongés aussi bien les gestionnaires que les salariés et leurs représentants.

Références bibliographiques

ADLER, Paul, « The Learning Bureaucracy : New United Motors Manufacturing, Inc. », *Research in Organizational Behavior*, dans STAW, Barry et Larry CUMMINGS (eds.), Greenwich, CT : JAI Press, 1993, p. 111 à 194.

APPELBAUM, Eileen et Rosemary BATT, *The New American Workplace : Transforming Work Systems in the United States*, Ithaca (NY), ILR Press, 1994.

BABSON, Steve, « Lean or Mean : The MIT Model and Lean Production at Mazda », *Labor Studies Journal*, 44, 1993, p. 3 à 24.

BÉLANGER, Paul R. et Mario HUARD, « Vers une démocratisation de l'entreprise : le cas de GM-Boisbriand », *La modernisation sociale des entreprises*, dans BÉLANGER,

Paul R., Michel GRANT et Benoît LÉVESQUE (sous la direction de), Montréal, Presses de l'Université de Montréal, 1993, p.146 à 172.

BLUESTONE, Barry et Irving BLUESTONE, *Negociating the Future : A Labor Perspective on American Business*, New York, Basic Books, 1992.

BOYER, Robert, «Comment émerge un nouveau système productif ? », dans DURAND, Jean-Pierre (sous la direction de), *Vers un nouveau modèle productif ?*, Paris, Syros/Alternatives, 1993, p. 31 à 92.

CORIAT, Benjamin, *Penser à l'envers*, Paris, Christian Bourgois, 1991.

DOHSE, Knuth, Ulrich JURGENS et Thomas MALSCH, « From Fordism to Toyotism ? The Social Organization of the Labor Process in the Japanese Automobile Industry », *Politics and Society*, 14, 1986, p. 45 à 66.

GRAHAM, Laurie, « Inside a Japanese Transplant: A Critical Perspective », *Work and Occupations*, 20, 1993, p. 147 à 173.

GREEN, William C. et Ernest J. YANARELLA, *North American Auto Unions in Crisis : Lean Production as Contested Terrain*, Albany (NY), State University Press, 1996.

KENNEY, Martin et Richard FLORIDA, *Beyond Mass Production : The Japanese System and its Transfer to the U.S.*, New York, Oxford University Press, 1993.

KUHN, James W., *Bargaining in Grievance Settlement : The Power of Industrial Work Groups*, New York, Columbia University Press, 1961.

MACDUFFIE, John Paul, « International Trends in Work Organization in the Auto Industry : National-Level vs. Company-Level Perspectives », *The Comparative Political Economy of Industrial Relations* dans WEBER, Kristen S. et Lowell TURNER éd., Madison, Industrial Relations Research Association Series, 1995, p. 71 à 113.

MONDEN, Y., *Toyota Production System : Practical Approach to Production Management*, New York, Industrial Engineering and Management Press, 1983.

PARKER, Mike et Jane SLAUGHTER, *Working Smart : A Union Guide to Participation Programs and Reengineering*, Detroit (Mich.), A Labor Notes Book, 1994.

PARKER, Mike et Jane SLAUGHTER, *Choosing Sides : Unions and the Team Concept*, Boston, South End Press, 1988.

REHDER, Robert R., « Saturn, Undevalla and the Japanese Lean System : Paradoxical Prototypes for the Twenty-first Century », *The International Journal of Human Resource Management*, 5, 1, 1994, p. 1 à 31.

ROBERTSON, David, James RINEHART, Christopher HUXLEY, Jeff WAREHAM, Herman ROSENFELD, Alan MCGOUGH et Steve BENEDICT, *The CAMI Report : Lean Production in a Unionized Auto Plant*, Willowdale (Ont.), CAW-Canada Research Departement, 1993.

RUBINSTEIN, Saul, Michael BENNETT et Thomas KOCHAN, « The Saturn Partnership : Co-Management and the Reinvention of the Local Union », dans KAUFMAN, Bruce et Morris KLEINNER (eds.), *Employee Representation : Alternatives and Future Directions*, Madison (Wi.), Industrial Relations Research Association, 1993, p. 359 à 370.

SAYLES, Leonard R., *Behavior of Industrial Work Groups*, New York, Wiley, 1958.

STRAUSS, George et Leonard SAYLES, *Personnel*, Englewood Cliffs, Prentice-Hall, 1960.

WELLS, Don, « Are Strong Unions Compatible with the New Model of Human Resource Management ? », *Relations Industrielles*, 48, 1993, p. 56 à 84.

WOOD, Stephen, « Le modèle japonais : postfordisme ou japonisation du fordisme », dans DURAND, Jean-Pierre (sous la direction de), *Vers un nouveau modèle productif ?*, Paris, Syros/Alternatives, 1993, p. 93 à 124.

WOMACK, James, Daniel JONES et Daniel ROOS, *The Machine that Change the World*, New York, Rawson Associated, 1990.

WILMS, Wellford W., Alan J. HARDCASTLE et Deone M. ZELL, « Cultural Transformation at NUMMI », *Sloan Management Review*, 1994, p. 99 à 113.

Changements technologiques, rapports de travail et participation des travailleurs : le cas Lightolier

Michel GRANT

Ce chapitre présente une étude de cas[1] portant sur une entreprise de Lachine : Lightolier, une filiale du groupe industriel américain Genlyte et de son sous-groupe canadien Canlyte. Cette usine fabrique des luminaires encastrés d'usage intérieur, notamment des fluorescents compacts et des luminaires halogènes, en plus de quelques produits d'éclairage à haute intensité pour l'extérieur. Ligtholier évolue dans un marché très fragmenté dans lequel les principaux facteurs concurrentiels reposent sur les prix et les délais de livraison. L'entreprise poursuit une stratégie de généraliste. Elle offre une gamme complète de produits de façon à atteindre les consommateurs de tous les segments du marché canadien. La compétition demeure vive, particulièrement avec les luminaires provenant d'Orient. C'est donc dans un contexte économique et commercial difficile que s'installe une nouvelle direction générale en 1991. Cette dernière, après avoir procédé à des mises à pied importantes, propose l'implantation d'un programme de qualité totale. Une pre-

---

[1] L'étude de cas présentée ici repose essentiellement sur une recherche effectuée dans le cadre d'un mémoire de maîtrise que j'ai dirigé : Guy Langevin, *Changements technologiques, changements à l'organisation du travail et participation des travailleurs : le cas Lightolier*, mémoire de maîtrise en administration des affaires, Université du Québec à Montréal, 1994. Je voudrais remercier Jacques Lebeau, étudiant au doctorat au département des relations industrielles de l'Université Laval, pour sa contribution à la rédaction de ce chapitre.

mière expérience de concertation patronale-syndicale en
santé et sécurité du travail permet alors d'assainir le mauvais
climat de travail qui s'était manifesté par une grève de dix
jours en 1987. Les nouveaux dirigeants de l'entreprise proposent même au syndicat de déléguer une personne au conseil d'administration.

L'introduction d'une chaîne de montage plus automatisée
en 1993 fournit à l'entreprise une occasion d'apporter des
transformations majeures à l'organisation du travail. Les
changements technologiques s'inscrivent ainsi dans le cadre
de ce programme de qualité totale affectant non seulement
le système technique de production mais aussi les rapports
de travail, notamment par la constitution d'une équipe de
production semi-autonome sur la nouvelle chaîne. Ce chapitre examine les conditions et la mise en œuvre d'un processus conjoint d'introduction d'un changement technologique dans le cadre d'objectifs d'amélioration aussi bien de
la productivité et de la compétitivité, que des conditions de
travail et de protection de l'emploi. L'intérêt de cette monographie sur une expérience de modernisation sociale d'entreprise est suscité par l'origine technologique de l'innovation, autant que par la coexistence d'un mode de production tayloriste et d'un mode de production reposant sur une
équipe semi-autonome.

Nous cherchons à détecter les effets de ce choix de la direction sur les activités suivantes de l'entreprise : la gestion
des ressources humaines, la négociation collective et l'organisation du travail. Pour atteindre cet objectif, nous avons
recours à deux méthodes de collecte des données : l'observation directe sur les lieux de travail et des entrevues à l'aide
d'un questionnaire semi-directif.

L'observation eut lieu quelque temps après l'introduction
d'une chaîne de production confiée à un groupe semi-
autonome. Le chercheur a effectué six séances d'observation
en utilisant une grille couvrant les dimensions suivantes :
l'organisation du travail, la technologie, les rôles et les responsabilités principales et connexes des salariés et des cadres, les relations entre les personnes selon leur pouvoir et
leurs rôles respectifs (p. ex. travailleurs, cadres, délégué syndical). Dans le but de cerner le mieux possible les effets du
changement technologique et de procéder à des comparaisons, la même grille fut utilisée pour examiner une chaîne de
montage « conventionnelle » du même établissement.

Nous complétons cette première étape d'observation sur
le terrain par quelques entrevues. Les personnes interrogées

sont : le directeur des ressources humaines, le président du syndicat de l'entreprise, le directeur de la production, le contremaître de l'unité d'assemblage, le délégué syndical de l'unité d'assemblage, un travailleur du groupe semi-autonome. Cette procédure permet de vérifier la validité des observations précédentes en les comparant aux commentaires des personnes rencontrées. L'examen des deux dernières conventions collectives liant l'entreprise et le syndicat complète ces analyses.

Problématique

Dans tous les pays industrialisés, les entreprises se positionnent ou se maintiennent de plus en plus difficilement sur des marchés que la mondialisation des échanges remodèle en profondeur. Les règles de la concurrence se modifient rapidement. Les entreprises se voient contraintes d'abandonner des stratégies axées sur la production de masse et l'organisation tayloriste du travail, au profit d'approches privilégiant la fabrication sur mesure de biens de qualité à des prix compétitifs (Boyer et Durand, 1993).

Un nombre grandissant d'entreprises relèvent ce défi par le biais de changements technologiques débouchant sur une flexibilité optimale des moyens de production. Ce concept évoque ici la capacité de produire, à un coût marginal relativement faible, une gamme étendue de biens ou de services. C'est pourquoi depuis la fin des années 1970, dans le contexte nord-américain, les dirigeants d'entreprises ont mis l'accent sur la technologie. Ils se sont aperçus que, finalement, la flexibilité n'est pas l'aboutissement inéluctable de l'implantation des changements technologiques (Grant, 1995). Le bilan de ces coûteux échecs a permis de constater que la production souple doit être soutenue par des investissements dans la gestion des ressources humaines. En effet, les nouveaux systèmes se sont révélés relativement fragiles, en ce sens que leur efficacité globale dépend du rendement de chacun de leurs éléments constitutifs. Dans ce contexte, l'insistance du taylorisme sur la compartimentation rigide des tâches, sans trop se soucier de la flexibilité nécessaire à l'ajustement rapide et intégré des diverses composantes du système productif, lui retire toute pertinence face aux défis à relever (Appelbaum et Batt, 1994 ; Bélanger et Lévesque, 1994). Un régime de production flexible doit s'accompagner d'un régime de rapports de travail qui contient lui aussi des éléments essentiels de flexibilité ; l'implication des travailleurs constitue donc une condition fondamentale pour la réalisation d'une telle réforme des milieux de travail (Levine, 1995 ; Cohen-Rosenthal, 1995 ; Sleigh, 1993 ; Rankin, 1990 ; Reynaud, 1988 ; Long et Warner, 1987).

Le passage d'une approche tayloriste à des méthodes plus proches des principes sociotechniques ne s'effectue pas naturellement. Au niveau plus spécifique des relations du travail, le progrès technologique bouleverse tout l'équilibre interne de l'organisation. Les droits et les devoirs des participants sont remis en cause. Les acteurs se demandent comment ils doivent désormais réagir.

Ce besoin d'un ajustement des conduites est plus marqué lorsqu'un syndicat est présent dans l'entreprise. Les technologies nouvelles sont souvent très exigeantes en matière d'implication des employés dans les tâches qu'ils exécutent. Dans un tel contexte, la négociation collective traditionnelle, avec son fond d'antagonisme et d'opposition entre les employés et leur employeur, favorise-t-elle le développement maximal des investissements technologiques ? Le syndicat doit-il envisager une forme nouvelle de participation à la vie de l'entreprise ? Considérés sous un autre angle, ces nouveaux systèmes de production s'accompagnent souvent d'une refonte de l'organisation du travail. Des entreprises demandent, par exemple, un assouplissement de la convention collective à l'égard de la mobilité du personnel, la disparition ou la fusion des catégories d'emploi ou la diminution de l'importance accordée à l'ancienneté. Du point de vue syndical, certains de ces « ajustements » sont d'une ampleur telle qu'ils équivalent à une dégradation pure et simple des conditions de travail des employés, d'où la nécessité pour l'employeur de proposer des contreparties suffisamment crédibles pour que le syndicat soit convaincu que l'exercice ne vise pas qu'à spolier ses membres.

La possibilité pour les intervenants de négocier les enjeux majeurs sur la base de leurs intérêts communs devient un atout capital. Car en fait, ce qu'il s'agit de négocier dorénavant, ce n'est plus l'obéissance mais l'engagement des employés dans leur travail. Les représentants de l'école sociotechnique, entre autres, prédisent d'ailleurs depuis longtemps l'échec des aventures technologiques qui négligent les facteurs sociaux dans la vie des organisations (Grant, 1995).

Le modèle stratégique

Notre analyse repose sur un modèle proposé par Kochan, Katz et McKersie (1986). Ce modèle considère que les activités constituant la vie de l'entreprise relèvent de trois niveaux. Le premier est celui de la stratégie. Il vise les décisions majeures prises par les dirigeants de l'organisation telles la politique concurrentielle, l'allocation des ressources et les investissements, notamment ceux qui concernent les nouvelles technologies. C'est à ce niveau que se prennent des décisions qui vont exercer une influence significative sur les deux autres niveaux d'activités de l'entreprise. Le second niveau est celui de la gestion des ressources humaines et de la négociation collective. Depuis la fin des années 1940, l'action des syndicats au sein de cette sphère s'avère déterminante. Le troisième niveau concerne le milieu de travail et s'intéresse à l'organisation du travail, de même qu'aux relations entre les travailleurs et l'organisation.

Dans la perspective de ces trois niveaux, les relations entre les entreprises et les syndicats s'organisent, traditionnellement, dans le respect d'une sorte de partage implicite des pouvoirs. L'employeur dispose d'un droit d'initiative, au plan de la stratégie et de l'élaboration des règles gouvernant le fonctionnement du milieu de travail. Le syndicat évite de se mêler de la gestion et cherche plutôt à contrôler ou à atténuer, par le biais de la négociation collective, les effets potentiellement ou effectivement négatifs des décisions patronales sur les intérêts de ses membres.

Ce modèle est particulièrement bien adapté à la problématique du changement technologique. En effet, la technologie n'exerce pas d'effet déterminant et automatique sur la façon dont elle s'intègre à la vie de l'entreprise. Par exemple, l'ordinateur peut aussi bien servir à surveiller les employés qu'à décupler leurs capacités productives. Donc l'adoption par les entreprises de technologies nouvelles n'est pas le fruit du hasard, mais bien plutôt celui de stratégies plus ou moins délibérées des dirigeants.

L'hypothèse générale que nous développerons est la suivante : une stratégie d'entreprise axée sur le progrès technologique doit s'appuyer sur des ajustements ou des innovations organisationnelles. À défaut de maintenir cet alignement des trois niveaux (stratégique, gestion des relations de travail et milieu de travail), le progrès technologique n'engendrera pas tous les effets bénéfiques potentiels qu'il annonce. L'implication des travailleurs, dont dépend le succès de ce type de stratégie, ne peut leur être imposée. Qu'ils soient représentés ou non par un syndicat, leur contribution est toujours négociée sous une forme ou sous une autre.

L'analyse des données recueillies est organisée en fonction de quatre dimensions de cette hypothèse générale. Premièrement, nous tentons de démontrer qu'une implantation négociée des nouvelles technologies augmente les gains respectifs des parties. En second lieu, nous soulignons dans quelle mesure la qualité des relations patronales-syndicales exerce une influence non négligeable sur le processus d'implantation des nouvelles technologies. Troisièmement, nous insistons sur le fait que l'implication des employés dans l'implantation d'une nouvelle technologie rend ces derniers plus ouverts et plus réceptifs au changement. Finalement, conformément aux principes de l'analyse sociotechnique, la mise sur pied d'un type d'organisation du travail reposant sur un groupe semi-autonome permet de mieux rentabiliser la nouvelle technologie, grâce à une plus grande implication des salariés.

Les résultats

Après l'examen du marché dans lequel s'inscrivent les activités de l'entreprise, nous nous penchons sur les caractéristiques et les stratégies des acteurs, puis nous poursuivons avec la description du changement technologique chez Lightolier et, enfin, nous terminons par l'analyse de son effet sur les rapports de travail et sur l'organisation du travail.

Le marché, les produits

Le secteur industriel nord-américain de la fabrication de matériel d'éclairage est très fragmenté. La compétition y est donc intense puisque aucune entreprise ne maîtrise l'offre de ce type de produit. La concurrence se livre sur les prix de revient et de détail, sur les délais de livraison, ainsi que sur la qualité du produit.

Environ 98 % de la production totale de l'usine est écoulée chez des distributeurs desservant le marché canadien. Le reste est destiné au marché américain. Dans son carnet de commandes, on relève que l'établissement a obtenu dans le passé des contrats substantiels de sous-traitance accordés par d'autres usines du groupe dont elle fait partie. Les trois variables évoquées plus haut (bas prix, respect des délais de livraison, qualité) ont une forte influence, surtout s'il s'agit de compagnies apparentées. Ajoutons que ces activités de sous-traitance gonflent le volume de production de l'entreprise, sans trop contribuer à l'augmentation de ses coûts : l'entreprise fabrique les produits sans avoir à se soucier des autres frais, comme ceux de leur commercialisation. C'est une façon de tirer profit, à bon compte, du marché américain.

Lightolier fabrique environ 2500 produits différents, regroupés en seize grandes familles. Ils se démarquent par leurs dimensions, leurs couleurs, l'énergie qu'ils consomment. L'usine fabrique principalement des luminaires encastrés d'intérieur, notamment des fluorescents compacts et des luminaires halogènes. S'ajoutent à cette gamme quelques produits pour l'extérieur, d'autres destinés à l'éclairage à haute intensité, ainsi que des produits traditionnels utilisant des ampoules électriques à incandescence. Les différences entre les produits se situent plus au niveau de leur commercialisation qu'à celui des moyens de production requis pour leur fabrication.

En règle générale, le produit se compose d'un réceptacle *(pan)*, d'une douille qui reçoit l'ampoule ou le tube fluorescent *(socket)*, de quelques fils protégés par une gaine et d'un boîtier de raccordement *(junction box)*, et de barres de soutien. Un abat-jour peut s'ajouter à cette liste. Dans tous les cas, le produit fini ne requiert aucun assemblage et le client n'a qu'à insérer une ampoule ou un tube pour l'utiliser.

Caractéristiques et stratégie de l'entreprise

Lightolier fait partie du groupe américain Genlyte qui se spécialise dans la fabrication et la commercialisation de matériel d'éclairage résidentiel, commercial et industriel. En 1992, ce groupe employait environ 3000 personnes dont 450 au Canada. Au cours de la même période, Genlyte a vendu pour 425 millions de dollars de produits, principalement sur le continent nord-américain, ce qui lui a permis d'engranger un profit de 9,5 millions de dollars.

L'entreprise se conforme à une tendance lourde de la demande dans son secteur, c'est-à-dire le développement et la fabrication de produits d'éclairage économiques en énergie. Cependant, elle ne compte pas abandonner pour autant des activités lucratives dans le secteur plus traditionnel des équipements utilisant des ampoules à incandescence. Elle concilie ces deux objectifs en privilégiant une stratégie de généraliste. Celle-ci consiste à fabriquer une gamme suffisamment étendue de produits pour parvenir à répondre aux attentes du plus grand nombre de consommateurs sur un marché donné. Elle tire d'ailleurs de ses ventes, sur son marché cible (les ampoules à incandescence), des revenus qui servent à financer des activités reliées aux produits dont la demande se développe (produits requérant des tubes fluorescents et des ampoules halogènes). Lightolier doit appuyer sa stratégie de généraliste sur une image de marque, dans le but de contrer les efforts de concurrents qui se spécialisent dans la fabrication de quelques produits seulement.

Au moment de notre enquête, l'usine compte 119 employés de production, tous syndiqués. La surveillance des opérations est assurée par quatre contremaîtres assistés de chefs d'équipe. Ces derniers sont des employés syndiqués très expérimentés. Le secteur principal est celui de l'assemblage, qui compte 65 employés œuvrant sur huit chaînes de fabrication. Ces employés produisent la grande majorité des articles offerts par Lightolier. L'entreprise possède également des ateliers d'usinage, de polissage, de peinture, ainsi qu'un groupe de services (réception et expédition des marchandises). Quelques ouvriers spécialisés (outilleurs et employés d'entretien) s'ajoutent au groupe des employés de production.

À la suite d'une baisse de la demande, l'entreprise a dû procéder à des mises à pied. Entre 1989 et 1992, le nombre d'employés à l'usine de Lachine est passé de 247 à 119 personnes. L'entreprise ne s'est pas contentée de réduire son personnel en attendant passivement des jours meilleurs. Elle a aussi décidé de mettre en place un programme ambitieux de qualité totale. En effet, en raison de la concurrence sévère d'entreprises asiatiques, elle doit fabriquer des produits de meilleure qualité à des prix toujours plus concurrentiels. Sans doute les initiatives déployées par la direction de l'entreprise ont-elles influencé la décision du syndicat de l'appuyer dans ses efforts pour améliorer sa compétitivité. Voyons en quoi ces efforts ont consisté.

La stratégie de redressement de l'employeur a débuté par un examen de la gestion interne de divers services : les commandes, les ventes, l'ingénierie. Les dirigeants ont aussi mis en place un programme de production juste-à-temps (*kanban*) afin de maintenir les inventaires à un niveau minimal. Ce qui implique la détection, l'élimination ou la réduction de toutes les activités qui ne génèrent pas de valeur ajoutée dans le processus de production. Le succès d'un projet de ce type repose également sur une coordination précise de l'ensemble des phases du processus de production, de l'achat des matières premières à l'entreposage du produit fini. C'est pourquoi la circulation des produits est gérée par ordinateur, ce qui permet de maintenir la variation du volume des produits en cours de fabrication à un niveau presque constant. Dans cette recherche de rationalisation, l'entreprise a recours à des cercles de qualité ad hoc ; ils sont mis sur pied dans le but de résoudre un problème précis et disparaissent lorsque ce but est atteint. La participation à ces groupes des employés de tous les échelons hiérarchiques remplit aussi une fonction importante. Elle leur permet de développer une vision plus réaliste des contraintes auxquelles l'entreprise doit faire face. Ceci constitue une première tentative de sensibilisation pour susciter un engagement réel des employés dans la vie de l'entreprise.

La stratégie du syndicat local

L'entreprise est née en 1954 et le syndicat y est implanté depuis 1959. Le Syndicat canadien des communications, de l'énergie et du papier (SCEP), section locale 576-Q, représente tous les employés de production de l'entreprise.

Il est dirigé par un comité exécutif de cinq membres. Ces dirigeants peuvent compter sur quatre délégués d'atelier, un délégué en santé et sécurité au travail, ainsi qu'une déléguée à la condition féminine. Toutes ces personnes sont élues. Le syndicat a mis sur pied un comité de santé et de sécurité très actif, dont le travail est complété par un groupe qui s'intéresse plus particulièrement aux problèmes d'ergonomie.

Les dirigeants reconnaissent que la vie syndicale n'est pas très intense et que les membres, surtout les plus anciens, s'en remettent à leurs représentants pour défendre leurs intérêts. Cette forme de démocratie représentative fait en sorte que tous les dossiers importants transitent par le bureau du président et que celui-ci les pilote au nom et avec l'assentiment des membres. Les dirigeants syndicaux constatent cependant que la double loyauté, envers l'entreprise et envers le syndicat, ne pose pas de problème aux membres. Sans doute ces derniers ont-ils le sentiment que l'employeur et le syndicat travaillent de concert au progrès de l'entreprise, ce qui signifie pour eux la protection de leur emploi et l'amélioration des conditions de travail. Le syndicat doit toutefois porter une attention particulière aux intérêts parfois divergents entre les travailleurs plus jeunes et ceux qui sont plus âgés.

Lorsque l'employeur l'a mis au courant de ses intentions de procéder à des changements technologiques, le syndicat s'est adressé à l'union, dont il fait partie (SCEP), ainsi qu'à la centrale syndicale (la Fédération des travailleurs et des travailleuses du Québec) à laquelle il est affilié. Il a constaté que ces deux instances s'inscrivaient elles aussi dans une démarche d'analyse et d'évaluation des différentes formes de réorganisation du travail. Le SCEP et la FTQ suivent de près les expériences comme celles de Lightolier, afin de définir des stratégies de soutien et d'intervention auprès des syndicats locaux et, ainsi, leur recommander les actions les plus appropriées du point de vue syndical. Les dirigeants du syndicat local considèrent que, dans les circonstances, ceci n'a pas empêché le syndicat de cheminer et de prendre des décisions éclairées, s'appuyant sur l'expérience de ses membres, ainsi que sur sa connaissance du milieu de travail dans lequel il évolue quotidiennement. Signalons cependant que ni l'Union ni la Centrale n'ont cherché à décourager le syndicat, lequel s'est tout de même senti appuyé, au moins au niveau des principes : « Ils ont compris [le SCEP et la FTQ] qu'il fallait embarquer, pour ne pas être dépassés », déclara le président du syndicat.

Les travailleurs n'ont pas oublié les licenciements des dernières années et ils étaient bien conscients que certains emplois étaient menacés. Leur première réaction a d'ailleurs consisté à dépasser régulièrement les quotas habituels de production, en négligeant quelque peu la qualité. Il a fallu que l'entreprise déploie des efforts de sensibilisation pour les amener à comprendre que la productivité possède deux aspects : l'un certainement quantitatif, mais l'autre éminemment qualitatif.

Le syndicat était d'accord avec l'analyse de la situation faite par l'entreprise et souscrivit à ses objectifs de productivité (quantité, qualité, bas prix). Dans la mesure où l'employeur affirmait qu'il ferait tout pour maintenir le niveau de l'emploi et, éventuellement, l'augmenter, le syndicat était prêt à participer. À court terme et puisque ce dernier avait enregistré des baisses d'effectifs depuis 1989, l'objectif syndical principal était la stabilisation du niveau de l'emploi.

À moyen terme et en tenant compte des commandes destinées au marché américain, le syndicat espérait un accroissement du nombre des emplois. Sa participation au projet visait finalement d'atteindre les objectifsde santé et de sécurité au travail. Il pensa que son intervention dans l'aménagement ergonomique de la nouvelle chaîne de production réduirait les risques d'accidents et de lésions professionnelles.

Au départ, la réaction syndicale au projet de changement technologique était ambivalente. D'une part, le syndicat s'était déjà prêté à une expérience de coopération en matière de santé et de sécurité au travail. Les parties se félicitèrent des résultats obtenus. Dans la même veine, le président du syndicat, après avoir participé, avec les cadres de l'entreprise, à un séminaire sur la qualité totale, siégea au conseil d'administration de Lightolier[2]. D'autre part, le syndicat constata que le projet avait été entièrement planifié par l'employeur. Aussi bien pour le dossier de la qualité totale que pour celui du changement technologique, l'employeur s'était contenté de l'informer. Mais puisque cette fois-ci l'entreprise était disposée à impliquer le syndicat dans l'implantation des changements technologiques, ce dernier décida de ne pas contester l'initiative patronale. Il comptait plutôt concentrer ses efforts sur l'intégration des suggestions de ses membres à la structure de la nouvelle chaîne de production.

Un dernier facteur a sans doute incité le syndicat à surmonter ses craintes. À l'origine, les changements technologiques envisagés devaient être introduits dans une autre usine montréalaise du groupe Canlyte. Selon l'analyse syndicale, cette décision aurait nui au maintien ou au développement de l'emploi à l'usine de Lachine. Après avoir pris en considération tous ces aspects du projet, le syndicat conclut qu'il ne fallait pas laisser passer cette occasion de favoriser les intérêts de ses membres.

---

[2]   Le syndicat a décidé de ne plus siéger au conseil d'administration parce que sa représentation n'y était pas paritaire et que cette participation pouvait être perçue par ses membres comme une forme de récupération du syndicat par la direction de l'entreprise. Le syndicat a plutôt convenu avec la direction de déléguer deux membres au comité de gestion de l'usine, qui se réunit chaque semaine pour examiner la situation de l'établissement sur le plan commercial, opérationnel et financier. Le syndicat obtient aussi une information utile qui l'éclaire dans ses choix stratégiques, tout en permettant à la direction, par cette consultation, de profiter de la contribution syndicale dans ses actions à mener.

Nature et bilan du changement technologique

Les changements technologiques ont été entièrement planifiés par l'employeur : choix de la technologie, des fournisseurs, de l'échéancier d'implantation, de même que la décision de constituer une équipe de travail semi-autonome.

Des séances d'information, tenues dans le but de sensibiliser les employés au nouveau programme de qualité totale, rassemblaient tout le personnel : employés payés à l'heure et employés de bureau. L'employeur souhaitait, bien évidemment, susciter la coopération de tous les employés dans la mesure où une approche axée sur la qualité totale ne saurait faire l'économie d'un tel soutien.

L'entreprise procéda à l'affichage des postes ouverts sur la nouvelle chaîne gérée par une équipe semi-autonome. Le syndicat ne participa pas directement au choix des personnes appelées à faire partie du nouveau groupe de travail, mais il collabora à la détermination des critères de sélection. Ce sont principalement des personnes jeunes, détenant peu d'ancienneté, qui se portèrent volontaires.

Une fois les employés sélectionnés, une formation sur mesure leur fut dispensée. Elle couvrait divers aspects du projet :
1. un séminaire d'une journée sur le fonctionnement des groupes autogérés ;
2. une formation concernant le travail en équipe ;
3. des cours plus techniques dispensés par le fournisseur des nouveaux équipements ;
4. une formation complète portant sur chacun des postes composant la nouvelle chaîne de production ;
5. en cas de besoin, des cours sur la résolution des conflits étaient donnés aux membres de l'équipe semi-autonome.

Le syndicat, tout en étant conscient du fait qu'un tel projet requiert une formation particulière, s'assura que cette dernière s'adaptait aux besoins. Selon les dirigeants syndicaux, il ne servait à rien de dispenser une formation élaborée pour des tâches relativement simples, répétitives et dont la maîtrise s'acquiert rapidement.

Avant même de consulter le syndicat ou ses employés, l'employeur demanda à des spécialistes de définir l'aménagement de chaque poste de travail de la nouvelle chaîne. Le syndicat le convainquit cependant de tirer profit des commentaires des employés qui utiliseraient le nouveau système. Cette contribution se traduisit par des suggestions nombreuses, dont certaines débouchèrent sur des ajustements des plans et devis initiaux.

expérience antérieure

Il convient de souligner qu'en 1983 l'employeur avait tenté de mettre en branle unilatéralement un programme destiné à l'amélioration de la productivité. Cette expérience portant sur l'établissement de cercles de qualité avait duré six mois et s'était soldée par un échec. Selon le syndicat, le fait qu'il n'ait été aucunement impliqué dans ce projet a transformé les cercles de qualité en de véritables arènes, plus propices à l'expression des récriminations des employés qu'à la résolution des problèmes. Par la suite, l'employeur essuya quelques autres revers du même genre, entre autres lorsqu'il tenta de mettre sur pied un plan de partage des profits. Les dirigeants de l'entreprise ont finalement compris que le consentement syndical et, surtout, son implication active constituaient une condition incontournable au succès des programmes d'amélioration de productivité.

En dépit de ces quelques épisodes en matière de relations patronales-syndicales, le syndicat prit une décision importante qui a consisté à surmonter un premier réflexe de méfiance bien compréhensible. L'employeur n'est pas demeuré insensible à cette ouverture, puisqu'il a convié le président du syndicat à participer à un séminaire portant sur la qualité totale, en compagnie des cadres de l'entreprise. Ce premier geste d'ouverture a certainement pavé la voie de la coopération dont les parties firent preuve dans le cadre des changements technologiques. Rétrospectivement, le syndicat est d'avis que si le projet s'était déroulé sur le mode unilatéral qui a présidé à son lancement, il aurait tout simplement échoué.

Ce projet fut donc l'occasion pour les parties d'harmoniser les trois niveaux du modèle d'analyse suggéré par Kochan, Katz et McKersie. Pour le premier niveau stratégique, l'employeur prit seul la décision d'implanter des changements technologiques. Le syndicat accepta son leadership mais disposa, en contrepartie, d'une information complète sur le projet, ainsi que d'une possibilité d'intervenir dans l'implantation de la technologie nouvelle. En ce qui concerne le niveau de la gestion des relations du travail et de la négociation collective, l'approche retenue permit aux parties de s'entendre pour donner au projet une forme qui conciliait leurs intérêts réciproques. Finalement, la coopération que manifestèrent les parties et le discours qu'elles tinrent se traduisirent concrètement par un réexamen de l'organisation du travail, du moins en ce qui concerne la nouvelle chaîne de production.

L'employeur et le syndicat dressent un bilan positif de l'expérience. Six mois après la mise en exploitation de la chaîne gérée par une équipe semi-autonome, l'employeur s'estima satisfait des premiers résultats. Il évalua que celle-ci affichait une augmentation de la productivité de l'ordre de 61 %. Il espérait pouvoir fabriquer une trentaine de produits, avec des équipements qui n'en produisaient que sept à l'heure. Il nota que le climat de travail qui régnait au sein du groupe semi-autonome était positif. Les réunions de production étaient animées par les employés eux-mêmes, sous la supervision minimale du directeur de la production. Il attribua à la rotation des tâches un effet positif sur la motivation des travailleurs. Dans cette optique, la direction de l'usine envisagea de confier des pouvoirs plus étendus aux membres de ce groupe, comme la planification de la production et du mode de rotation des tâches. Ils pourraient bien, dans l'avenir, choisir les nouveaux membres du groupe ou décider du mode de partage des primes de rendement.

Les changements technologiques n'ont toutefois pas eu pour effet de modifier en profondeur l'organisation de la production dans l'usine. D'une certaine façon, les produits fabriqués par Lightolier sont sophistiqués, si l'on songe au nombre de composantes qui entrent dans leur fabrication (de 15 à 70 pièces différentes). Cependant, les opérations de production sont simples, répétitives, parcellaires et ne font appel qu'à quelques machines-outils peu perfectionnées. Cela signifie que les modifications dans l'organisation du travail introduites par les parties découlent de leurs décisions et ne constituent pas une simple réaction liée à la technologie utilisée.

Il y a quand même eu une ombre au tableau. Sans doute parce qu'il n'a pas été impliqué dans la démarche de changement, le contremaître de l'atelier d'assemblage n'a rien jugé de positif dans l'expérience en cours. Sans s'y opposer, il n'était pas convaincu de la supériorité de la nouvelle chaîne de production. Rappelons qu'il joue le rôle d'un contremaître au sens traditionnel du terme et qu'il supervise la répartition du travail, l'application de la discipline, les activités en santé-sécurité du travail et le travail administratif. Il est également responsable de certains services connexes, comme la mécanique et l'outillage. Six chefs d'équipes l'appuient dans son travail. Une fois qu'il leur a distribué le travail à effectuer, il leur incombe de trouver les ressources humaines et matérielles requises. Ils assignent aussi les tâches aux ouvriers. Le contremaître n'est pas le superviseur direct du groupe autogéré. Il lui fournit un soutien technique lorsqu'il en fait la demande, lui affecte le personnel s'il lui en manque et remplit certaines fonctions administratives. Son pouvoir disciplinaire ne s'étend pas au groupe semi-autonome, puisque cette responsabilité relève du directeur de la production. L'employeur fut conscient de cette situation et admit qu'il aurait pu opter pour une approche différente.

Soulignons un autre élément négatif. Les travailleurs qui ne font pas partie du groupe semi-autonome nourrissaient certains préjugés à son endroit. Les représentants patronaux et syndicaux reconnurent qu'ils ont diffusé trop peu d'informations au sujet du projet auprès des salariés travaillant sur les chaînes de production traditionnelles. L'employeur aussi bien que le syndicat affirment maintenant déployer les efforts nécessaires pour modifier ces perceptions erronées et ils ont le sentiment qu'ils y parviennent de mieux en mieux.

Tout comme l'employeur, le syndicat était satisfait, dans la mesure où il remarqua que les résistances au changement se dissipèrent graduellement. Les travailleurs qui ne faisaient pas partie du projet tolérèrent le traitement particulier réservé à ce groupe d'employés. Les membres du groupe semi-autonome ne se plaignaient pas du fait que leur charge de travail fut plus lourde. Cela ne semble pas amoindrir le niveau de leur implication dans leur travail. En matière technique, les deux parties constatèrent avec soulagement que la plupart des embûches liées à l'exploitation du nouveau système avaient été surmontées.

L'organisation du travail

Si les changements technologiques survenus n'ont pas révolutionné l'organisation du travail dans toute l'usine, ils l'ont cependant modifiée au moins en ce qui concerne la chaîne opérée par le groupe semi-autonome. Tous les employés de l'unité d'assemblage travaillent selon le même horaire, soit de 7 h 00 à 15 h 30. Au moment de notre enquête, douze personnes formaient le quart du soir. Elles effectuaient leur travail sur les chaînes traditionnelles et le contenu des tâches était déterminé par le contremaître de jour. Les effectifs de ce groupe étaient susceptibles d'augmenter dès que la demande le permettrait. Il était aussi question de mettre sur pied un groupe semi-autonome pour l'équipe du soir.

La nouvelle chaîne de production possédait un effectif de neuf personnes secondées par deux substituts. Les travailleurs fabriquaient sept produits différents, mais l'employeur comptait porter ce nombre à trente. Le processus de production comporte deux étapes qui s'effectuent l'une après l'autre sur les chaînes traditionnelles, mais simultanément sur la nouvelle. Il s'agit du sous-assemblage ou de la fabrication de composantes qui entrent dans le produit fini et de l'assemblage en tant que tel. Dans les deux cas (sous-assemblage et assemblage), les produits sont déposés sur un tapis roulant, à vitesse constante, et défilent devant les employés. Ceux-ci les retirent du convoyeur, y ajoutent diverses pièces et remettent le produit en cours d'assemblage sur le convoyeur. Lorsqu'ils atteignent la fin de la chaîne d'assemblage, les produits quittent les convoyeurs automatiques et se retrouvent sur un convoyeur manuel où ils sont emballés. Quatre personnes effectuaient les opérations de sous-assemblage, alors que les autres se consacraient à l'assemblage proprement dit. Le neuvième employé agissait à titre de coordonnateur et remplaçait les assembleurs si nécessaire.

Le sous-assemblage et l'assemblage s'effectuent sur deux convoyeurs séparés, mais reliés par un robot. L'avantage de ce système réside dans l'élimination des stock de matériel en cours de production (*buffers*). Ce système demeure fragile dans la mesure où toute diminution de rendement de chaque membre de l'équipe a un effet direct sur l'ensemble du système. De plus, chaque opération représente de la valeur ajoutée au produit, de sorte qu'aucune ne peut être négligée.

En raison de la présence d'un robot assembleur et d'un convoyeur automatique, le fonctionnement de la nouvelle chaîne est plus avancé, au plan technique, que celui des autres chaînes. Cependant, tous les intervenants interrogés s'entendent pour considérer que le travail à effectuer, même sur la nouvelle chaîne, exige peu de formation. En plus de la dextérité manuelle et de l'expérience dans la manipulation des produits, les employés œuvrant sur la nouvelle chaîne doivent cependant comprendre le fonctionnement du robot et être en mesure d'utiliser l'ordinateur dans la programmation des activités quotidiennes.

En opposition directe avec les principes du taylorisme, le fonctionnement de la nouvelle chaîne a mis en lumière qu'une production de qualité se fonde avant tout sur l'implication des travailleurs. La surveillance par voie hiérarchique ne constitue plus le principe autour duquel la production s'organise. Ce rôle est maintenant dévolu à l'auto-régulation et à la coordination que l'équipe exerce sur les prestations individuelles de ses membres.

Dans l'unité d'assemblage, les caractéristiques principales de l'environnement physique de travail (chaleur, qualité de l'air, propreté des lieux) ne causent aucune difficulté. Dans l'atelier d'usinage, le niveau sonore est élevé. Ailleurs dans l'usine, quelques machines sont bruyantes, mais cela ne semble importuner personne selon nos répondants.

Le caractère répétitif des gestes que les travailleurs effectuent constitue une source de problèmes et serait la cause de différents malaises, tels des maux de dos. Dans le but de réduire ou d'éliminer ces risques, le syndicat a formulé plusieurs suggestions, notamment sur l'ergonomie, qui ont été intégrées à la structure de la nouvelle chaîne d'assemblage. Il a également souscrit au principe de la rotation des tâches, non seulement en raison des effets psychologiques de ce mode de gestion, mais aussi parce qu'elle rompt la monotonie des gestes répétifs.

Selon l'employeur, la mise en place d'une technologie plus avancée lui permettra de réduire les coûts de fabrication, tout en maintenant ou en augmentant la qualité de ses produits. Les décisions touchant la technologie s'accorde parfaitement à la mission de l'entreprise : être un généraliste efficace qui produit des biens de qualité à bas prix. L'employeur est convaincu qu'une telle stratégie doit s'appuyer sur une refonte de l'organisation du travail. Dans l'esprit des dirigeants, le but de cette réorganisation est de rendre les employés plus autonomes. En participant plus étroitement à la planification du travail, ils sont également davantage motivés. Par la même occasion, l'introduction de la rotation des tâches réduit les mouvements répétitifs, qui sont source d'accidents et de lésions professionnelles.

La constitution d'une équipe de production semi-autonome implique un transfert de nouvelles responsabilités aux employés, d'où un certain enrichissement des tâches. Cet enrichissement découle des changements introduits dans l'organisation du travail par les parties et non du changement technologique lui-même. Ce dernier permet d'effectuer simultanément les opérations de sous-assemblage et d'assemblage. Ceci provoque la disparition des inventaires des produits en cours de fabrication. Cependant, dans le cas qui nous intéresse, l'importance qu'ils occupent est négligeable. Leur disparition ne procure aucune économie notable pour l'entreprise. À première vue, la chaîne traditionnelle offre même plus de flexibilité, puisqu'elle permet de fabriquer presque n'importe quel produit. La production y est parcellaire, de sorte que les incidents qui ne manquent pas de survenir ne l'interrompent pas, ce qu'une défaillance du convoyeur ou du robot assembleur ne manquerait pas de faire sur la nouvelle chaîne. Par ailleurs, les convoyeurs plus longs de la nouvelle chaîne de production permettent à plus d'ouvriers de travailler simultanément, ce qui pourrait éventuellement s'avérer utile pour la fabrication de produits nécessitant l'intervention d'un plus grand nombre d'assembleurs. De plus, des convoyeurs plus longs autorisent un aménagement plus ergonomique des espaces de travail.

L'équipe décide elle-même, sur une base quotidienne, ce qu'elle va fabriquer en fonction des commandes enregistrées sur l'ordinateur. Les membres de l'équipe de production ont mis au point la formule qui préside à la rotation des postes. Celle-ci s'effectue toutes les quatre heures pour tous les postes de la nouvelle chaîne. Chaque employé œuvre à l'assemblage et au sous-assemblage chaque semaine. Des exceptions sont prévues pour les employés qui ne souhaitent pas accomplir tout le cycle de rotation.

Les parties reconnaissaient que l'ampleur des nouvelles responsabilités assumées par l'équipe semi-autonome demeurait limitée. Elles firent cependant valoir qu'il s'agissait d'une première, dans une entreprise au sein de laquelle les décisions ont toujours été centralisées entre les mains de la direction. Il fallait donc laisser aux employés, ainsi qu'à leurs supérieurs, le temps de s'adapter à cette décentralisation des pouvoirs.

Des changements de ce type, mêmes modestes en apparence, ne s'effectuent pas sans que le groupe concerné n'éprouve des tensions internes. La pratique de la prise de décision en groupe, de même que la lenteur de certains membres à s'adapter, ont généré des tensions affectant la production. Il a fallu les résorber avec soin par la formation, ainsi que grâce au soutien du directeur de la production.

La fonction de coordonnateur est assumée tous les trois mois par un nouveau titulaire qui peut être n'importe quel membre du groupe. Son rôle consiste à planifier la production, bien que la décision finale soit prise collectivement. Les employés s'assurent eux-mêmes qu'ils disposent de toutes les pièces requises, mais le coordonnateur s'occupe de la même question pour l'ensemble de l'équipe. Il veille également à remplacer les absents. Il joue le rôle d'un intermédiaire entre le groupe et le directeur de la production, qu'il consulte s'il ne peut régler un problème. Il communique avec les autres unités de l'entreprise lorsque le groupe a besoin de leur intervention.

Les relations de travail

Au niveau des relations de travail et dans la foulée d'un arrêt de travail de dix jours en 1987, la haute direction de l'entreprise suggéra aux gestionnaires d'améliorer le climat des relations patronales-syndicales. Celles-ci se caractérisaient par un climat de méfiance qui fit échouer plusieurs projets, dont un programme de cercle de qualité mis sur pied unilatéralement par l'entreprise.

Du côté syndical, on attribua à un style de gestion très autoritaire l'éclatement de ce conflit. Cette attitude était particulièrement ressentie par les salariés à l'égard du groupe de santé et de sécurité au travail. La direction se montra passive, malgré les demandes insistantes du syndicat, qui porta à son attention plusieurs dizaines de correctifs pertinents. À la suite d'une décision du siège social d'assainir le climat des relations de travail, deux cadres favorisant une autre approche furent alors nommés. Après avoir fait la sourde oreille aux recommandations du syndicat pendant des années, l'employeur rajusta son tir et se mit à leur donner suite. Cette nouvelle approche ne passa pas inaperçue. Depuis 1988, le nombre moyen de causes potentielles d'accidents est passé de 200 à 25 sur une base mensuelle. Les parties pensent pouvoir faire encore mieux !

Tous les intervenants interrogés considèrent que, dans le sillage de ce premier succès, la décision patronale de s'inscrire, après quelques échecs, dans une démarche conjointe d'implantation des changements technologiques a été déterminante. Ils y voient tous un facteur capital de succès du projet. Ce mode de gestion plus ouvert crée un climat de confiance qui permet au syndicat de l'appuyer sans aucune arrière-pensée. Cet appui rassure à son tour les employés, réduisant d'autant les résistances au changement auxquelles se heurtent si fréquemment des projets de ce type. Dans ce contexte, l'entreprise opte donc, dès le départ, pour une approche prudente en circonscrivant le changement technologique à une seule de ses huit chaînes de production. Les résultats obtenus suscitent l'intérêt des parties et ils pourraient bien les inciter à étendre les changements à toute l'unité d'assemblage.

La gestion des relations de travail relève du directeur des ressources humaines. Il se perçoit comme un consultant interne, chargé d'appuyer le directeur de la production et les contremaîtres. Il est le mandataire principal de l'entreprise à la table des négociations. Membre du conseil d'administration, il participe à l'élaboration du plan stratégique de l'entreprise et est aussi responsable du programme de qualité totale. Le directeur de la production, de même que le vice-président à l'administration du sous-groupe général (Canlyte), dont fait partie l'entreprise, s'occupent eux aussi de la gestion des relations de travail, dans le but d'harmoniser les décisions prises au niveau local et général. Les relations de travail ne constituent donc pas, comme dans beaucoup d'entreprises, une sorte d'enclave plus ou moins coupée de l'ensemble de la vie et des activités de l'entreprise. Ceci permet aux parties de négocier une convention collective très proche des réalités de la production.

La présence du président du syndicat au conseil d'administration de l'entreprise et, par la suite, la participation syndicale au comité de gestion de l'usine créent des conditions favorables à la diffusion de l'information et à la résolution de problèmes. Les syndiqués sont persuadés que les informations qu'ils reçoivent au sujet de la situation financière de l'entreprise, de même que sur ses projets, sont véridiques. Ceci permet d'ajuster les demandes syndicales à la capacité financière de l'entreprise. Alors qu'auparavant les négociations collectives occupaient une bonne quinzaine de séances, il n'en faut plus maintenant que quatre ou cinq pour aboutir à une entente jugée satisfaisante. Le processus de négociation est continu. Les parties ont tout le temps de réfléchir aux conséquences de leurs décisions et aux tactiques de négociations auxquelles elles peuvent recourir.

En regard de l'administration quotidienne de la convention collective, les parties communiquent régulièrement, de sorte que de nombreuses difficultés sont aplanies avant d'affecter la qualité de leurs relations. Le nombre des griefs a d'ailleurs régressé de façon significative. Il est passé de 62 en 1986 à une moyenne de deux pour chacune des trois dernières années.

Le nombre de catégories d'emploi est passé de vingt-et-un à quatorze. L'employeur y gagne en flexibilité et, en contrepartie, il accepte d'octroyer des garanties de maintien de salaire aux personnes touchées par ce remaniement. Toute cette refonte n'a pas eu pour effet de déqualifier les travailleurs puisque seuls des emplois non spécialisés ont été fusionnés.

Par contre, l'employeur et le syndicat ont convenu de réduire les bénéfices des travailleurs ayant le moins d'ancienneté, plutôt que de recourir à des mises à pied. Les parties pensent que cette réduction négociée de sa masse salariale permettra à l'employeur de réduire ses coûts et donc d'être plus compétitif.

En règle générale, le temps supplémentaire est réparti entre tous les employés d'une même catégorie d'emploi à l'intérieur d'une unité. Dans le cas de la chaîne semi-autonome, les parties se sont entendues pour réserver ce travail aux seuls employés de cette chaîne ou à ceux qui ont reçu la formation requise. Le but de cette règle particulière vise à assurer que le personnel œuvrant sur la nouvelle chaîne soit qualifié et ainsi obtenir une meilleure productivité.

Conclusion

Le cas de Lightolier met en présence deux parties qui parviennent à harmoniser leurs stratégies respectives. D'une part, l'employeur veut mettre en place un système de production fondé sur les principes de la qualité totale. Son objectif est de réduire ses coûts, d'améliorer la qualité de ses produits et, ainsi, d'augmenter la productivité. D'autre part, le syndicat, tout en reconnaissant la pertinence de l'approche patronale, souhaite atteindre un autre objectif : la sauvegarde des emplois dans l'entreprise à court et à moyen terme. À long terme, il compte sur une augmentation du nombre d'emplois et pense que sa participation au processus d'implantation de la qualité totale va dans cette direction.

Quelques mois après l'implantation du nouveau système, l'employeur estima qu'il bénéficiait déjà d'une augmentation appréciable de la productivité sur la chaîne semi-autonome. Du côté syndical, les dirigeants étaient satisfaits de constater que le niveau de l'emploi s'était stabilisé. Bien que leur objectif à long terme ne se fut pas encore matérialisé, ils ne perdaient pas espoir de voir les affaires de l'entreprise se développer et avec elles, l'emploi. Ils notaient également que dans la mesure où leurs commentaires et leurs suggestions étaient pris en compte, les employés se sentaient davantage impliqués dans le fonctionnement de la nouvelle chaîne d'assemblage. Cet amalgame constitué par l'expertise des concepteurs et des travailleurs-utilisateurs représente une valeur ajoutée dont bénéficient tous les intervenants.

Les dirigeants syndicaux constataient que l'implication des employés ne s'était pas développée au détriment de leur loyauté envers le syndicat qui les représentait. En raison de son comportement passé, l'employeur se devait de convaincre les employés de sa bonne foi. Étant donné qu'il s'agissait de sauver certains emplois, les salariés étaient prêts à lui donner une chance. Cependant, il était évident que l'intensité de leur implication demeurait conditionnelle aux gestes concrets qu'il allait faire. De bonnes relations, une meilleure écoute ont certainement pesé en faveur du projet. Mais la traduction en actions concrètes de l'engagement patronal ont eu encore plus de poids.

Nos observations, de même que les propos de la majorité des personnes interrogées, indiquent que les employés membres du groupe semi-autonome étaient motivés et impliqués dans leur travail. Ce niveau élevé d'engagement découle de plusieurs facteurs qu'il convient de relever.

En premier lieu, en raison de la formation sur mesure qu'ils ont reçue, les employés comprirent le fonctionnement d'un tel groupe et toute l'importance de la contribution de leur équipe de travail au succès de l'entreprise.

En second lieu, ils ont également développé une autodiscipline (détermination des objectifs de production, de la formule de rotation des postes) qui ne leur a pas été imposée par la hiérarchie. On peut penser que la présence syndicale est venue tempérer la sévérité de cette discipline et évita ainsi aux membres de tomber dans un productivisme susceptible de léser leurs propres intérêts.

Nos observations ainsi que les commentaires des intervenants laissent penser que les parties ont opté pour une approche systémique. En effet, le changement, décidé au premier échelon stratégique, a d'abord été soutenu par des ajustements dans l'organisation du travail, puis par d'autres ajustements dans les relations de travail. Cette cohérence organisationnelle pourrait bien avoir exercé une influence déterminante sur le succès du projet. En adoptant une telle attitude, les intervenants ont évité l'écueil qui consiste à ne tenir compte que des aspects techniques du changement et à croire que la dimension sociale finira bien par s'adapter d'elle-même.

Par le biais de changements technologiques, dont les effets étaient plutôt modestes au moment de l'enquête, les parties ont introduit de concert et dans le respect des aspects humains de la vie organisationnelle, trois principes fondamentaux. Ceux-ci sous-tendaient une véritable recherche de qualité et donc l'amélioration de la compétitivité qui en découle. Il s'agissait de la responsabilisation des employés, du travail en équipe et de la rotation des fonctions qui débouche sur la polyvalence et la flexibilité du facteur humain.

Ces conclusions comportent des limites à cause des contextes qui diffèrent souvent d'un milieu à l'autre. De plus, l'horizon temporel forcément limité de notre période d'observation n'autorise pas une analyse exhaustive des effets des changements sur les conditions de travail, notre recherche s'étant concentrée sur les conditions d'introduction des changements. Un retour à l'usine en mars 1997 nous a permis d'actualiser les observations recueillies lors de notre enquête de 1993.

Après trois ans d'expérience avec le groupe semi-autonome, l'employeur et le syndicat constatent que les membres de l'équipe semi-autonome d'origine ont tendance à se démarquer de plus en plus par rapport aux autres travailleurs de leur unité. Ils se considèrent et sont traités par la compagnie comme un groupe « d'élite » (ex. rencontres du groupe pendant les heures de travail, port d'un chandail identifiant cette équipe, etc.). Étant donné leur productivité élevée, les membres du groupe souhaitent bénéficier de conditions de rémunération particulières et revendiquent un statut spécial dans la convention collective. Leur souci de rentabilité crée même parfois des problèmes à l'égard de leur santé et de leur sécurité. Les « privilèges » accordés à ces travailleurs suscitent des réactions de plus en plus négatives chez les autres salariés et provoquent un malaise au sein du syndicat et du milieu de travail.

Après trois ans d'expérience, l'employeur conclut en 1996 qu'il doit rajuster son tir, sinon l'expérience du groupe-pilote risque « d'emprisonner » le changement et d'empêcher son élargissement à l'échelle de l'usine. La direction de l'entreprise décide donc de démanteler ce groupe, tout en conservant la nouvelle technologie. Elle poursuit son projet en formant des cellules de travail qui s'inspirent des principes du *kaisen* ou de l'amélioration continue des processus de production. À l'heure actuelle, il ne reste d'ailleurs que deux chaînes de production traditionnelles qui ne fonctionnent pas sur la base de cellules de travail, mais où on applique quand même le principe de rotation des postes à l'intérieur du groupe.

L'intégration des flux d'information et de production *(kanban)* a été davantage développée. Alors qu'à ses débuts, la nouvelle chaîne de montage ne fabrique que sept ou huit produits, ce nombre a grimpé à 35. L'employeur considère que la productivité qui découle de ce nouveau mode d'organisation du travail est excellente. Les cellules de production s'impliquent plus dans la planification et le contrôle des activités. C'est pourquoi la supervision des cellules de production ne requiert plus la présence que de deux contremaîtres. Les employés qui travaillent au sein des cellules apprécient la rotation des tâches et l'autonomie dont ils jouissent.

Au chapitre des relations patronales-syndicales, les parties ont inséré dans la dernière convention collective (1996-1998), la disposition suivante :

ARTICLE 5 : LA DIRECTION

5.01 Le Syndicat reconnaît que c'est la fonction de la direction de diriger les affaires de l'entreprise et de diriger l'effectif de la Compagnie, sous réserve et limitée seulement par les dispositions de cette convention.

5.02 La Compagnie et le Syndicat s'engagent à travailler ensemble sur des aspects tel que l'amélioration du service, le contrôle des coûts, le profit, les opportunités de croissance ainsi que les conditions de travail.

Cet engagement s'entreprendra sous la forme de relations de travail quotidiennes et une rencontre mensuelle officielle direction-syndicat (comité 3-3).

De plus, la Compagnie s'engage à informer, consulter et rechercher la participation du Syndicat et de ses membres sur les sujets ci-haut mentionnés ainsi que sur les changements technologiques et l'impact de ces derniers sur la réorganisation du travail.

Finalement, une des principales leçons qui se dégage de l'expérience de Lightolier concerne le caractère non déterministe des changements technologiques. Si ces derniers peuvent dresser certaines barrières à la configuration des rapports de travail, les acteurs disposent de suffisamment d'espace pour choisir le type de rapports qui convient à leurs intérêts. Cette liberté, bien que toujours sujette à certaines limites de nature technique, financière et sociale, laisse aux acteurs le soin de recourir à des stratégies dont l'efficacité peut varier selon les réactions qu'elles suscitent tant au niveau des rapports collectifs que des rapports individuels. L'implantation de nouvelles technologies, de même que de nouvelles formes d'organisation du travail, ne contribueront à une meilleure productivité que dans le cadre d'une implication réelle et significative des salariés et de leur syndicat.

Références bibliographiques

APPELBAUM, Eileen et Rosemary BATT, *The New American Workplace*, Ithaca, New York, ILR Press, 1994.

BÉLANGER, Paul-R. et Benoît LÉVESQUE, « Modernisation sociale des entreprises : diversité des configurations et modèle québécois », dans BÉLANGER, Paul R., Michel GRANT et Benoît LÉVESQUE (sous la direction de), *La modernisation sociale des entreprises*, Montréal, Les Presses de l'Université de Montréal, 1994, p. 17 à 52.

BOYER, Robert et Jean-Pierre DURAND, *L'après-fordisme*, Paris, Syros, 1993.

COHEN-ROSENTHAL, Edward, « Thinking about Quality and Unions », dans COHEN-ROSENTHAL, Edward (ed.), *Unions, Management and Quality*, Irwin, 1995, p. 3 à 20.

GRANT, Michel, « Les changements technologiques et les relations patronales-syndicales : vers de nouvelles stratégies », dans JACOB, Réal et Jean DUCHARME (sous la direction de), *Changements technologiques et gestion des ressources humaines*, Boucherville, Gaëtan Morin, 1995, p. 245-277.

KOCHAN, Thomas A., Harry C. KATZ et Robert B. McKERSIE, *The Transformation of American Industrial Relations*, New York, Basic Books, 1986.

LEVINE, David. I., *Reinventing the Workplace*, Washington (D.C.), The Brookings Institution, 1995.

LONG, Richard J. et Malcolm WARNER, « Organisations, Participation and Recession », *Relations Industrielles*, 42, 1, 1987, p. 65 à 85.

RANKIN, Tom, *New Forms of Work Organization. The Challenge for North American Unions*, Toronto, University of Toronto Press, 1990.

REYNAUD, Jean-Daniel, « La négociation des nouvelles technologies : une transformation des règles du jeu », *Revue française de sociologie*, 38, 1, 1988, p. 5 à 22.

SLEIGH, Stephen R., « Introduction », dans R. SLEIGH, Stephen (sous la direction de), *Economic Restructuring and Emerging Patterns of Industrial Relations*, Kalamazoo (Michigan), W.E. Upjohn Institute, 1993, p. 1 à 17.

Deuxième partie

Analyses comparatives

L'impact d'une démarche de qualité totale sur la rémunération, les exigences et le contenu des tâches

Pierre HOGUE

L'introduction du processus de qualité totale comme nouvelle forme de gestion de l'entreprise nécessite le passage d'une gestion par la structure et le conflit à une gestion par la culture et le consensus. La solution à la crise du travail taylorisé exige plus de flexibilité et d'autonomie au plan du travail, de même qu'une responsabilisation et une participation significativement accrues des salariés.

Les effets de la gestion de la qualité totale mettent en relief le rôle prédominant de la gestion des ressources humaines et des relations du travail, au point que le succès ou l'échec d'une telle gestion en dépende.

La présente étude analyse les relations entre la stratégie et les outils de gestion intégrée de la qualité, les caractéristiques de tâches engendrées et requises pour son succès, leurs effets sur la main-d'œuvre et les pratiques de rémunération. Nous émettons l'hypothèse que l'état et l'évolution des rémunérations influencent ces relations. Dans un contexte de gestion de la qualité totale, l'employé espère une part de la plus-value qu'il produit. Le message véhiculé par les modes de rémunération doit supporter le changement de paradigme occasionné par la gestion intégrée de la qualité. Ces propositions sont vérifiées à l'aide d'une démarche empirique d'enquête auprès de trois importantes entreprises québécoises engagées dans le processus de gestion intégrée de la qualité.

La problématique

La mondialisation de l'économie, l'internationalisation des marchés, la planétarisation de la concurrence entraînent une série de bouleversements structurels qui obligent les entreprises à ne plus faire des affaires de la même façon qu'auparavant (Kélada, 1991). Plusieurs apprennent que les améliorations de la productivité ne sont pas suffisantes pour que les entreprises demeurent compétitives. Elles adoptent de nouvelles stratégies en accordant plus d'importance à la qualité et à la satisfaction du client interne et externe (Crosby, 1988 ; Clemmer, 1990). Cette stratégie de gestion influence les caractéristiques de l'organisation, notamment au niveau de sa structure, de sa taille, de sa culture, de son style de gestion, du contenu des tâches, de sa main-d'œuvre, de même que dans ses méthodes de gestion des ressources humaines.

Dorénavant, on ne se satisfait plus de voir les programmes de gestion des ressources humaines correspondre à ce qui se fait sur le marché. Ces programmes doivent s'intégrer à la réalité de l'organisation, compte tenu de ses objectifs, de ses stratégies et de sa culture (Dyer, 1984 ; Thériault, 1991). En d'autres termes, la perspective du développement et de la gestion des méthodes en matière de ressources humaines doit aussi être stratégique.

Si les méthodes de gestion des ressources humaines doivent refléter, voire supporter les stratégies et les objectifs de l'entreprise, nous pouvons en déduire que la rémunération globale doit aussi s'adapter en conséquence (Lawler, 1990). Car elle est la manifestation concrète d'un échange entre les employés et l'organisation. Cette transaction a plusieurs facettes, qu'elles soient économiques, psychologiques, sociologiques, politiques, voire éthiques (Thériault, 1991).

La réussite d'une démarche de qualité totale (QT) exige des changements structurels dans la gestion des ressources humaines et plus particulièrement une évolution, dans certains cas une révision, du système de rémunération de façon à :

- accroître et soutenir la flexibilité requise par l'élargissement et l'enrichissement des tâches ;
- encourager les nouvelles formes d'organisation du travail, c'est-à-dire le travail d'équipe plutôt que des descriptions de tâches individuelles étroites ;

- éliminer des barrières entre tâches manuelles et gestes de métier, par exemple ;
- réduire les coûts unitaires de la main-d'œuvre (Schonberger, 1982 ; Pottinger, 1989).

Dans un tel contexte, le système de rémunération sera-t-il affecté ? La réponse est affirmative, si on se reporte aux travaux de certains chercheurs (Balkin et Gomez-Mejia, 1990 ; Henderson et Risher, 1987 ; Kerr, 1975 et Fay, 1987). Les résultats de ces études mettent en évidence les concepts de « congruence, d'adaptation et d'interaction » qui impliquent une articulation étroite entre les systèmes de rémunération directe et indirecte, les autres fonctions organisationnelles et les stratégies d'entreprise.

Compte tenu de notre hypothèse, les résultats de la recherche présentés ici (Hogue, 1992) visent à démontrer la relation entre la gestion de la QT et l'évolution des méthodes de rémunération extrinsèque et intrinsèque, directe et indirecte, qui sont fonction du succès de cette démarche de gestion. Définissons d'abord la qualité totale.

La notion de qualité totale

Selon l'Association française des cercles de qualité (AFCERQ), « la qualité totale est un ensemble de principes et de méthodes organisés en stratégie globale, visant à mobiliser toutes les ressources de l'entreprise pour obtenir une meilleure satisfaction du client au moindre coût ».

Philip B. Crosby (1986 et 1988) propose le critère zéro défaut. Plus près de nous, Joseph Kélada (1991) ajoute que la qualité est définie par le client et personne d'autre. Les concepteurs les plus connus de la QT (W. Edward Deming, 1988 ; Joseph M. Juran, 1983) soutiennent que la qualité d'un produit ou d'un service représente l'élément principal de la compétitivité et revêt en conséquence une importance stratégique majeure.

La gestion de la qualité totale s'inscrit donc dans une stratégie de gestion plus globale visant à obtenir de tous, du sommet à la base de l'organisation, qu'ils fassent mieux ce qu'ils doivent faire de toute façon. Tout le système est tourné vers le client (interne et externe) qui décide de l'orientation de l'entreprise. Au lieu de produire n'importe quoi, de stocker et de vendre ensuite, on ne produit que ce que le client demande, comme il le demande et quand il le demande.

À l'intérieur de l'entreprise, une relation identique de client/fournisseur s'établit tout au long du processus de production. Chaque personne constitue un client pour l'étape en amont et un fournisseur pour l'étape en aval. La qualité devient donc la responsabilité individuelle de chaque personne à chaque étape de production et la responsabilité collective de l'équipe. Ainsi, la gestion intégrée de la qualité n'est pas une fin en soi, mais plutôt un processus global de travail, une stratégie de croissance qualitative.

Impacts sur la main-d'œuvre et les méthodes de gestion des relations en cours d'emploi

Une mise en œuvre rigoureuse de la gestion intégrée de la qualité totale (GIQ) entraîne des modifications importantes tant au niveau organisationnel qu'au niveau des rôles, habiletés, attitudes et comportements des salariés impliqués, lesquelles modifications influencent fortement la gestion des ressources humaines et des relations du travail. Une gestion intégrée de la qualité aura des conséquences marquées sur la complexité, la variété et l'interdépendance des tâches.

Une revue partielle de la littérature consacrée à ce sujet (Kélada, 1989 ; Dilworth, 1988 ; Inman et Mehra, 1989 ; Dean et Snell, 1991 ; Clemmer, 1990 ; Johnson et Manoocheri, 1990) nous révèle un certain nombre de caractéristiques permettant de mettre en évidence ces effets (voir le tableau 1).

Tous ces effets impliquent des changements en profondeur. Ces transformations constituent en soi des facteurs de succès, mais bouleversent les rapports sociaux dans une organisation et exigent de la direction, par la gestion de ses ressources humaines, de nouvelles approches et de nouvelles solutions dans le but de réajuster toutes ses politiques et ses méthodes. Ainsi, il faut, entre autres, réconcilier les impératifs de la gestion des ressources humaines et ceux de la production, chercher des moyens de susciter l'intérêt et le sentiment d'appartenance des employés, gérer d'une façon plus consensuelle et redéfinir les bases de négociation avec le syndicat. La gestion des ressources humaines et des relations patronales-syndicales, d'une part, la stratégie de gestion intégrée de la qualité totale, d'autre part, sont donc en interaction constante et dynamique. Elles s'influencent mutuellement au moyen de boucles de rétroaction, au point de devenir indissociables et mutuellement engagées vers une même mission : la qualité. Dans un cas, la satisfaction

Tableau 1 – Impacts de la GIQ sur l'organisation du travail. Les rôles et les caractéristiques de la main-d'œuvre

Un plus haut niveau de connaissances techniques

Une plus grande flexibilité et polyvalence

Un strict suivi des procédures et horaires de production

Travail d'équipe et coopération

Jugement et responsabilités accrus

Engagement total : s'impliquer

Créativité et résolution de problèmes

Ouverture à la formation et au développement continu

Pression accrue, stress, perte d'autonomie individuelle

Partager les pouvoirs

Réduction des catégories d'emploi

Réduction des échelons de salaires

Changement dans le rôle de la supervision

Nouveaux modes de rémunération

Redéfinition des contenus de tâches

Exigences nouvelles à l'embauche

Communication rétroactive

Discipline opérationnelle

Qualité contrôlée à la source

Installations flexibles

Organigramme aplati

Production en petits lots

Gestion participative

Une hiérarchie de compétence

Le juste-à-temps

L'entretien préventif global

Approche client/fournisseur

Nouveaux critères de sélection du personnel

---

du client inspire les actions ; dans l'autre, la mobilisation des ressources humaines soutient et anime le processus de recherche continue d'amélioration du produit ou du service.

Examinons de plus près le rôle des méthodes de rémunération dans un environnement de gestion de qualité totale et essayons de comprendre pourquoi, sans un ajustement des politiques de rémunération globale à tous les niveaux de l'organisation, le succès de la gestion intégrée de la qualité totale peut être compromis.

La rémunération globale : un outil stratégique

Une littérature abondante souligne l'importance du lien opérationnel entre les méthodes de gestion des ressources humaines et les stratégies d'entreprise. Schuler et al. (1987) sont d'avis qu'une entreprise peut améliorer son succès en choisissant des méthodes de gestion des ressources humaines qui supportent sa philosophie de gestion et qui sont congruentes avec sa stratégie d'affaires.

Schuler, Galante et Jackson (1987) démontrent les répercussions sur les méthodes de gestion des ressources humaines de trois choix stratégiques offerts aux entreprises qui désirent être plus compétitives :

1. la stratégie de domination par les coûts ;
2. la stratégie de domination par l'innovation ;
3. la stratégie de domination par l'amélioration de la qualité, objet de notre étude.

Ces mêmes auteurs, ainsi que Muczyk (1989), Guérin et Wils (1990) et Gomez-Mejia et Welbourne (1988), décrivent les méthodes de gestion des ressources humaines qui doivent supporter cette stratégie de la qualité et se conformer à ses exigences. Ils mentionnent entre autres :

- grande participation des employés ;
- responsabilisation accrue ;
- travail d'équipe ;
- formation intensive ;
- sécurité d'emploi ;
- évaluation des rendements basée sur des critères qualitatifs ;
- rémunérations incitatives ;
- reconnaissance des mérites ;
- politique de rémunération égale pour tous ;
- structure de rémunération aplatie qui favorise l'acquisition de connaissances et d'habiletés, de même que la créativité ;
- recrutement d'employés préoccupés par la qualité et s'identifiant à leur travail ;
- modes de rémunération basés sur les qualifications et les compétences, sur de nombreux avantages, sur des salaires au-dessus du marché, sur le partage de groupe et une structure égalitaire.

Lawler (1990), Muczyk (1989), Thériault (1991), Schuler et al. (1987), Kanter (1987) et Gomez-Mejia et Welbourne (1988) élaborent plusieurs dimensions d'une stratégie de rémunération axées sur la valeur accordée à une tâche (évaluation des postes) versus des habiletés et des tâches maîtrisées (*pay-for-knowledge*), le rendement individuel ou de groupe (quantitatif et qualitatif), les résultats organisationnels généraux versus des résultats par secteurs (profit, productivité), le rendement personnel versus l'ancienneté, l'orientation à court terme versus à long terme, le degré de risque et d'innovation, une approche hiérarchique ou égalitaire, le salaire fixe versus le salaire incitatif, peu de stimulants versus beaucoup de stimulants, les récompenses monétaires versus non monétaires, des politiques salariales centralisées ou décentralisées, la participation ou non, des politiques flexibles ou bureaucratiques, l'équité interne versus l'équité externe, les mesures de rendements qualitatives ou quantitatives, le niveau des salaires versus le marché, les récompenses intrinsèques versus les extrinsèques, une rémunération confidentielle (secrète) ou affichée (transparente), peu d'avantages versus beaucoup d'avantages, avantages fixes ou avantages variables, le niveau de sécurité d'emploi, la fréquence des augmentations.

Il existe donc diverses options à la portée des décideurs d'approches stratégiques qui, dans certaines conditions, ont des répercussions sur le rendement de l'organisation et l'utilisation efficace des ressources humaines. Le défi consiste à ajuster le système de rémunération d'une entreprise sur son orientation stratégique. En d'autres mots, le défi est de développer des programmes de rémunération qui supportent et renforcent les objectifs commerciaux de l'entreprise, de même que la culture, le climat et les comportements nécessaires pour qu'elle soit efficace. Une politique de rémunération efficace doit identifier au préalable la nature des comportements à motiver, le genre de personnes à recruter et le type de structure organisationnelle à adopter. (Lawler, 1989).

Définition et composition de la rémunération globale

Lawler (1990), Thériault (1991), Dolan, Schuler et Chrétien (1988) et Werther, Davis et Lee-Gosselin (1990) ont tous développé des modèles stratégiques basés sur le concept de rémunération globale. Certains définissent cette activité comme permettant à l'organisation d'évaluer les contributions de ses employés de façon à les rétribuer sous forme monétaire ou non-monétaire, directement ou indirectement, selon la capacité financière de l'entreprise. D'autres renvoient à l'ensemble des avantages psychologiques et matériels qui découlent d'une relation d'emploi.

Une enquête réalisée par Balkin et Gomez-Mejia (1990) auprès de 192 dirigeants d'entreprise conclut que la stratégie d'entreprise représente un cadre significatif de la conception des éléments de la rémunération, du niveau de salaire par rapport au marché et de l'administration des politiques salariales. La même étude met en relief deux modèles stratégiques de décision en matière de rémunération, modèles aussi détaillés par Muczyk (1989).

Premièrement, le modèle mécaniste se fonde sur des règles et des procédures officielles et uniformes s'appliquant à l'ensemble de l'organisation. Cette approche associe davantage la rémunération à la tâche plutôt qu'à l'individu. La rémunération est alors composée principalement du salaire de base et des avantages sociaux. Le salaire reflète la position hiérarchique de la tâche.

Deuxièmement, le modèle stratégique de rémunération est qualifié d'organique. Il est associé à la croissance, à la qualité et à l'innovation. Les pratiques de rémunération sont plus flexibles ; elles rémunèrent l'individu et complètent le salaire par des régimes incitatifs à risque.

Ce sont là deux positions se situant aux extrêmes d'un même continuum. La position relative d'une entreprise sur cette échelle dépend de sa stratégie. Les ressources humaines représentent un investissement monétaire majeur. Productivité et coûts de main-d'œuvre sont deux facteurs qui amènent les entreprises à s'interroger sur leur politique et leur mode de rémunération. Il en découle une révolution paisible dans les modes de rémunération (Kanter, 1987). Dans une étude publiée par le Conference Board du Canada en 1990, une centaine d'entreprises croient que la rémunération peut motiver les employés et augmenter leur rendement. L'auteur de cette recherche, P.L. Booth (1990), dénote une nette tendance à la rémunération variable axée sur le rendement.

Qualité totale de rémunération

Nous avons examiné plus haut l'effet d'une stratégie de gestion intégrée de la qualité sur les contenus de tâches et l'organisation du travail. Flexibilité, travail d'équipe, responsabilisation, élargissement horizontal, enrichissement vertical des habiletés et autonomie caractérisent les tâches des principaux acteurs de l'organisation. Un système traditionnel d'évaluation des postes ne tient pas toujours compte de ces facteurs.

Si le système de valeurs de l'organisation change, les comportements attendus de ses membres vont aussi se modifier et le système de rémunération globale devrait être adapté en conséquence.

Un programme de qualité totale exige davantage des employés. Il est tout à fait normal et prévisible que l'employé s'attende à quelque chose en retour. Si le système de rémunération n'évolue pas vers de nouvelles approches, ne s'ajuste pas sur les défis à relever, alors bien des efforts peuvent demeurer stériles. Par exemple, si l'organisation prêche la coopération et le travail d'équipe et que la rémunération récompense davantage la compétition (le mérite, par exemple), les employés comprendront mieux le message des dollars que celui de la qualité (Lawler, 1990 ; Kerr, 1975). Dans ce cas, le système récompense un comportement qui n'est pas celui recherché par l'entreprise.

Deming (1988) soutient qu'une entreprise qui s'aligne sur la qualité totale tout en utilisant un système de rémunération axé sur l'individu est irrémédiablement vouée à l'échec. Lawler (1990) ajoute que la rémunération n'aura pas d'effet motivateur, à moins que les employés puissent voir une relation directe entre leurs salaires et leur rendement.

Ainsi donc, si le virage qualité totale change les valeurs de l'entreprise et modifie les comportements attendus de ses membres, nous pouvons espérer voir les systèmes de reconnaissance et de récompense s'adapter en conséquence. Cette revue partielle de la littérature intéresse notre problématique et clarifie les composantes de notre sujet général de recherche. Elle met en évidence la relation entre les variables de gestion intégrée de la qualité (GIQ) et de rémunération globale.

Méthodologie de recherche

La question que nous posons est la suivante : dans quelle mesure les méthodes de rémunération doivent-elles être modifiées pour répondre et supporter les multiples implications qu'aura la gestion intégrée de la qualité sur les habiletés, les connaissances, les attitudes et les rôles des employés ? Quel est le rôle stratégique de la rémunération dans un tel environnement de travail ? La rémunération globale aurait-elle un rôle modulateur dans le support à ces nouvelles exigences de tâche ?

Hypothèse de travail

Nous formulons au départ l'hypothèse suivante : les pratiques découlant de la GIQ ont un effet stratégique prépondérant sur la redéfinition des tâches des employés et, en conséquence, sur les habiletés requises. À cet égard, outre le recrutement, la formation et la mobilisation constante des ressources humaines, la rémunération globale des personnels constitue une variable essentielle à la réussite de la gestion intégrée de la qualité totale.

Cette hypothèse fait donc appel à trois variables. Une variable indépendante, le programme de GIQ, qui précède logiquement et chronologiquement l'effet sur les comportements, sur l'organisation de la production et du travail. Il est considéré comme la cause des changements constatés. Les transformations observées pour la main-d'œuvre et le contenu des tâches correspondent à notre variable dépendante. Le mode de rémunération utilisé agit comme variable modératrice, puisqu'il est influencé par le choix stratégique du programme de gestion, et qu'en même temps, il peut générer des effets sur la main-d'œuvre et sur le contenu des tâches. Nous suggérons que la présence de cette variable modératrice puisse annuler, maintenir ou amplifier les relations entre les deux autres variables.

Les trois études suivantes visent à vérifier le type de relation entre ces variables. Si les indicateurs de succès sont évidents et que les répercussions sur les contenus/exigences de tâches et sur les caractéristiques de la main-d'œuvre sont démontrées, alors les modèles de rémunération traditionnelle subiront des pressions à l'adaptation et à une modification en conséquence. Nous pourrons également déduire qu'une rémunération traditionnelle ne favorise pas le succès de la GIQ.

Études de cas

La vérification de cette hypothèse s'est faite à l'aide d'études de cas. Dans cette étude descriptive et comparative, nous étudions trois entreprises manufacturières, l'une syndiquée, les autres non, mais toutes engagées depuis un certain temps dans le processus de la qualité totale. Nous nous attardons sur :
1. leur processus de GIQ (variable indépendante) ;
2. les effets sur les tâches et sur les individus : personnel de production, superviseurs et cadres de direction (variable dépendante) ;

3. l'évolution, s'il y a lieu, l'état et la composition des rémunérations pour les personnels suivants : employés de production, superviseurs et cadres de direction et ce, dans le
cadre de la rémunération globale (variable modératrice).

Notre analyse repose sur des entrevues structurées et
standardisées auprès de dirigeants d'entreprise (au moins
deux par entreprise) et l'étude des documents auxquels nous
avons eu accès. Cet exercice permettra de mieux comprendre les relations qui existent entre les trois variables retenues
et de mieux cerner le paradigme de congruence entre stratégie d'entreprise et stratégie de rémunération.

Résultats

Après avoir tracé le profil des entreprises étudiées, nous
présentons leurprocessus de gestion intégrée de la qualité
(GIQ). Nous procédons ensuite à l'examen des conséquences sur les tâches et les caractéristiques de la main-d'œuvre.
Ce chapitre se poursuit avec l'évolution et l'état des rémunérations.

Profil des entreprises témoins

Les trois entreprises diffèrent tant par leur mission, leur
produit, leur clientèle, leur technologie, leur environnement,
que par leurs acteurs respectifs et leur culture organisationnelle. Elles appartiennent à trois importants secteurs industriels distincts : l'aéronautique (hélicoptère), l'automobile
(fabricant de camions industriels lourds) et la pharmaceutique (centre de recherche clinique et fabricant). Toutes trois
sont des filiales canadiennes de multinationales américai-
nes. Les travailleurs du secteur automobile sont syndiqués,
alors que ceux des deux autres ne le sont pas. Leurs centres
de production sont au Québec : Bell Helicopter Textron Canada (BHTC) à Mirabel, Kenworth Canada (KWC) à Sainte-
Thérèse et Marion Merrell Dow Canada (MMDC) à Laval.
Leur principale caractéristique commune concerne leur
préoccupation intense et soutenue à l'égard de la qualité de
la production et du service à la clientèle. Elles sont toutes
trois soumises à des normes gouvernementales très sévères
en matière de procédés de fabrication et de contrôle de la
qualité. La recherche constante de l'excellence leur assure
une position enviable non seulement au sein des secteurs
industriels auxquels elles appartiennent, mais aussi sur leur

marché respectif composé de clientèles tout aussi exigeantes et soucieuses du rapport qualité-prix et ce, dans un cadre de forte compétition internationale.

Description du processus de gestion de la qualité totale

D'abord, mentionnons que l'expression « qualité totale » est absente du vocabulaire des gestionnaires que nous avons rencontrés. Chacun prend ses distances par rapport aux « modes » en gestion, par rapport au modèle japonais ou par rapport à toute autre « recette miracle » importée. Chaque entreprise développe sa stratégie propre, son langage, ses façons de faire. L'une parle d'amélioration continue; l'autre d'approche non traditionnelle au travail ; la troisième, de la satisfaction du client. Sans le dire, chacune tend vers cette difficile et constante recherche de la qualité totale. C'est leur seul moyen de conserver, sinon d'accroître leur part de marché.

Les valeurs véhiculées

La définition et les politiques de qualité appliquées mettent déjà en évidence certaines valeurs englobant les normes de comportement, de jugement et d'engagement des dirigeants et de tous les employés. Soulignons de nouveau l'absence de l'expression qualité totale, bien que tous les ingrédients qui y correspondent soient présents. Ainsi, BHTC parle-t-elle d'engagement envers le client interne et externe, de respect des délais de livraison et d'excellence dans l'accomplissement du travail.

> BHTC s'engage à fournir des produits et services qui répondent aux besoins de ses clients internes et externes, dans les délais prévus et à un coût qui représente une valeur assurée. «Nous sommes partisans de l'excellence et nous nous appliquons à accomplir notre travail de la bonne façon dès la première fois. »

Pour sa part, KWC assoit sa réputation sur la notion de camion fabriqué sur mesure, à la qualité attendue et même plus. Elle véhicule aussi une philosophie d'entreprise axée sur la satisfaction du client et la poursuite de l'excellence.

> «Nous nous engageons à travailler en équipe pour le succès, la croissance personnelle et la reconnaissance de nos collègues, dans un climat de participation, de confiance et de respect mutuel en concentrant nos efforts sur l'excellence et la satisfaction du client. »

MMDC situe la quête de la qualité sur un même pied que la qualité de vie du public. Elle favorise la responsabilité sociale et l'amélioration continue.

Tableaux 2, 3, et 4 — Outils implantés pour atteindre les objectifs de qualité (BHTC, KWC, MMDC)

BELL HELICOPTER TEXTRON (BHTC)

A mis en place 49 des 55 outils de qualité répertoriés

Intègre les clients/fournisseurs internes et externes

Calcule les coûts de la Q et de la NQ (indicateurs-clés)

Agrée les fournisseurs

Grande appropriation du processus par les employés

Un style de direction axé sur : travail d'équipe, formation intensive, reconnaissance des rendements et mérites individuels, polyvalence, communication et contrôle de la qualité à la source

Techniques : juste-à-temps, assurance qualité, contrôle de la qualité et suggestions

KENWORTH (KWC)

A mis en place 23 des 55 outils répertoriés

Intègre les clients/fournisseurs externes seulement

Calcule les coûts de la Q et de la NQ (indicateurs-clés)

Agrée les fournisseurs

Très peu d'appropriation du processus par les employés

Un style de direction axé sur : responsabilité fonctionnelle, quantité et délais, formation intensive, aucune reconnaissance des rendements et mérites individuels ou de groupe, peu de communication, qualité non contrôlée à la source

Techniques : juste-à-temps, assurance qualité, contrôle de la qualité, pas de suggestions

MARION MERRELL DOW (MMDC)

A mis en place 52 des 55 outils de qualité répertoriés

Intègre les clients/fournisseurs internes et externes

Calcule les coûts de la Q et de la NQ (indicateurs-clés)

Agrée les fournisseurs

Grande appropriation du processus par les employés

Un style de direction axé sur : travail d'équipe, formation intensive, reconnaissance des rendements et mérites individuels, polyvalence, communication et contrôle de la qualité à la source

Techniques : juste-à-temps, assurance qualité, contrôle de la qualité et suggestions

Notre objectif est d'améliorer la qualité de vie des gens. Pour ce faire, il faut des gens exceptionnels, des produits exceptionnels et des valeurs exceptionnelles. Nous concentrons nos efforts à dépasser les attentes de nos clients, par l'amélioration continue de nos méthodes de gestion et de fabrication.

Les outils mis en place

Les entrevues structurées menées auprès de dirigeants de ces entreprises permettent de résumer (aux tableaux 2, 3 et 4) l'ensemble des moyens mis en place pour atteindre des objectifs de qualité.

Une première analyse de ces mesures indique qu'au plan des outils de qualité et des mécanismes de qualité totale, les trois entreprises se ressemblent, sauf KWC qui n'a pas encore intégré totalement les notions de client-fournisseur interne ni de contrôle de la qualité à la source, et où l'appropriation du processus de qualité par les employés n'est pas évidente. Toutes intègrent la primauté du client externe et les moyens de contrôle et de calcul des coûts de la qualité ou de sa déficience.

Nous constatons dans l'ensemble que les initiatives en matière de gestion intégrée de la qualité sont rentables, bien que certaines ne puissent se mesurer de façon monétaire. Toutes ces entreprises suivent à la loupe une série d'indicateurs-clés sur une base quotidienne leur permettant une anticipation à tout instant et une meilleure communication rétroactive.

C'est au niveau de l'effort de direction que nous notons les différences les plus marquées, notamment en ce qui concerne KWC. Les membres de la direction de cette usine investissent certes en efforts et en énergie, mais d'autres facteurs expliquent cette situation. Des contraintes importantes existent dans le système KWC ; elles proviennent en particulier de certains facteurs internes, comme la présence d'un syndicat, d'une convention collective de travail très rigide[1] et l'omniprésence du siège social. Il faut aussi mentionner l'histoire de cette usine et sa technologie (véhicule routier). Ces facteurs ne sont pas présents chez BHTC ni MMDC, dont les personnels ne sont pas syndiqués, qui ont de plus une marge de manœuvre plus grande, qui œuvrent dans des secteurs technologiques de pointe et dont la création est récente (à peine dix ans).

Cette analyse descriptive démontre que les trois entreprises, à leur façon et à des degrés divers, reconnaissent que l'optimisation du potentiel des salariés est le premier, et peut-être le plus fondamental, des principes d'un système de gestion supérieure de la qualité. Plutôt que de mettre l'accent sur la vérification et le contrôle du travail des sala-

---

[1] La convention collective de sept ans, signée en 1997, suite à la négociation des conditions de réouverture de l'usine, introduit des éléments majeurs de flexibilité.

riés, elles concentrent leurs efforts, en particulier chez BHTC et MMDC, sur la façon de susciter l'adhésion commune du personnel à l'objectif de satisfaction de la clientèle. Elles structurent une organisation capable de mettre à profit les efforts consentis par les employés.

Conséquences sur les tâches et caractéristiques de la main-d'œuvre

Les rencontres avec les dirigeants des entreprises ont permis de confirmer le fait que la GIQ nécessite de la part de tous les employés des efforts qui vont au-delà du strict minimum requis pour le maintien de leur emploi, efforts que les employés ont le pouvoir de déployer ou non. Les employeurs recherchent des façons d'augmenter le niveau de responsabilité de tout leur personnel.

Nous regroupons dans le tableau 5, un ensemble d'éléments décrivant l'effet de la GIQ sur le contenu, les exigences de tâches et les individus. Nous situons nos entreprises témoins par rapport à ceux-ci.

Une première analyse de ces résultats démontre que les milieux de travail davantage engagés dans la GIQ, comme BHTC et MMDC, orientent le contenu des tâches vers une responsabilisation accrue et leur personnel vers des attitudes et des comportements précis.

Nous constatons de nouveau, comme ce fut le cas dans la présentation des outils mis en place pour atteindre les objectifs de qualité (voir les tableaux 2, 3, et 4) que l'usine KWC ne présente pas encore les mêmes transformations que ses deux voisines. Ceci s'explique par une longue tradition, par les caractéristiques démographiques de la main-d'œuvre, par la présence d'un syndicat puissant et d'une convention collective de travail rigide, par un niveau d'instruction plus bas, par une supervision au premier échelon plus traditionnelle et par l'influence marquée du siège social. BHTC et MMDC, ayant des règles de travail plus souples, ont pu intégrer et institutionnaliser plus facilement les notions de progression, certification, polyvalence, rendement et travail d'équipe.

Malgré ces contraintes, nous percevons chez KWC, et davantage chez BHTC et MMDC, les nombreux effets de la GIQ sur les tâches et sur les caractéristiques de la main-d'œuvre. Un processus de transformation du milieu de travail s'opère avec de nouveaux modes d'organisation de la production et du travail, avec de nouveaux rôles, avec des responsabilités accrues et des habiletés et comportements différents.

Cette énumération des conséquences de la GIQ sur les contenus et exigences de tâches et sur les caractéristiques de la main-d'œuvre met déjà en évidence certaines méthodes de gestion des ressources humaines, notamment celles du recrutement, de la sélection du personnel et de la formation, pour répondre aux impératifs inhérents.

Un réajustement s'opère. Les trois entreprises étudiées ont d'ailleurs déployé des efforts impressionnants dans ce domaine. La formation y est intensive, globale et à tous les échelons. En est-il de même pour le mode de rémunération et de reconnaissance du personnel ?

Évolution et état des rémunérations

Nous nous concentrerons maintenant sur la rémunération globale. La dynamique décrite plus haut est-elle affectée par la rémunération ? Celle-ci facilitera-t-elle les changements apportés aux tâches et aux comportements des individus ? En contrepartie, les changements engendrés inciteront-ils à modifier les rémunérations ?

Nous illustrons à l'aide des tableaux 6,7 et 8 la position relative de chacune des entreprises par rapport à une série de dimensions inhérentes à une stratégie de rémunération. Le réajustement des rémunérations en fonction de la recherche de qualité s'effectue plus difficilement chez Kenworth. Son programme de rémunération n'encourage pas les compétences, les attitudes ni les comportements requis par la gestion de la qualité. Conséquence : ces effets ne sont pas tous présents dans les domaines de la définition des tâches et des comportements des individus.

L'interaction entre la GIQ, la rémunération et la transformation des tâches se manifeste plus évidemment chez BHTC et MMDC, où la rémunération, variable modératrice qui assure la relation entre les facteurs externes et internes, est davantage affectée par les effets évidents du processus de GIQ sur les contenus de tâches et sur la main-d'œuvre. La variable modératrice peut effacer, freiner, maintenir ou amplifier la relation démontrée entre le processus de GIQ et la transformation des tâches.

Tableau 5 – Impacts de la GIQ sur les tâches

Impacts	BHTC	KWC	MMDC
• Un strict suivi des procédures et des horaires de production	O	O	O
• Un plus haut niveau de connaissances fondamentales	O	O	O
• Un plus haut niveau de connaissances techniques spécialisées	O	O	O
• Une plus grande flexibilité et polyvalence	O	P	O
• Plus de travail d'équipe et de coopération	O	N	O
• Jugement et responsabilité accrus	O	O	O
• Engagement total	O	N	O
• Plus de créativité et de résolution de problèmes	O	P	O
• Ouverture à la formation et au développement continu	O	P	O
• Pression accrue, stress, perte d'autonomie	P	P	P
• Partage des pouvoirs	O	N	O
• Réduction des catégories d'emploi	O	O	O
• Réduction des échelons salariaux	O	O	O
• Changement de rôle du superviseur	O	N	O
• Nouveau mode de rémunération (mérite ou progression)	O	N	O
• Répondre à des critères d'évaluation de rendement	O	N	O
• Redéfinition des contenus des tâches	O	P	O
• Exigences nouvelles à l'embauche	O	O	O
• Communication rétroactive	O	P	O
• Qualité contrôlée à la source par l'employé	O	P	O
• Production en petits lots	O	O	O
• Gestion participative	O	N	O
• Une hiérarchie de compétence	O	O	O
• Le juste-à-temps bien fait dans le travail de chacun	O	O	O
• Responsabilité pour l'entretien préventif mineur	O	N	O
• Responsabilité de la propreté de son aire de travail	O	O	O
• Approche client-fournisseur interne	O	N	O

O : oui   N : non   P : plus ou moins

Tableaux 6, 7, 8 – État des pratiques de rémunération (BHTC, MMDC, KWC)

BELL HELICOPTER TEXTRON (BHTC)

- mérite, acquisition de reconnaissance et habiletés sont la base de la détermination des salaires et des promotions
- la prise en compte du rendement accentue les critères de qualité
- un certain nombre de régimes incitatifs
- la rémunération a des effets sur les résultats de l'entreprise
- veut être parmi les meilleurs en matière de rémunération
- l'équité interne est importante
- les employés connaissent les résultats de leur évaluation
- important programme de services offerts aux employés
- la direction est libre en ce domaine

KENWORTH (KWC)

- dictée par voie de négociation
- salaire basé sur la tâche
- promotion à l'ancienneté
- aucun régime incitatif
- la rémunération au mérite n'existe pas dans le secteur production
- il n'y a pas d'écart de salaire important entre salariés performants ou non
- beaucoup d'interventions du siège social
- les critères d'évaluation du rendement n'incluent pas l'attitude, le comportement et la qualité
- aucun programme de services n'est offert aux employés
- la rémunération n'a pas d'effet sur les indicateurs de mesure. Aucun changement prévu

MARION MERRELL DOW (MMDC)

- planifie à long terme
- mérite, acquisition d'habiletés et de connaissances sont la base de la détermination des salaires et des promotions
- veut être le meilleur en matière de rémunération
- plusieurs régimes incitatifs accessibles à tous
- revenus basés sur le rendement, les résultats de l'entreprise et les objectifs atteints
- importance de la reconnaissance non monétaire
- important programme de services offerts aux employés
- écart de salaire important entre salariés performants ou non
- l'appréciation du rendement tient compte de la qualité
- grande latitude dans le développement des programmes
- changement important à venir : *pay for knowledge*
- effets de la rémunération sur les résultats

Analyse et discussion

L'analyse descriptive des trois variables retenues dans trois entreprises soucieuses de la qualité démontre, dans deux cas sur trois, que la GIQ a de nombreux effets sur les tâches et la main-d'œuvre. Elle démontre aussi la présence d'une rémunération non traditionnelle. En effet, BHTC et MMDC ont su, mieux que Kenworth, établir un lien étroit entre la gestion de l'entreprise, ses politiques et méthodes de rémunération. Leur stratégie de rémunération porte davantage sur la cohérence de l'organisation et la synergie avec ses objectifs, sa structure, ses stratégies et ses valeurs.

Les spécificités de KWC mettent en évidence un certain nombre de points communs à BHTC et MMDC, lesquels tendent à prouver l'importance de certains facteurs internes et externes, à savoir le cadre légal, les caractéristiques des acteurs institutionnels, l'histoire des relations de travail, le type de technologie utilisée, les règles internes encadrant les rapports de travail et la culture organisationnelle.

En effet, BHTC et MMDC partagent les caractéristiques suivantes :
- ce sont de jeunes entreprises québécoises (environ 10 ans) ;
- elles ont une forte croissance économique depuis leur création ;
- il n'y a aucun syndicat ;
- elles œuvrent dans des secteurs de pointe ;
- elles jouissent d'une certaine autonomie par rapport au siège social, du moins en ce qui concerne les employés affectés à la production ;
- leur main-d'œuvre est plus jeune et plus instruite ;
- elles possèdent une culture organisationnelle valorisant l'innovation et la résolution de problèmes ;
- leurs règles de travail sont plus souples et davantage axées sur l'individu, plutôt que sur la tâche.

Par contre KWC évolue dans l'environnement suivant :
- elle fait face à des contrôles gouvernementaux moins contraignants ;
- c'est une entreprise ayant atteint sa maturité de développement ;
- elle possède une longue tradition ;

- elle doit composer avec un puissant syndicat ayant une longue expérience des rapports de force ;
- KWC n'a aucune autonomie par rapport au siège social ;
- sa technologie évolue très lentement ;
- sa main-d'œuvre est plus âgée et moins instruite ;
- sa culture est davantage orientée vers le niveau de production quotidienne et le respect des délais de livraison, et cela parfois au détriment de la qualité ;
- les règles de travail y sont plus rigides et reposent sur le principe de l'ancienneté et sur les tâches.

En pratique, un système traditionnel de rémunération sert souvent à renforcer une culture d'entreprise ayant atteint sa maturité (Bratkovich, Steele et Teesdale, 1990). Un tel système, comme celui de KWC, insiste sur la prudence, la maîtrise des coûts, évite le risque, privilégie le court terme et l'aspect fonctionnel. La situation est fort différente de celle que requiert une entreprise qui démarre (BHTC) ou qui met l'accent sur l'innovation (MMDC).

Les informations recueillies lors de nos entrevues permettent d'établir une relation linéaire et rétroactive entre les variables retenues. Cependant, nous constatons que la simple présence d'outils de gestion de la qualité, d'un certain nombre d'effets sur les contenus des tâches et sur les individus, et la mise en place de méthodes de rémunération n'indiquent en rien l'importance relative de chacun ni l'influence qu'ils ont l'un sur l'autre. Ainsi, seules des mesures quantitatives permettraient de mieux saisir leur ordre d'importance.

Une remarque importante s'impose toutefois en ce qui concerne l'inventaire des méthodes de gestion de la qualité et des rémunérations, ainsi que les conséquences sur les contenus de tâches. Si leur mesure plus quantitative s'avère importante, leur base de comparaison l'est davantage. Nous constatons par rapport au contenu de chacune des trois variables que les entreprises étudiées s'y reportent différemment. Ainsi, des indicateurs de qualité identiques peuvent revêtir une importance très variable d'une entreprise à l'autre ou être interprétés de diverses façons. C'est le cas notamment du taux de rotation des stocks, du ratio de main-d'œuvre direct et indirecte, de l'indice de satisfaction des clients, etc. Il en est de même des mécanismes de gestion de la qualité et des efforts de la direction : par exemple, la certification et le maillage avec les fournisseurs, le travail d'équipe et l'amélioration continue. Quant aux transformations des tâches, nous pouvons mentionner que chaque entreprise a sa propre définition et ses propres moyens d'évaluer la flexibilité, la polyvalence, le travail d'équipe, l'entretien préventif mineur. Enfin, la même remarque s'applique aux critères de rendement et à la rémunération globale ; des politiques de rémunération au mérite ou selon les compétences peuvent s'articuler bien différemment d'une entreprise à l'autre.

L'échantillonnage, s'il nous permet d'établir certaines tendances, est certes trop restreint pour tirer quelque conclusion générale et définitive, d'autant plus que la présence d'une entreprise syndiquée vient dénaturer les résultats. Pour les fins de l'analyse, il aurait été préférable d'être en présence de trois entreprises non syndiquées. Par contre, la comparaison entre un milieu non syndiqué et un syndiqué soulève la question du rôle d'un syndicat dans un contexte de GIQ. Une présence syndicale peut freiner la mise en vigueur de celle-ci, à cause d'une superposition de conventions collectives de travail qui, souvent, a pour résultats d'encadrer les activités au moyen de classifications de tâches très strictes, de faire de l'ancienneté une règle absolue et d'imposer des règles très rigides aux mouvements de main-d'œuvre. Les règles de travail deviennent contraignantes pour les systèmes de production, la flexibilité, le travail d'équipe et la reconnaissance des contributions individuelles. Souvent, le travail collectif l'emporte sur les compétences personnelles. Le mouvement syndical se cherche par rapport à la globalisation des marchés et de la concurrence. Il doit tout autant s'inventer de nouveaux leviers d'influence (Hoer, 1991) : par exemple, la formation, les critères de sélection du personnel et la redéfinition des profils de tâche. Une étude plus globale devrait tenir compte de ces facteurs. À l'aide d'un plus grand échantillon, la GIQ en milieu syndiqué présenterait-elle les mêmes caractéristiques ? Peut-on établir une nette distinction entre entreprise syndiquée et entreprise non syndiquée, quant aux résultats de gestion de la qualité ? L'acteur syndical vient-il freiner l'évolution des rémunérations ? Notre échantillonnage ne nous permet pas de conclure. Mais il soulève quand même la question. Une étude plus approfondie du phénomène s'imposerait donc.

Conclusion

Les résultats de notre étude suggèrent que dans un environnement de gestion intégrée de la qualité, les politiques et les méthodes de rémunération constituent un catalyseur. Un tel changement culturel de travail requiert un système de rémunération et de reconnaissance approprié capable de soutenir, de faciliter et d'encourager les nombreux changements qu'il entraîne dans les contenus de tâches et dans l'attitude des individus. Les résultats de notre modèle de recherche ont aussi révélé que les relations entre les rémunérations et les conséquences de la GIQ sur les tâches et la main-d'œuvre varient en fonction de la présence, du nombre et de l'étendue de ces changements. Enfin, elle suggère que les effets de la GIQ ont également des répercussions importantes sur les autres méthodes de gestion des ressources humaines. La mobilisation nécessaire des ressources humaines n'est pas seulement une question de valeurs, mais aussi d'efficacité et de rentabilité.

Bien qu'il n'y ait pas de conclusion scientifique à cette étude, il est quand même possible d'en tirer certaines indications pratiques. Les résultats suggèrent aux gestionnaires engagés dans le processus de GIQ de porter une attention particulière aux méthodes de gestion des ressources humaines afin de procéder à leur ajustement par rapport aux effets réels et escomptés d'un tel processus. Cette constatation s'applique particulièrement au domaine de la rémunération, lequel lance aux employés des messages importants sur ce qui est valorisé et espéré par l'organisation. De son côté, l'employeur qui, à son tour, doit s'adapter aux nombreux impératifs de la GIQ, s'interroge souvent : « Que me rapporte un tel contexte de travail, quelles sont ses exigences et obligations ? » Et dans son langage, la réalité du salaire revient souvent en guise de réponse. En d'autres mots, la gestion intégrée de la qualité modifie les bases de la rémunération, dont les critères passent du statut à la contribution de chacun. L'employé adoptera plus facilement les attitudes et les comportements souhaités s'il est convaincu qu'une part de la plus-value qu'il produit lui revient.

Références bibliographiques

BALKIN, D.B. et L.R. GOMEZ-MEJIA, « Matching Compensation and Organizational Strategy », *Strategic Management Journal*, 11, 1990, p. 153 à 159.

BOOTH, P.L., « Strategic Rewards Management : The Variable Approach to Pay », *The Conference Board of Canada*, rapport 52-90, 1990.

BRATKOVICH, J.R., B. STEELE et G.N. TEESDALE, « The Reward System as a Tool for Reinforcing Innovation and Entrepreuneurial Behavior », dans NIEHAUS R.J. et K.F. PRICE (eds), *Human Resource for Organizations in Transition*, New York, Plenun Press, 1990, p. 63 à 81.

CLEMMER, J., *Firing on All Cylinders*, Toronto, McMillan du Canada, 1990.

CROSBY, P.B., *La Qualité, c'est gratuit*, Paris, Éd. Economica, 1986.

CROSBY, P.B., *Eternally Successful Organization*, New York, Ed. McGraw-Hill, 1988.

DEAN, J.W. et S.A. SNELL, « Integrated Manufacturing and Job Design Moderating Effects of Organizational Inertia », *Academy of Management Journal*, 34, 4, 1991, p. 373 à 387.

DEMING, W.E., « Qualité, la révolution du management », Paris, Ed. Economica, 1988.

DILWORTH, J.B., *Productions and Operations Management*, (4th Edition), New York, Random House, 1988, p. 373 à 403.

DOLAN, S.L., R.S. SCHULER et L. CHRÉTIEN, *Gestion des ressources humaines*, Montréal, Éditions du Trécarré, 1988.

DYER, L., « Linking Human Resource and Business Strategies », *Human Resource Planning*, 7, 2, 1984, p. 79 à 86.

FAY, C.H., « Using Strategy Planning Process to Develop a Compensation Strategy », *Topics in Total Compensation*, 2, 2, 1987, p. 117 à 128.

GOMEZ-MEJIA, L.R. et T.M. WELBOURNE, « Compensation Strategy : An Overview and Future Steps », *Human Resource Planning*, 11, 3, 1988, p. 173 à 188.

GUÉRIN, G. et T. WILS, « L'harmonisation des pratiques de gestion des ressources humaines au contexte stratégique : une synthèse », dans BLOUIN, Rorigue (sous la direction de), *Vingt-cinq ans de pratique en relations industrielles au Québec*, Cowansville, Éd. Yvon Blais inc., 1990, p. 669 à 715.

HENDERSON, R. et H.W. RISHER, « Influencing Organizational Strategy Through Compensation Leadership », dans BALKIN and GOMEZ-MEJIA (eds), *New Perspective on Compensation*, New Jersey, Prentice Hall, 1987, p. 72 à 90.

HOER, J., « What should Unions Do ? », *Harvard Business Review*, mai-juin 1991, p. 30 à 45.

HOGUE, Pierre, *Étude de l'impact de la qualité totale sur les exigences et le contenu des tâches et sur la rémunération*, mémoire de maîtrise (École de relations industrielles), Université de Montréal, 1992.

INMAN, R.A. et S. MEHRA, « Potential Union Conflict in JIT implentations », *Production and Inventory Management Journal*, 4th quarter, 1989, p. 19 à 21.

JOHNSON, T. et G.R. MANOOCHERI, « Adapting JIT : Implications for Workers Roles and HR Management », *International Management*, mai-juin 1990, p. 2 à 6.

JURAN, Joseph. M., *Gestion de la qualité*, Paris, Association française de normalisation, 1983.

KANTER, R.M., « From Status to Contribution : Some Organizational Implications of the Changing Basis for Pay », *Personnel*, janvier 1987, p. 12 à 37.

KÉLADA, J., *Comprendre et réaliser la qualité totale*, Dollard-des-Ormeaux, QAFEC, 1991, p. 1 à 32.

KÉLADA, J., « La Gestion intégrale de la qualité : une philosophie de gestion », *Revue Gestion*, février 1989, p. 8 à 14.

KERR, S., « On the Folly of Rewarding A, While Hoping for B », *Academy of Management Journal*, 18, 4, 1975, p. 769 à 789.

LAWLER, E.E., « Pay for Performance : A Strategic Analysis », dans GOMEZ-MEJIA, L.R. (sous la direction de), *Compensation and Benefits*, Washington (D.C.), Bureau of National Affaires, 1989, p. 136 à 181.

LAWLER, E.E., *Strategic Pay*, San Francisco, Jossey-Bass Publishers, 1990.

MUCZYK, J.P., « The Strategic Role of Compensation », *Human Resource Planning*, 11, 3, 1989, p. 225 à 239.

POTTINGER, J., « Engineering Change Through Pay », *Personnel Management*, octobre 1989, p. 73 et 74.

SCHONBERGER, R., *Japanese Manufacturing Techniques*, New York, Free Press, 1982.

SCHULER, R.S., S.P. GALANTE et S.E. JACKSON, « Matching Effective HR Practices with Competitive Strategy », *Personnel*, septembre 1987, p. 18 et 19.

THÉRIAULT, R., *Guide Mercer sur la gestion de la rémunération*, Chicoutimi, Gaëtan Morin, 1991.

WERTHER, W.B., K. DAVIS et H. LEE-GOSSELIN, *La gestion des ressources humaines*, Montréal, McGraw-Hill, 1990.

Les innovations de la formation continue : une voie empruntée par des entreprises québécoises

Pierre DORAY
Danielle RICARD
Rachid BAGAOUI

Au Québec, comme dans la majorité des pays industriels, des transformations importantes surviennent dans le domaine du travail, des entreprises de plus en plus nombreuses cherchant à mettre en œuvre de nouvelles logiques productives. Le discours public, qu'il soit politique ou strictement économique, les invite d'ailleurs à une telle reconversion. L'économie change, nous disent les gourous de la nouvelle économie, de nombreux politiciens et plusieurs responsables industriels éclairés ; elle se mondialise et, surtout, elle devient une économie du savoir, de l'information et de l'innovation. Ces changements conduisent (ou obligent, selon le ton du porte-parole) chaque entreprise à modifier ses modes de production, son organisation et, globalement, à orienter ses façons de faire vers une plus grande souplesse et une plus grande participation des différents acteurs. La mise en œuvre de ces changements nécessite l'adaptation de la main-d'œuvre, laquelle doit accroître ses qualifications afin de maîtriser les nouveaux et complexes procédés de fabrication, afin qu'elle participe pleinement aux nouvelles formes d'organisation du travail. Ainsi, selon des voies diverses et prenant souvent appui sur des modèles à succès, des entreprises modifient leurs stratégies industrielles, transforment

leurs structures et les modes de communication entre services, modifient leur organisation du travail, etc.

La formation continue est un élément essentiel de ce
mouvement dans la mesure où elle est conçue comme l'outil
privilégié d'adaptation de la main-d'œuvre. À ce titre, il faut
la considérer comme un support stratégique de la gestion
des qualifications et des carrières. Le rapport entre éducation et travail est plus étroit et s'inscrit dans une continuité
des emplois. Mais il y a plus. Certains modèles de remplacement de l'entreprise traditionnelle, tayloriste ou fordiste
proposent comme principes structurants l'organisation, les
compétences, l'apprentissage ou la formation. C'est le cas de
« l'organisation qualifiante » (Zarifian, 1992)[1], de la *learning
organization*[2] ou des approches dites de gestion des compétences. Dans tous ces modèles, le statut de la formation continue est élargie, elle n'y est plus uniquement un outil stratégique d'acquisition de qualification, mais le principe
fondateur de l'organisation, qui doit aussi permettre la
communication et les progressions professionnelles.

L'enjeu de la formation continue se retrouve certes sur la
place publique et il est directement articulé au développement économique des entreprises. La formation est dans
l'espace politique depuis de nombreuses années par les interventions de l'État qui incite les entreprises à investir en
formation[3]. Mais qu'en est-il dès lors que nous franchissons
les portes des usines et des bureaux ? Globalement, les en-

---

[1] Zarifian la décrit en reprenant quatre principes : l'organisation qualifiante est une
organisation où se fait jour un traitement événementiel de l'activité industrielle, condition par laquelle les salariés peuvent analyser et maîtriser des situations de travail et
résoudre des problèmes, chaque événement étant considéré comme un événement
source d'apprentissage; elle suppose une réorganisation de l'activité industrielle sur
une base communicationnelle, car la qualité de l'apprentissage dépend de la communication entre des personnes en matière de savoirs, d'expériences, de points de vue;
elle permet à ses membres de ré-élaborer les objectifs de leur activité professionnelle à
l'intérieur d'une zone d'explicitation; elle permet à chaque individu de se projeter dans
l'avenir et donc elle autorise les salariés à formuler des projets, élément-clé de leur faculté à construire un avenir.

[2] *What are the characteristics of an organization which equip it for learning ? There
are three. First it must make a commitment to knowedge A very important aspect of this
commitment involves the selection of people (...) Another aspect of commitment to learning involves the development of learning internally through a variety of means (...) Second, a learning organization must have a mechanism for renewal within itself (...) Such
a mechanism includes the power to abolish or transform, a systematic method of iden-
tifying when the need exists, and an established procedure for taking large-scale action.
Third, a learning organization possesses an openness to the outside world so that it may
be responsible to what is occuring there.* Quinn Mills and Friesen, 1992.

[3] La dernière intervention significative est l'adoption de la loi québécoise sur la formation professionnelle, qui oblige les entreprises à investir au minimum 1 % de leur
masse salariale dans la formation de leurs salariés.

treprises québécoises sont réputées pour leur peu d'investissement en formation. Les quelques données disponibles indiquent un faible investissement des entreprises en formation continue. Toutefois, cette évaluation globale ne doit pas faire oublier que certaines entreprises planifient des activités ou des politiques de formation (Doray, 1991). L'objectif du présent chapitre est de présenter l'expérience récente de telles entreprises. Sans avoir la prétention d'apporter une réponse exhaustive[4] à la question précédente, nous désirons présenter, à l'aide de deux études de cas, une voie suivie par plusieurs entreprises québécoises, voie dégagée d'une recherche (Doray, Bagaoui et Ricard, 1994) portant sur les méthodes de formation d'une quinzaine d'entreprises québécoises dites performantes. L'objectif est de décrire les méthodes de formation d'entreprises industrielles de taille et de secteurs différents et de comprendre en quoi ces méthodes de formation contribuent à leur réussite.

Notre analyse s'appuie sur deux études de cas. Dans un premier temps, nous examinons les contours de la notion d'innovation de la formation afin de nous doter d'une grille d'analyse des méthodes dites innovantes. Dans un deuxième temps, nous décrivons les actions de chaque entreprise. La première est un établissement industriel fabriquant des puces électroniques qui seront intégrées aux systèmes téléphoniques vendus par la maison mère. La seconde entreprise œuvre dans le secteur agroalimentaire (boulangerie industrielle). Elle a procédé à la modernisation de son processus de travail et de ses relations de travail. Bien que fort différentes par leur histoire et leur produit, les deux entreprises ont amorcé des changements industriels et organisationnels. Les deux ont aussi investi en formation continue en suivant une voie similaire : la formalisation de la formation au poste de travail et l'optimisation des changements.

L'objectif de l'étude était de décrire les modes d'articulation de la formation et du développement économique des entreprises, ainsi que le contenu de leurs activités. Nous avons alors réalisé une quinzaine d'études de cas ou des monographies d'entreprises dites performantes. Nous avons constitué une banque d'entreprises qui répondaient à la définition suivante : une entreprise à succès se définit par deux aspects distincts, le développement économique et sa reconnaissance par le milieu. Par développement économi-

---

[4]   Celle-ci est difficile à obtenir dans la mesure où, au Québec, il n'existe aucun lieu de centralisation de l'information sur les expériences en cours et qu'aucune enquête ne permet de faire un inventaire systématique des méthodes.

que, nous entendons d'abord la croissance économique générale de l'entreprise. Toutefois, il nous est apparu important de tenir compte également d'entreprises qui, bien que ne présentant pas une croissance économique au sens strict, n'en constituent pas moins des exemples de succès. Ainsi avons-nous identifié trois indices de succès : la croissance régulière des indicateurs économiques, les relances économiques réussies et les reconversions technico-organisationnelles. Nombre d'entreprises peuvent répondre d'une façon ou d'une autre à ces critères de réussite. Pourtant, elles ne jouissent pas toutes d'une reconnaissance du milieu, reconnaissance pourtant importante parce qu'elle donne un sens au succès de l'entreprise et fait en sorte qu'elle puisse devenir un exemple à suivre. Cette reconnaissance peut être officielle ou non. La première se traduit par l'attribution de récompenses, de médailles, de titres et par la reconnaissance médiatique (un reportage télévisé, un article de revue professionnelle ou de journal...). La reconnaissance officieuse renvoie à une réputation d'entreprise modèle dans le milieu et ce, soit au plan de l'innovation (technologique, organisationnelle, en gestion) soit au plan de l'économie.

Nous avons constitué une banque d'entreprises performantes ou supposées telles en faisant appel aux suggestions de onze organismes (organisations professionnelles ou syndicales, regroupements d'entreprises ou organismes de formation professionnelle). Une banque de 92 entreprises fut ainsi constituée. Nous en avons alors choisi quinze sur la base d'un choix raisonné (secteur, localisation, taille, etc.) et unanime des responsables de la recherche.

Les innovations dans la formation

Au cours des dernières années, plusieurs recherches sur la formation continue se sont intéressées en particulier aux formations dites innovantes ou aux innovations de la formation. Bien que ces notions soient différentes d'une recherche à l'autre, il est possible de dégager certains traits communs. Pour Dubar et al. (1989), la reconnaissance, sous certaines conditions, par les acteurs du caractère novateur de certaines méthodes constitue un premier critère. Ainsi, sont innovatrices les méthodes jugées comme telles par les directions d'entreprise. Les conditions retenues sont au nombre de trois : les projets ou les politiques doivent rompre avec les méthodes antérieures de l'entreprise ; les expériences de formation doivent être liées à une option stratégique de l'entreprise et, à ce titre, ne sont pas un projet uniquement soutenu par les responsables de la formation ; enfin, les expériences de formation doivent avoir une incidence sur la compétence professionnelle des salariés.

Cette idée d'une articulation étroite avec les transformations de l'entreprise est d'ailleurs reprise par Bousquet et Grandgérard (1990a), Bernier (1992), Maroy (1993). L'insistance est alors mise sur le lien entre, d'une part, les politiques et les activités de formation et, d'autre part, la transformation du travail et des politiques d'emploi. En fait, le caractère innovateur de la formation trouve son origine dans la liaison explicite avec des projets de réorganisation du travail et de modifications des politiques d'emploi. Ainsi, l'introduction de nouvelles formes d'organisation du travail associées à de nouvelles normes productives, à des stratégies post-tayloristes ou à la mise en œuvre de l'un ou l'autre modèle de la « nouvelle entreprise» conduirait à planifier des méthodes de formation différentes. La recherche d'une requalification du personnel d'exécution ou la création d'un marché du travail dans l'entreprise iraient de pair avec un renforcement des méthodes de formation continue.

Il est dès lors possible de distinguer les innovations de la formation du modèle dit traditionnel de formation en entreprise. Le tableau 1 en résume les principaux traits (Bousquet et Grandgérard, 1990b ; Maroy, 1995 ; Bernier, 1992 ; Feutrie et Verdier, 1993). Le premier serait caractérisé par des actions de courte durée visant les catégories professionnelles formées et qualifiées, relativement indépendantes de l'exercice du travail et planifiées par le service de formation. Les formations innovantes ne doivent pas être uniquement considérées comme le contrepoids du modèle traditionnel : formation courte/formation longue ; formation visant une adaptation immédiate/formation qualifiante ; formation sur le terrain/formation scolaire ; formation du personnel qualifié/formation du personnel non qualifié. Les deux se différencient par les objectifs visés, les acteurs impliqués et le type de connaissances en cause. En ce qui concerne la planification, les innovations se caractériseraient par une articulation plus étroite avec les stratégies de l'entreprise et les modifications de son organisation ou de ses méthodes de travail. Mais, surtout, cette planification implique de nouveaux acteurs. La planification n'est plus uniquement le fait du service de formation. Les « clients » (les différents secteurs ou services de l'entreprise ou de l'établissement) doivent s'impliquer dans la définition des savoirs et dans l'organisation des activités. La planification et la programmation peuvent se réaliser en partenariat, salariés et direction de l'entreprise, ainsi qu'entre l'entreprise et des établissements d'éducation auxquels elle serait déjà liée.

La distinction entre savoirs théoriques et savoirs pratiques s'estompent dans la mesure où les innovations visent l'apprentissage de savoirs contextualisés (Gibbons et al., 1995) formés de connaissances scientifiques et techniques, économiques, de savoirs propres à l'organisation et de savoir-faire.

Cette opposition entre deux modèles permet de contraster les situations et de repérer des dimensions significatives. Mais elle ne décrit qu'imparfaitement, nous semble-t-il, les formes traditionnelles d'investissement en formation des entreprises québécoises, et spécialement des grandes entreprises. La différence ne se réduit pas uniquement à une opposition entre, d'une part, l'accès des cadres et des professionnels à des formations scolaires relativement longues visant le cheminement de carrière et, d'autre part, l'absence d'accès pour les salariés peu qualifiés. Nous avons plutôt repéré trois formes d'accessibilité : la formation sur le terrain du personnel d'exécution, souvent peu formalisée, mais conduisant parfois à une qualification certifiée[5] ; les stages de perfectionnement technique, réalisés en dehors de l'entreprise, que les cadres, les techniciens et les professionnels fréquentent régulièrement, et le soutien financier aux études de longue durée (*tuition plan*) ; suivies en dehors des heures normales de travail, utilisé surtout par les catégories professionnelles intermédiaires et les cols blancs, la réussite des études pouvait conduire à un plan de carrière. En parallèle à cet investissement direct des entreprises, il ne faut pas oublier que des milliers de salariés se sont inscrits de leur propre chef et sans soutien de leur employeur à des cours du soir dans l'un ou l'autre lieu d'enseignement offant des diplômes nationaux.

---

[5]   Cette qualification certifiée est nécessaire pour l'exercice de certains métiers, comme celui de soudeur. Le degré de formalisation est, dans ces cas, plus grand.

Tableau 1 – Le modèle traditionnel et les innovations de formation

Dimensions retenues	Méthodes traditionnelles de formation	Innovations dans la formation
Planification	Planification à court terme	Planification pluriannuelle (à moyen et long termes)
		Partenariat avec les institutions publiques et les organisations syndicales
Objectifs	Formation visant une adaptation au poste de travail	Lien avec une transformation des contenus des tâches et des catégories professionnelles
		Articulation à des processus de requalification
Clientèle	Cadres et professionnels	Personnel d'exécution et employés non qualifiés, avec ou sans sélection
Contenu	Savoirs pratiques et savoir-faire	Articulation entre savoirs théoriques et apprentissage sur le terrain (savoirs contextualisés)
Formule pédagogique	Formation sur le terrain	Utilisation conjointe de la formation scolaire (forme du stage) et de la formation pratique
Durée des formations	Stage court	Longue
Lieu de formation	Dans l'entreprise	En dehors de l'entreprise
Retombées	Aucune retombée officielle	Reconnaissance au plan de la politique d'emploi dans des classifications

Les méthodes dites traditionnelles mettent en œuvre différentes logiques d'action. Une première, l'adaptation au poste de travail, s'adresse à différentes catégories professionnelles. Toutefois, le personnel d'exécution se démarque des autres catégories dans la mesure où, globalement, il n'a accès qu'à ce type de formation. Nous retrouvons aussi une logique de mise à jour avec le recours aux stages courts de perfectionnement. Ceux-ci font l'objet d'une planification à court terme sans forte articulation à l'évolution du travail et à l'organisation. L'introduction d'un nouveau logiciel appelle une formation qui lui soit adaptée ; il s'agit dès lors de la programmer. On constate aussi l'existence d'une logique de mobilité individuelle et de sélection. Les programmes de financement des études en dehors des heures normales de travail doivent être considérés comme un soutien à la volonté individuelle de mobilité professionnelle. Le caractère volontaire de ces programmes sert en même temps d'outil de sélection, car il permet de repérer les membres du personnel qui souhaitent une évolution professionnelle.

Il ne faudrait pas croire que les formations innovantes soient homogènes. Il existe une variété de situations, selon le degré de rupture par rapport aux organisations tayloristes du travail et aux modes antérieurs de gestion des emplois. Maroy (1993) souligne bien le fait que la gestion du changement organisationnel ou technique ne passe pas toujours par des formations très innovantes. Les travaux de Bernier (1992) sur les entreprises financières québécoises décrivent des méthodes éducatives différenciées selon que les entreprises enrichissent les postes ou créent de nouveaux emplois. Bousquet et Grandgérard (1990a) décrivent deux expériences fort différentes. Dans la première, la réorganisation du travail conduit à un glissement vers le haut pour tout le personnel et à une intégration des contenus de travail diffusés auprès des différentes catégories professionnelles. Dans la seconde, la rupture avec les formes traditionnelles d'organisation du travail est moins nette et l'implantation d'une gestion par la qualité s'est réalisée par la simplification du recueil d'informations et par la rationalisation du traitement des informations. Pour leur part, Dubar et al. (1989) ont dégagé trois grandes logiques d'innovation qui se distinguent les unes des autres par le lien temporel entre la formation, la réorganisation du travail et l'emploi (voir le tableau 2). Ce sont l'optimisation des nouveaux procédés ou des nouveaux modes de travail, l'anticipation des changements futurs et l'accompagnement des modifications en cours. L'optimisation consiste à favoriser l'adaptation du personnel après l'introduction de changements technologiques ou organisationnels. L'accent est mis sur la formation aux nouvelles formes d'exercice du travail. Les activités visent l'apprentissage de savoirs définis, combinés à des savoir-faire de métier ou à des savoirs professionnels supposant l'usage de formules pédagogiques officielles et officieuses. La logique d'anticipation consiste à préparer les salariés à des changements futurs, dont on ne connaît pas encore la teneur. Les activités de formation visent une élévation du niveau de formation générale des salariés, choisis sur la base du volontariat, de la réussite scolaire ou de procédures de sélection. Ces activités conduisent à l'obtention de diplômes. La logique d'accompagnement aux transformations des modes d'exercice du travail et des politiques de mobilité professionnelle dans l'entreprise suppose la mise en œuvre d'une gestion prévisionnelle des emplois. Les activités visent l'acquisition de connaissances générales, de même que de savoirs professionnels.

Cette trop rapide présentation des travaux récents permet, au moins, de dégager les dimensions utiles à la présentation d'expériences particulières. Nous en avons repéré deux : les liens entre méthodes de formation et stratégies de l'entreprise, et l'orientation des formations. Dans la littérature, nous retrouvons un consensus sur ces points. D'une part, les formations innovantes entretiennent des liens étroits avec les stratégies industrielles des entreprises et les processus de transformation des logiques productives, de l'organisation du travail et des politiques d'emploi. Un travail explicite de construction de relations entre travail, emploi et formation est réalisé par les acteurs. D'autre part, ce travail n'est pas sans effet sur l'orientation de la formation et, donc, sur ses objectifs, les fonctions sociales, le contenu, les formes de transmission ou les formules pédagogiques et la clientèle visée.

La recherche sur l'usage de la formation par et dans les entreprises québécoises performantes a permis de dégager différentes orientations de formation : la formalisation de la formation au poste de travail, la mise à jour en technologie et en gestion, la formation de formateurs, la planification de formation générale et en alphabétisation. Parmi celles-ci, la formalisation de la formation au poste de travail nous est apparue la plus répandue (dix entreprises sur quinze) et la plus innovatrice, et ce d'autant plus qu'elle implique fréquemment des formations de formateurs et des activités de formation générale. Nous présentons dans les sections suivantes deux expériences de formation innovante. La première s'est déroulée dans une entreprise de fabrication de microprocesseurs qui a procédé à l'implantation de programmes de qualité ; la seconde, dans une boulangerie industrielle qui a profondément modifié son processus de production à la suite de la construction d'une nouvelle usine.

Formation continue, qualité totale et groupes semi-autonomes dans un établissement fabriquant des semi-conducteurs

L'établissement Mitel de Bromont[6] fut fondé en 1976. On y fabrique des semi-conducteurs (puces) destinés aux commutateurs téléphoniques automatisés de la maison mère ontarienne, dont le marché est avant tout international. Il comptait, en 1994, près de 200 employés[7], non syndiqués. Il a connu une forte expansion entre 1980 et 1983, ce qui l'a conduit à une embauche massive de nouveaux salariés. Toutefois, la situation économique a changé depuis et l'établissement doit composer avec de nouvelles contraintes économiques. Pour y faire face, l'établissement vise une diversification de son marché et de sa clientèle. En effet, il ne fabrique plus uniquement des semi-conducteurs pour la maison mère, mais travaille aussi pour d'autres entreprises en leur offrant un service de fabrication de prototypes ou de petites séries. En juin 1994, 20 % de la production était destinée à cette nouvelle clientèle et devait augmenter au cours des prochaines années. Cette diversification a permis à l'établissement de réduire sa dépendance vis-à-vis de la maison mère et du marché des systèmes téléphoniques, tout en tenant compte de sa taille. En effet, comparé aux autres fabricants de composants électroniques, cet établissement est relativement modeste. Les fournisseurs de semi-conducteurs possèdent des usines beaucoup plus vastes (plusieurs milliers de salariés), tout en fabriquant sur une très grande échelle. L'établissement de Bromont ne peut donc concurrencer les grands producteurs. Il lui reste alors le marché des prototypes et des petites séries. Ce marché a ses propres exigences : une grande flexibilité dans la production, car il est appelé à produire une gamme très variée de produits, et une haute qualité de la production.

---

[6]   Mitel est une entreprise publique dont l'actionnaire majoritaire était, jusqu'en 1992, British Telecom. Cette dernière a vendu ses actions à Schroders & partenaires (Montréal) et à Schroder Venture Advisers de Londres.

[7]   Ils étaient 165 travailleurs à la production (100 ouvriers, 30 techniciens et 35 ingénieurs). Les salariés avaient en moyenne 8 ans d'ancienneté, 33 ans et étaient pour la plupart de sexe féminin. On dénombrait également une trentaine d'employés temporaires.

Depuis le début de 1994, l'établissement s'était engagé dans un processus d'implantation d'une nouvelle organisation du travail fondée sur des groupes semi-autonomes. Ces équipes étaient regroupées autour des différentes étapes du processus de production : gravure, photogravure, *front-end*, *back-end*[8], fiabilité et marketing[9]. Les services de soutien comme les finances, l'informatique, les ressources humaines, l'entretien, les achats et le contrôle de la qualité, étaient aussi intégrés à ces groupes. Une fois le changement assuré, l'établissement fut géré par un directeur et six personnes qui coordonnaient les différentes équipes. La direction a également réduit la structure hiérarchique d'un échelon (elle est passée de cinq à quatre) en regroupant les postes de superviseurs et de chefs d'équipe. Ces changements furent introduits en continuité avec les transformations apportées à l'organisation du travail par le biais de l'implantation, depuis 1987, d'un programme de qualité totale, de l'agrément aux normes internationales de qualité ISO -9002, obtenue en 1993, et l'introduction, trois ans après, de plusieurs changements technologiques permettant de faire face à la concurrence.

De 1980 à 1983, l'établissement a connu une période de forte expansion. L'embauche massive qu'elle entraîna, révéla l'insuffisance de la formation sur le terrain pratiquée jusqu'alors. Ensuite, l'adaptation aux contraintes de la nouvelle économie, réalisée par la diversification de son marché et par la transformation de l'organisation du travail, souligne de nouveau l'importance de la transmission des savoirs et de l'institutionnalisation de la formation dans l'entreprise. La formalisation d'un programme de formation au poste de travail et la mise en œuvre d'une formation associée au programme de qualité ont constitué les premiers moments de structuration du domaine de la formation. Ainsi, l'entreprise est-elle passée d'une gestion d'activités ponctuelles de formation, souvent demandées sur une base individuelle, à une politique de formation directement associée au travail et à l'emploi. De ce fait, l'introduction de groupes semi-autonomes de travail conduit à la mise en œuvre de nouvelles activités.

---

8   Ces deux expressions, *front-end* et *back-end*, correspondent à autant d'étapes du processus de production.

9   Le marketing prend de l'importance avec la diversification de la clientèle, car il joue le rôle d'un lien commercial et technique entre le client et la production.

L'initiation à la fabrication des circuits imprimés

Au début des années 1980, Mitel-Bromont connaît une période de croissance rapide qui entraîne l'embauche massive de nouveaux employés. Il recrute entre dix et douze nouveaux salariés par semaine. Ils reçoivent une formation sur place qui, *a posteriori*, est jugée insuffisante. La direction constate, au cours des années suivantes, que la qualité du travail laisse à désirer. De plus, les savoir-faire nécessaires à la fabrication ne font l'objet d'aucune formalisation. Quand un individu quitte l'entreprise, il y a perte de savoir-faire. Cette réflexion conduisit à l'introduction, en 1986, d'une première activité récurrente de formation technique s'adressant à tous les ouvriers et aux techniciens nouvellement embauchés. Il s'agit d'une initiation aux métiers de fabricant de circuits intégrés portant sur les procédés de fabrication et sur les différents problèmes techniques pouvant survenir[10]. Elle est dispensée par des ouvriers et des techniciens des unités concernées. La mise en œuvre de cette activité a conduit l'établissement à créer des postes d'instructeurs. Ainsi, six travailleurs « seniors », sélectionnés à la suite d'un recrutement interne, furent initiés au métier d'instructeur. Ils avaient, au moment de l'enquête, quatre ou cinq années d'expérience. L'initiation comporte trois stades. Au cours des quatre premières semaines, la formation est donnée dans l'unité d'accueil du nouveau travailleur. Ce dernier apprend les différentes étapes de fabrication qui y sont réalisées. Par la suite, il séjourne dans les autres services en amont et en aval de sa propre unité (dix semaines). Il acquiert ainsi une vue d'ensemble du processus de production des puces. Au cours des deux dernières semaines de formation, il revient dans son unité d'accueil, où il est mis en situation de travail réel, ce qui permet de mettre en évidence ses forces et ses faiblesses. Après une première évaluation du programme, la durée du cours fut réduite de seize à quatorze semaines et on augmenta le temps de formation dans l'unité d'accueil.

Les formations à la qualité

Comme plusieurs entreprises, Mitel-Bromont s'est engagé, dès 1987, dans une démarche de qualité totale (objectif : zéro défaut). Le plan de formation associé à ce programme

---

[10]   Il faut rappeler que les institutions publiques d'enseignement québécoises ne dispensent pas de programme sur les métiers de fabrication des circuits intégrés.

comportait plusieurs activités qui s'adressaient aux différentes catégories professionnelles. Les superviseurs et les gestionnaires reçurent une formation de 48 heures, à raison de quatre heures par semaine durant douze semaines, alors que les autres salariés se virent offrir une formation de douze à seize heures. L'objectif était de familiariser tous les salariés à la démarche « qualité » (but, objectifs, attentes, utilité pour les intervenants, etc.). Les instructeurs furent recrutés parmi les salariés de Mitel. Les premiers cours furent dispensés par le directeur de l'usine et le directeur du service de la qualité. Par la suite, les personnes formées ont assuré la formation de leurs collègues ou de leurs subalternes. Une deuxième activité fut planifiée à l'intention des ingénieurs, des ingénieurs adjoints et des techniciens. D'une durée de cinq jours, elle porta sur les techniques de gestion de la qualité, le contrôle statistique du procédé et des études de cas (les modes d'implantation, les étapes à suivre, les difficultés rencontrées, etc.). Ces cours furent dispensés par une société de consultants. Parallèlement à ces activités, des stages en animation d'équipe et en technique de réunion furent aussi donnés à des ingénieurs afin de les familiariser avec le travail collectif, dans le cadre des « équipes d'amélioration continue » créées par le projet.

À la suite de l'implantation du programme de qualité totale, l'établissement décida de mettre en œuvre un programme d'agrément aux normes internationales de qualité ISO 9002 exigeant une formalisation des connaissances et des savoir-faire. Ce projet l'obligea à préciser et à spécifier les différentes procédures utilisées dans la fabrication et dans l'entretien des équipements. Une entreprise extérieure, dûment agréée, réalisa un audit qui devait conduire à l'acceptation ou au refus de l'accréditation. Des activités de formation furent aussi organisées. Elles abordèrent les différents aspects de la démarche : les objectifs ainsi que les conséquences sur l'entreprise et sur les salariés. Cette formation se donna au cours des rencontres mensuelles des unités de production. Une fois les manuels de connaissances et de procédures rédigés et validés[11], une formation fut

---

[11]   Au départ, cette opération ne s'est pas réalisée sans difficulté, car plusieurs ouvriers ou techniciens ont manifesté une résistance à divulguer leurs savoir et savoir-faire, mais à la longue nous a-t-on signalé, les réticences s'étaient estompées.

dispensée afin de diffuser les nouvelles procédures. L'agrément fut accordé en juin 1993[12].

Par ailleurs, la formalisation des procédures ne fut pas sans effet sur l'initiation aux techniques de fabrication. En effet, ce fut l'occasion de préciser le contenu des différentes étapes de fabrication et des compétences nécessaires aux différents stades de la production.

L'introduction de groupes autonomes, la formation d'instructeurs

Depuis l'arrivée d'un nouveau directeur en 1993, l'établissement avait amorcé un projet de transformation de l'organisation du travail par la création de groupes semi-autonomes[13]. Ce projet introduisait plusieurs changements :

- renforcement de la polyvalence dans les ateliers de fabrication ;
- constitution d'équipes comprenant des ouvriers, des techniciens, des ingénieurs et des coordonnateurs ;
- intégration de l'entretien et de la fabrication dans la même équipe ;
- délégation à ces équipes de la gestion de l'atelier et du personnel ;
- délégation aux équipes de production des responsabilités dévolues aux équipes d'amélioration continue.

Mitel-Bromont eut recours aux ressources publiques québécoises de soutien à la planification des politiques de main-d'œuvre et mit sur pied un comité d'adaptation de la main-d'œuvre (CAMO)[14] afin de réaliser un plan de développement des ressources humaines (PDRH), dont le premier mandat fut d'évaluer si les salariés adhéraient à la formule

---

[12] L'établissement envisageait au moment de l'enquête de démarrer un projet d'accréditation aux normes ISO 9001, qui s'appliquent spécifiquement à la conception de produits et à la fabrication de prototypes.

[13] Il y a aussi l'exemple, dans la région, d'une compagnie (Circo Craft à Granby) fonctionnant avec des groupes semi-autonomes, dont la productivité et la rentabilité sont améliorées. Cette réussite a incité Mitel à suivre cette voie.

[14] Les CAMO sont des structures temporaires mises sur pied par les autorités provinciales à la demande des entreprises, afin de gérer un licenciement collectif ou de planifier des changements organisationnels ou technologiques importants. Ces comités regroupent obligatoirement les différents intervenants de l'entreprise (direction et représentants d'employés), ainsi que des conseillers en gestion du personnel et en formation des gouvernements provincial et fédéral. Le rôle des CAMO est double. Il est obligatoirement utilisé pour aider à la reconversion des salariés, lors de mises à pied massives ou de fermeture d'une usine. Il peut aussi être utilisé dans le cadre du développement de l'entreprise afin d'établir un diagnostic de l'entreprise, de déterminer ses carences et d'apporter des mesures correctrices ou des changements dans les relations de travail, la communication entre les acteurs ou dans l'organisation du travail.

des groupes semi-autonomes, condition nécessaire à la faisabilité du projet. La conclusion étant positive et les salariés
se disant prêts à « embarquer », la démarche fut jugée rentable. Le CAMO choisit le consultant qui planifia, à partir
d'octobre 1993, et de concert avec l'équipe de gestion, la
nouvelle organisation du travail. Une première activité de
formation fut organisée. Elle comportait quatre modules de
douze heures, suivis par tous les salariés entre mai 1994 et
avril 1995. Elle traitait des modalités de fonctionnement du
travail en groupes semi-autonomes (l'autogestion, la responsabilisation, la performance)[15].

Ce projet a aussi conduit l'établissement à vouloir structurer davantage la formation des instructeurs. Plusieurs employés avait connu une expérience de formation dans le cadre de l'initiation aux techniques de fabrication et du projet
de qualité totale. L'implantation des équipes semi-
autonomes demanda d'élargir le noyau initial d'instructeurs
et de formaliser leur formation. L'établissement était, au
moment de l'enquête, à la recherche d'une formation jugée
adéquate.

L'institutionnalisation progressive de la formation

L'institutionnalisation de la formation s'est effectuée progressivement, en association avec la situation économique
et les stratégies industrielles de l'établissement. La croissance rapide du début de la décennie précédente avait conduit à l'élaboration d'une formation au poste de travail, à
l'initiation aux techniques de fabrication des circuits impri-
més. Par la suite, les décisions d'investir dans des programmes de qualité (qualité totale et normes ISO) a obligé Mitel-
Bromont à planifier différentes activités, dont l'objectif était
l'apprentissage des approches choisies et des techniques sociales connexes. Cet investissement a aussi permis de modifier l'initiation aux techniques de fabrication. Ces activités
ne visaient pas la modification des politiques d'emploi et de
structure de l'entreprise, mais la formalisation des modes
d'apprentissage aux modalités du travail et aux modifications qui y furent apportées. La relation établie entre les activités de formation et l'organisation du travail s'apparentait
à la logique d'optimisation décrite par Dubar et al. (voir le
tableau 2), dans la mesure où les activités qu'elle comprenait

---

[15]   Par exemple, le contenu de la formation consistait, dans le premier module, à expliquer la définition d'une équipe semi-autonome, son fonctionnement, ses implications dans les modes d'exercice du travail et les relations entre équipes.

visaient la maîtrise du procédé de production et des nouveaux modes de travail. La stratégie de formation qui se déploya à l'occasion de l'introduction des équipes semi-autonomes allait dans le même sens. La gestion de formation ne consistait plus à répondre uniquement à des demandes ponctuelles, puisqu'une articulation systématique entre transformation des modes de travail et plan de formation était établie. Nous l'avons aussi retrouvée dans le cadre des politiques d'achat des nouveaux équipements, alors que des modalités d'accès à la formation chez les fournisseurs furent systématisées[16].

Les retombées de la formation

Le changement des modes de travail et les formations qui lui sont associées eurent, aux yeux des acteurs, de nombreuses retombées. Une première fut l'amélioration de la qualité. Le nombre de rejets diminua (le taux d'efficience est passé de 80 % à 91 %), les coûts de production furent, de ce fait, réduits et les délais de livraison ont été raccourcis. L'implantation du projet de qualité totale a aussi permis de développer un langage commun à tous les employés de l'entreprise, ce qui fut apprécié de tous. L'application du contrôle statistique du procédé était profitable parce qu'il permit un contrôle plus rigoureux des diverses étapes de la production. Le nouveau mode de travail a modifié le rôle du service de contrôle de la qualité. La responsabilisation des ouvriers et des techniciens de production a rendu inutile son rôle de chien de garde. La formation a contribué à la certification de l'entreprise aux normes internationales ISO 9002. D'autres retombées sont aussi évoquées. La formation a permis de maintenir les techniciens et les ingénieurs à la fine pointe de la technologie. En ce sens, elle a joué un rôle stratégique d'optimisation des changements technologiques. Elle joua un rôle analogue dans l'implantation des équipes semi-autonomes.

---

[16]   Ces critères sont essentiellement d'ordre pédagogique. Ainsi, les employés devaient avoir accumulé une expérience de travail significative dans l'entreprise avant de pouvoir suivre une telle formation. Quand la formation est longue (ex. : six semaines intensives chez le fournisseur), il est préférable de la suivre en plusieurs étapes, afin que chaque période d'apprentissage soit suivie d'une période d'application. Chaque personne doit formaliser la formation reçue afin d'en permettre la diffusion dans l'entreprise.

Tableau 2 – Les logiques dominantes des différentes innovations de la formation (Dubar et al, 1989)

	OPTIMISATION	ANTICIPATION	ACCOMPAGNEMENT
NATURE DE L'INNOVATION EN FORMATION	Formations liées à la nécessité de garantir la maîtrise par les salariés de nouvelles technologies, de nouvelles organisations ou de nouveaux modes de gestion, et d'assurer une meilleure qualité du produit. Cette maîtrise est atteinte par l'ajustement des connaissances, des capacités et des attitudes des salariés aux exigences des nouveaux systèmes.	Actions destinées à élever le niveau des connaissances générales, théoriques et techniques d'une partie du personnel, afin de gérer l'incertitude et de préparer à d'éventuels changements dans l'activité de l'entreprise.	Processus de mobilité impliquant le développement des capacités des salariés, ce qui suppose une gestion prévisionnelle des emplois dans le cadre d'un marché interne remodelé selon de nouvelles filières d'emploi ou dans le cadre de reconversion massive des emplois.
LIEN AU TRAVAIL ET À L'EMPLOI	N'implique aucun changement d'emploi ni restructuration d'ensemble des services, mais une modification du rapport avec le travail grâce à une plus grande polyvalence, à la prise en compte des impératifs de qualité et à une attitude gestionnaire.	On ne connaît pas la composition des emplois futurs et des nouvelles modalités de travail. Mais on sait que les niveaux de qualification des catégories de personnel les moins qualifiées devront être élevés.	La sélection pour l'emploi futur précède le processus de formation professionnelle, elle-même distincte de la formation générale préalable à une éventuelle mobilité.
TYPE DE RECOURS À LA FORMATION	Activités combinant à des degrés divers des formations officielles à des savoirs de métier ou à des savoirs professionnels et des formations informelles (formation sur le terrain, réunions, échange, etc.).	Initiative qui permet un accès individuel et volontaire à des formations générales conduisant à des formations internes dispensées sur un mode scolaire. Activités qui permettent une autosélection des salariés sur la base du volontariat, de la réussite et des procédures de sélection de l'entreprise	Élaboration de politiques de formation à long terme comportant des activités de longue durée, souvent modulaires, diversifiées et individualisées. Le contenu articule des savoirs généraux, des connaissances professionnelles formalisées et des savoirs professionnels pratiques.
TYPES D'ENTREPRISE	Entreprises industrielles traditionnelles privilégiant les dimensions techniques et commerciales de la modernisation.	Entreprises engagées dans des mouvements continus et incertains de transformation de leurs produits et de leurs marchés.	Entreprises ayant une bonne maîtrise de leurs marchés et de leurs produits, et développant des stratégies à long terme.

Formation continue, changement technologique et relations de travail dans une boulangerie industrielle

Les boulangeries Weston Québec sont une division des Boulangeries Georges Weston, une entreprise d'envergure nord-américaine[17]. L'implantation de Weston au Québec remonte à 1946. En 1948, elle y exploite une biscuiterie sous le nom d'Interbake. En 1949, elle amorce la fabrication de pains. À cette époque, une soixantaine de travailleurs sont employés dans l'usine équipée d'une chaîne de montage d'une capacité de 2000 pains à l'heure. Au cours des années 1980, la situation économique de l'entreprise se détériore, car elle perd progressivement des parts de marché. En 1989, les Boulangeries Georges Weston frappent un grand coup et se lancent dans un large mouvement de modernisation. Au plan organisationnel, l'entreprise procède à une révision en profondeur de sa structure. Ainsi, Weston Québec se voit accorder plus d'autonomie en devenant une division à part entière du groupe. Son nouveau directeur-général entame aussi une réforme des politiques internes de l'entreprise en implantant une nouvelle philosophie de gestion favorisant des relations patronales-syndicales plus transparentes. La direction désire impliquer davantage le syndicat et les travailleurs en leur « donnant l'heure juste » quant aux politiques de l'entreprise. Ces derniers répondent favorablement à l'invitation et adhèrent aux objectifs de rénovation de l'entreprise. Les deux parties reconnaissent l'importance des changements à effectuer, comme l'introduction de la polyvalence, une plus grande participation de tous et une communication plus systématique.

La crédibilité du projet auprès des salariés et de leurs représentants n'a pas été facile à acquérir. Pour y arriver et maintenir la confiance des employés, des réunions ont été organisées dans toute l'usine pour expliquer aux salariés les objectifs du projet, ses conséquences et les attentes des partenaires. Un comité patronal-syndical fut mis sur pied

---

[17] Georges Weston emploie plus de 60 000 personnes et enregistre des ventes dépassant annuellement 11 milliards de dollars en Amérique du Nord. Au Canada, elle emploie 3 600 personnes et possède plusieurs entreprises œuvrant dans le domaine de la boulangerie. Au Québec, les intérêts de Georges Weston sont représentés par Weston Québec. Les travailleurs de Weston au Québec sont affiliés à la CSD.

afin de discuter des projets de gestion du personnel et d'organisation du travail. Les représentants syndicaux furent directement impliqués dans plusieurs décisions. Par exemple, le choix des formateurs était paritaire. Plusieurs suggestions émises par eux étaient intégrées aux projets initiaux (ex. : respect de l'ancienneté dans la gestion du personnel, mise en œuvre d'une formation générale préprofessionnelle, volontariat pour la formation à la polyvalence). Ces mêmes représentants ont soutenu la gestion paritaire de la formation et les modifications apportées à l'organisation du travail. La participation des salariés se concrétisa aussi lors des réunions d'atelier qui se tenaient tous les quinze jours. Les participants y discutaient des résultats, se fixaient des objectifs et proposaient des projets d'amélioration.

Du point de vue technico-économique, Weston Québec devait aussi relever un important défi. Devant l'incapacité de l'usine à faire face à la concurrence, les dirigeants devaient choisir entre les deux options suivantes : fermer définitivement l'usine de la rive sud de Montréal ou moderniser ses installations. La deuxième solution fut finalement adoptée. La construction d'une nouvelle usine entièrement automatisée, au coût de 60 millions de dollars, s'amorça. Weston Québec révisa aussi sa stratégie commerciale. Elle abandonna la fabrication de biscuits en 1988 et la production de desserts en 1991. Elle recentra son activité sur la production de pains et de petits pains (*hot dog* et *hamburger*, par exemple) qu'elle commercialisa sous différentes marques de commerce.

La nouvelle usine devait être plus adaptable et permettre de produire plus rapidement une variété plus grande de pains. Elle est entièrement automatisée, depuis le mélange des ingrédients jusqu'à l'emballage du pain. Tout le processus de production est maintenant régi par des ordinateurs et le remplissage des paniers se fait à l'aide de robots. La capacité de production de la chaîne des pains réguliers était, au début, de 11 000 à l'heure, et celle des petits pains de 48 000 à l'heure. Le nombre d'employés s'élevait à 500 personnes, répartis entre l'usine de Longueuil (200 en production, 75 dans les bureaux et 125 en vente) et les centres de distribution (100 employés)[18]. Weston Québec réalisait alors annuellement un chiffre d'affaires de 70 M $.

---

[18] L'ouverture de la nouvelle usine réduisit le nombre de travailleurs nécessaires. Cette baisse de postes s'est réalisée avec très peu de mises à pied directes. Certains travailleurs ont pris leur retraite, d'autres ont quitté avec une prime de séparation, d'autres, finalement, ont été affectés à l'équipe volante.

Parallèlement à la construction de la nouvelle usine, la direction de l'entreprise planifia l'adaptation des employés aux exigences des nouveaux équipements. Un programme de formation fut mis sur pied, afin de permettre aux employés d'exploiter cette nouvelle usine. Toutefois, la planification de cette formation ne s'est pas réalisée de façon linéaire, mais plutôt de manière itérative. Nous pouvons distinguer trois moments-clés : la création d'un comité d'adaptation de la main-d'œuvre (CAMO) ; l'enchaînement des employés sur les nouveaux équipements ; la planification d'une nouvelle formation interne à la suite de l'échec relatif de la formation et l'organisation d'une activité de formation de formateurs.

Le Comité d'adaptation de la main-d'œuvre (CAMO)

La première action entreprise conjointement par la direction et le syndicat, au début de 1990, fut de mettre sur pied un Comité d'adaptation de la main-d'œuvre (CAMO) formé de représentants de l'entreprise, du syndicat et des paliers gouvernementaux fédéral et provincial. Son premier objectif fut d'identifier, puis de s'attacher des personnes-ressources qui assureraient la définition des besoins et des critères de formation et assisteraient les employés remerciés dans leur recherche d'un nouvel emploi. La création du CAMO fut également l'occasion pour les parties syndicale et patronale de régler des différends en matière de relations de travail et d'accentuer leur coopération. Appuyé par sa confédération (la Centrale des syndicats démocratiques ou CSD), le syndicat de Weston accueillit positivement la nouvelle philosophie de travail proposée par le directeur de l'usine, philosophie basée sur la transparence et le partenariat. La mise en œuvre du CAMO fut une expérience tangible de collaboration entre les deux parties. Les discussions sur les orientations et le contenu du programme de formation ont constitué une occasion de coopération[19] qui a permis de tourner le dos à une époque marquée par des relations professionnelles tendues[20].

---

[19]   Par exemple, le nombre de grief est passé de trente à trois.

[20]   Ce jugement était partagé par les deux parties.

La formation pendant la construction de l'usine

Parallèlement à la construction de la nouvelle usine, la direction élabora un plan de formation technique visant l'adaptation des travailleurs aux nouveaux équipements. Ce premier plan reprit une logique classique d'adaptation au nouvel outil de production et de mise à jour des connaissances. Toutefois, la perspective devait rapidement s'élargir. Avant même d'amorcer les cours techniques, des contremaîtres, des représentants syndicaux et certains salariés informèrent la direction que plusieurs travailleurs, comptant de dix à trente ans d'ancienneté, étaient des analphabètes fonctionnels, alors que d'autres ne savaient ni lire, ni écrire et encore moins effectuer des opérations de base en mathématiques. Ceux-ci avaient réussi à s'adapter à un environnement de travail peu exigeant en ces domaines, mais le nouveau procédé automatisé de travail était différent. Par conséquent, cette situation les rendait inaptes à suivre la formation technique requise par les appareils automatisés. Pour résoudre le problème, les deux parties s'entendirent pour planifier, en collaboration avec la Commission scolaire régionale de Chambly, un programme d'alphabétisation en français (règles de base en grammaire et orthographe) et en mathématiques, et une initiation à la micro-informatique qui permirent une familiarisation avec l'ordinateur et particulièrement avec l'utilisation du clavier. Ces cours ont touché environ 30 % des 200 travailleurs de production. Ils se sont poursuivis pendant douze semaines (15 à 20 heures par semaine) et se sont déroulés à l'usine, en dehors des heures de travail.

La participation à ces cours représentait un défi important pour plusieurs salariés dont certains étaient, par exemple, incapables d'utiliser un guichet automatique. Au début, les ouvriers furent réticents à assister à cette formation. Mais les interventions répétées du syndicat[21], pour leur expliquer l'utilité du programme dans le cadre des nouveaux postes, réussirent à les faire adhérer aux objectifs de formation. Ils ont finalement participé massivement aux cours, même s'ils n'étaient pas payés pour les suivre[22]. Les représentants syndicaux ont procédé à une évaluation continue des cours, s'assurant régulièrement qu'ils comblaient les besoins des travailleurs et les aidaient à surmonter leurs difficultés. La

---

[21]   Il s'agit du syndicat qui regroupe le personnel de production, qui est affilié à la Centrale des syndicats démocratiques.

[22]   Certains ont même annulé leurs vacances dans le but d'assister à ces cours.

CSD a aussi organisé des cours en informatique, en mathématiques et en français dans le but de soutenir les salariés dans le programme d'alphabétisation[23].

Dès lors, l'adaptation aux nouveaux équipements pu être amorcée. L'ouverture de la nouvelle usine était prévue pour janvier 1991, la formation théorique et pratique dispensée par le fournisseur à 80 % des employés de l'usine débuta dès la fin de 1990. Cette formation eut une durée totale de 105 heures. La formation théorique (50 % du temps de formation) consista en des cours sur les technologies utilisées et leur fonctionnement. Quant à la formation pratique, elle se déroula sur le poste de travail et porta essentiellement sur le fonctionnement des équipements. Mais cette formation ne fut pas jugée adéquate, n'ayant pas conduit à la maîtrise du procédé de travail. Les formateurs engagés par le fournisseur d'équipement furent jugés insuffisamment compétents car, de l'avis de plusieurs, ils possédaient moins de connaissances techniques que les ouvriers. Aussi, la pédagogie et le contenu des cours n'étaient pas toujours homogènes, les formateurs provenant de différents cégeps. De plus, le démarrage de l'usine fut retardé par une série de problèmes techniques (usine inachevée et retard dans l'installation des équipements[24]) et n'a pas eu lieu en janvier 1991 comme il était prévu, mais près d'un an plus tard. Dans l'intervalle, les travailleurs avaient oublié la formation qu'ils avaient reçue[25]. De nouveau, la formation des travailleurs était à l'ordre du jour mais, cette fois-ci, elle fut posée différemment.

Une formation repensée

À la fin de 1991, les parties patronale et syndicale s'accordèrent pour développer un nouveau programme de

---

[23] La CSD a expérimenté avec le personnel de Weston un logiciel en matière d'alphabétisation qu'elle avait développé. Ce logiciel a été, par la suite, breveté et il est, depuis, couramment utilisé.

[24] Weston a fait face à différentes difficultés techniques liées au démarrage même de la nouvelle usine, qui fut retardé de plusieurs mois pour procéder à des modifications sur les nouveaux équipements, afin de tenir compte des dimensions humaines et ergonomiques du travail, ce qui n'avait pas été suffisamment exploré lors de la planification. En effet, on a réalisé que, malgré le niveau de rationalisation de l'usine, celle-ci n'était pas pensée en fonction des conditions concrètes de travail. Par exemple, des postes de travail étaient mal conçus et leur accès dangereux. Des changements furent donc apportés à la disposition des équipements par l'équipe de Weston afin de respecter les normes de santé et sécurité au travail.

[25] La plupart des travailleurs sont restés à l'ancienne usine alors que seulement un petit nombre était assigné à la nouvelle usine et participait à son démarrage et à son rodage.

formation technique qui consistait en la mise au point d'une formation formalisée au poste de travail. Pour ce faire, les deux acteurs convinrent d'utiliser des ressources internes (les ouvriers eux-mêmes) afin de donner la formation nécessaire et de l'adapter aux besoins des salariés, tout en élaborant une description des postes. Une analyste en situation de travail fut alors embauchée. La direction lui confia le mandat de décrire les postes et de gérer les activités de formation connexes (ex. : la programmation d'une activité de formation d'instructeurs internes).

La première étape fut l'élaboration d'une description détaillée des postes de travail. Avec la collaboration des ouvriers et des contremaîtres, le service des ressources humaines a réalisé une description complète des postes de travail. Au total, douze postes ont été décrits : quatre à la production des pains réguliers, quatre à la production des petits pains, quatre à l'emballage (deux pour le pain régulier et deux pour les petits pains). Ces descriptions servirent essentiellement d'outils de formation. La deuxième étape consista à choisir les ouvriers qui deviendraient des instructeurs. Les parties patronale et syndicale, d'un commun accord, désignèrent des salariés jugés aptes à remplir cette fonction. La sélection fut fondée sur des critères comme la maîtrise du travail, la facilité de communication et le leadership. Chaque partie a fourni la liste de ses candidats et, après discussion, neuf personnes furent choisies. Leur formation, dirigée par un consultant externe (privé), dura trois jours :

- Une journée et demie fut consacrée au *coaching*. Le contenu porta sur les principes de base d'une formation, sur le type de travailleurs que l'on était appelé à rencontrer, sur le rôle des instructeurs, les comportements à adopter, les règles à respecter, les outils de travail nécessaires à une formation égale et adéquate de tous les employés, etc. Ce volet fut complété par des exercices pratiques et des mises en situation.
- Les deux autres jours furent consacrés à l'apprentissage des tâches. Un contremaître et un responsable de la formation ont supervisé la réalisation de mise en situation, la vérification et les corrections à apporter aux descriptions de postes. La formation se termina par la présentation des outils pédagogiques à la disposition des instructeurs.

La formation pouvait démarrer, les instructeurs ayant le mandat de former l'ensemble des opérateurs de l'usine. Ainsi, pendant deux semaines, ces derniers firent l'apprentissage des tâches liées à leur poste. Chaque travailleur était affecté à un poste de travail spécifique et faisait l'apprentissage, d'une façon concrète, des séquences d'activités de travail qui y correspondaient : utiliser l'écran, effectuer différents contrôles, utiliser des compteurs mathématiques, apprendre à éteindre ou à allumer un « brûleur », etc. Mais, comme les travailleurs connaissaient déjà leurs tâches, la formation permit surtout un ajustement aux nouvelles descriptions de poste. Les travailleurs ont suivi, en moyenne, 40 heures de formation (certains postes demandaient 60 heures et d'autres seulement vingt).

Une action plus durable : la formation de l'équipe volante

La formule utilisée dans la formation technique au poste de travail fut reprise pour l'introduction d'une formation à la polyvalence destinée aux 90 employés figurant sur la liste de rappel (équipe volante[26]). Cette activité visait à initier, sur une base volontaire, des travailleurs à différents postes de travail (dans différents secteurs de l'usine) afin de maximiser le nombre et la fréquence de leur rappel. Au terme de leur formation, les travailleurs pouvaient connaître jusqu'à quatre postes sur les six que comporte chaque unité.

Pour réaliser cette formation, une nouvelle équipe de neuf ouvriers-instructeurs (certains avaient déjà fait partie de la première équipe) fut formée. Comme dans le cas de la formation technique, la durée de l'activité varia selon les tâches à enseigner (entre huit heures et cinq jours) et le degré de connaissance de l'ouvrier en formation. Celle-ci consistait à décrire les tâches qui composent un poste de travail donné et à développer les habiletés correspondantes, le but ultime étant l'acquisition par le travailleur d'une plus grande autonomie. Cette activité débuta en janvier 1994 et se termina en juin de la même année.

L'institutionnalisation de la formation

La mise en œuvre d'une culture de formation, pour reprendre une expression fréquemment utilisée dans le milieu canadien et québécois de la formation continue, s'est réalisée de façon progressive. Elle participa d'abord du processus de transformation des logiques productives de l'entreprise.

---

[26]   Cette équipe volante, qui existe depuis de nombreuses années, permet de faire face aux fluctuations saisonnières de production. Par exemple, la production de petits pains augmentent de façon importante durant l'été. Ainsi, les membres de cette équipe travaillent de façon continue à cette époque de l'année.

Devant la perte progressive de rentabilité, l'entreprise décida de transformer ses stratégies de marché et son procédé de production. Mais il y a plus, dans la mesure où cette « modernisation économique et technique » s'accompagnait aussi d'une transformation des relations avec les salariés et les instances syndicales locales, une « modernisation » des relations de travail et la recherche d'une plus grande collaboration furent amorcées. La question de la formation des salariés se retrouva très tôt au cœur du processus de coopération. Le projet initial de formation à l'exploitation des nouveaux équipements s'en trouva d'ailleurs modifié par des cours d'alphabétisation, suivis par le tiers du personnel. Le partenariat ne s'est pas arrêté à la planification des activités. En effet, l'implication directe des représentants syndicaux fut nécessaire à la mobilisation des salariés analphabètes et au soutien de leur apprentissage[27].

Le partenariat ne s'établit pas qu'à l'intérieur de l'entreprise, dans la mesure où elle fit appel à des ressources publiques de formation. D'une part, on a utilisé les modalités publiques de planification et de régulation de la gestion du personnel et de la formation professionnelle. Le comité d'adaptation de la main-d'œuvre, qui était régi par le ministère de la Main-d'œuvre, de la Sécurité du revenu et de la Formation professionnelle (MMSRFP), a permis de planifier l'investissement en formation. Weston Québec a aussi reçu des subventions gouvernementales en vertu de programmes fédéraux de soutien à la formation professionnelle des adultes. D'autre part, l'entreprise fit appel aux ressources locales du système éducatif scolaire et à ses services d'alphabétisation.

Bien que cela puisse sembler quelque peu paradoxal à première vue, il faut voir dans le démarrage retardé de la nouvelle usine une seconde occasion d'institutionnalisation de la formation. Des erreurs de planification fournirent ainsi l'occasion de repenser et de formaliser le processus de formation aux nouveaux équipements techniques. La formation ne fut plus donnée par des instructeurs externes, mais internalisée. Ce sont des ressources internes qui allaient désormais définir le contenu des cours et le diffuser auprès des

---

[27]   La mise en œuvre des différents stages ne s'est pas réalisée sans difficulté et résistance de la part des salariés. Certains travailleurs n'ont pas collaboré à la réalisation des premières activités, jugeant que la formation leur était imposée par la direction. D'autres ont manifesté des réticences à être formés par des collègues de travail. Enfin, certains travailleurs ont rencontré des difficultés d'apprentissage pendant le déroulement de la formation technique.

salariés. Ainsi a-t-on créé non seulement des postes de gestionnaires de la formation, mais aussi une équipe interne d'instructeurs choisis parmi le personnel. Cette même formule, reprise lors de la réalisation d'un deuxième projet de formation, visa également à accroître la polyvalence des membres de l'équipe volante. Elle pouvait d'ailleurs être utilisée de nouveau dans un troisième projet. En effet, au moment de notre enquête, des discussions entre la direction des ressources humaines et les représentants syndicaux laissaient entrevoir l'extension du principe de la polyvalence à l'ensemble du personnel, de telle sorte que chaque opérateur puisse être en mesure d'effectuer plusieurs tâches dans son secteur. Ces discussions font suite à la signature d'une lettre d'entente, en 1993, indiquant l'intention des parties de procéder à la création d'un comité de formation capable d'assurer la polyvalence des travailleurs. Les discussions portèrent sur les modalités et les mécanismes concrets de fonctionnement de la polyvalence. Parallèlement à ce comité, Weston et les employés de bureau ont rédigé et signé, en décembre 1993, une lettre d'entente similaire dans le but de développer la polyvalence des employés de gestion.

L'investissement en formation s'est aussi élargi. Par exemple, en 1994-1995, Weston a organisé une formation qui accompagnait la création des équipes d'amélioration continue dans le service de l'entretien, afin de trouver des solutions techniques aux problèmes repérés dans le travail des techniciens. Dirigée par une personne externe, la formation s'adressait en priorité aux contremaîtres, aux superviseurs et aux employés de l'entretien, et portait essentiellement sur les techniques de résolution de problèmes. D'autres activités s'adressaient à des clientèles particulières. Ce fut le cas notamment des cours de résolution de problèmes, de santé et sécurité au travail et de gestion du temps offerts aux cadres, des cours de gestion destinés aux contremaîtres, et de marketing pour les vendeurs. Ces formations s'inscrivaient dans la mise en œuvre d'une nouvelle philosophie de gestion modifiant le rôle des contremaîtres et des directeurs des unités à qui la direction demandait de jouer un rôle de conseillers et de consultants auprès des travailleurs. Cette nouvelle orientation s'inscrivit dans une stratégie ayant pour objectif de développer une gestion moins autoritaire et moins hiérarchisée.

À l'instar de nombreuses entreprises, l'intégration de la formation dans la gestion quotidienne de la production a aussi conduit l'entreprise à formuler de nouvelles exigences d'embauche. Désormais, Weston exige des candidats aux postes d'ouvrier de production un secondaire V. Quant aux travailleurs de l'entretien, on exige d'eux un DEP (professionnel du secondaire) en mécanique industrielle et quelques connaissances en électrotechnique.

Globalement, l'investissement en formation s'inscrit dans une logique d'optimisation des changements technologiques et organisationnels. En effet, il n'y a pas à proprement parler de transformation de la structure d'emploi, si ce n'est la création des postes d'ouvrier-instructeur. Par contre, il y a modification du rapport au travail par l'introduction des changements technologiques et par la polyvalence. Plus récemment, la formation servit aussi de soutien à l'introduction d'équipes d'amélioration continue des services d'entretien et à un accroissement des responsabilités de gestion des contremaîtres. Ces différents changements sont associés aux nouvelles logiques productives et à la « nouvelle entreprise ».

Weston alloue un budget de formation de 300 000 $. Ce montant est demeuré stable depuis le démarrage de l'usine en 1991. Au plan organisationnel, la planification des activités de formation relèvent du service des ressources humaines. Deux personnes sont assignées à cette tâche, sous la responsabilité de la vice-présidente aux ressources humaines :

1. Un conseiller en relations industrielles, qui est aussi responsable de la formation en gestion. Son travail consiste à élaborer et soumettre des recommandations concernant les modules de formation.
2. Une analyste en situation de travail, qui a la responsabilité du développement de la formation technique. Son rôle consiste à analyser les besoins en formation, à s'assurer que les services se tiennent à jour à cet égard, à recenser les formations à offrir, etc.

La décision de ne pas créer un poste de responsable de la formation à plein temps fait partie de la stratégie de décentralisation poursuivie par Weston, laquelle cherche ainsi à diffuser le plus largement possible la préoccupation de la formation. D'ailleurs, les directeurs de la production, les responsables de la distribution et les contremaîtres sont officiellement impliqués dans la planification des politiques et des activités (faire l'inventaire des besoins, dispenser la formation si nécessaire, etc.)[28]

---

[28]   Comme signe de cette volonté de décentralisation, un répondant nous relate l'exemple de l'implication d'un contremaître de Weston dans la formation des tra-

De plus, la formation fait l'objet d'une reconnaissance officielle de la part de la direction et du syndicat des ouvriers. L'article 12.03 de la convention collective y est justement consacré. Il y est stipulé que l'entreprise doit établir un plan de formation chaque fois qu'une modification organisationnelle ou technologique a lieu et qu'elle doit privilégier ses salariés avant de procéder à tout nouveau recrutement[29].

Les retombées de la formation

Aux dires des différents acteurs rencontrés, cadres du service du personnel, responsables de la production et représentants syndicaux, la formation a contribué de différentes manières à la reconversion de l'entreprise. Du point de vue quantitatif, les stages ont contribué à l'augmentation de l'efficacité moyenne de la chaîne de production (moins de pertes de temps, moins de pertes de produits, moins d'arrêts de production, etc.), laquelle est passée de 65 % à 85 %. Le temps d'arrêt de la chaîne de production était estimé à 550 minutes/semaine comparativement à 1000 auparavant. Pour ce qui était des pertes de produit, on était passé de 15 % à 2,5 % au cours des dernières années.

Sur le plan qualitatif, la formation a directement contribué au démarrage de la nouvelle usine, tout en rendant tangibles les nouvelles politiques de gestion. Les activités de formation ont aussi permis l'amélioration des relations de travail. Depuis 1993, un climat de confiance s'est installé, de l'avis même des deux parties. Le syndicat s'est engagé à soutenir le projet et à encourager ses membres à s'impliquer dans la vie de l'entreprise (souci de la qualité, signaler les problèmes, réunions d'équipe, etc.), tandis que la direction multiplia les actions concrètes (information, consultation, négociation, etc.) pour gagner la confiance du syndicat. Des

---

vailleurs. Ce contremaître a contribué à l'élaboration d'un module de base sur l'amélioration continue, il l'a diffusé auprès des travailleurs et en a même fait une présentation de 15 à 20 minutes sur les lieux de travail.

[29]   L'article 12.03 stipule : 1. À la suite d'un changement, d'une modification, d'une transformation ou d'une amélioration technique ou technologique, l'employeur doit prévoir l'établissement d'un programme de formation suffisante. L'employeur s'engage à privilégier la formation des salariés réguliers impliqués sur les lieux du travail et pendant les heures de travail; 2. Si le changement technologique ne modifie pas le nombre de postes disponibles, la formation est donnée au salarié régulier qui occupe le poste affecté, à moins que la nouvelle fonction ne requiert des qualifications de base qu'un tel salarié ne possède pas. Si le changement technologique modifie le nombre de postes disponibles, la formation est alors donnée aux salariés réguliers parmi ceux déterminant cette fonction; 3. Si le salarié régulier choisit de ne pas s'adapter avant ou pendant sa période de formation, il peut utiliser son droit d'ancienneté pour déplacer un autre salarié régulier comme s'il s'agit de mise à pied.

comités de contremaîtres, de santé et sécurité, des équipes d'amélioration continue, de suggestions contribuent à créer les conditions nécessaires à de meilleures relations de travail.

La formation a influé sur la philosophie de gestion puisqu'on demande aux contremaîtres et aux directeurs des services de jouer le rôle de conseillers et de consultants, afin d'aider les travailleurs dans l'exercice de leurs tâches. Cette nouvelle orientation s'inscrit dans une stratégie de gestion ayant pour objectif de développer une gestion moins autoritaire et moins hiérarchisée. Du côté syndical, on croit que la formation a contribué à la valorisation de ses membres et qu'elle a aidé à développer, chez eux, un sentiment d'appartenance plus fort à l'entreprise.

Conclusion

La présentation de ces deux études de cas illustre une des voies de développement de la formation continue empruntée par nombre d'entreprises québécoises au cours des dernières années. Cette voie associe la planification des activités de formation à la transformation des stratégies industrielles et des modes de travail. À ce titre, et bien qu'œuvrant dans des secteurs économiques différents, les deux entreprises sont dans une situation économique analogue. Il s'agit de faire face aux transformations des règles du jeu économique en pariant sur la flexibilité du processus de production et sur la variété des produits. Pour Mitel, la stratégie consiste à produire de petites séries ou des prototypes pour des clients externes. La gestion de la diversité et de la qualité des produits est l'une des conditions essentielles d'une telle stratégie. Dans la boulangerie, le recentrage de la production sur la fabrication des pains n'est pas nécessairement synonyme d'un mouvement de spécialisation. En fait, nous assistons à un processus de diversification à l'intérieur même de ce produit. L'économie de la diversité prend donc le visage de la multiplication des pains. La mise en route d'une nouvelle usine, plus productive et plus adaptable, symbolise aussi ce virage.

L'institutionnalisation des nouvelles logiques productives passe également par des innovations organisationnelles, comme l'introduction de la polyvalence, de programmes de qualité et une plus grande implication/participation des salariés à la gestion du travail et de la production. Les deux entreprises introduisirent ces changements de manière progressive. Leur parcours est quelque peu différent. Chez Mitel, l'accent fut mis sur la qualité grâce à l'implantation d'un programme de qualité totale et la mise en route du processus d'agrément aux normes ISO. Une fois ces projets menés à bien, la direction proposa des modifications dans l'organisation du travail, comme l'implantation d'équipes semiautonomes de travail. Chez Weston, c'est d'abord la philosophie de gestion qui fit l'objet d'une attention particulière. Elle s'articule dans la transformation des relations de travail et dans la gestion des ateliers (réunions d'équipe). La mobilisation des salariés s'avéra d'ailleurs nécessaire pour réussir le démarrage de la nouvelle usine. Le développement de la polyvalence des employés ne fut amorcé que dans un second temps, et de manière douce, d'abord dans l'équipe volante, puis dans l'ensemble de la production.

La nécessité d'adaptation à la nouvelle économie fut l'occasion, dans les deux entreprises étudiées, du développement et de l'institutionnalisation de la formation (Doray, 1996). Il s'agit d'une conjoncture ou d'événements interprétés par les acteurs comme des occasions de structuration organisationnelle et qui, à ce titre, sont mobilisés et incorporés dans le développement de la formation. Chez Mitel, on ne recourt pas à des intermédiaires. La mise en œuvre des programmes de qualité a conduit à la planification d'un ensemble d'activités diverses, tant pour les catégories professionnelles visées, que pour leur durée. La liaison n'apparaît pas aussi directe chez Weston, dans la mesure où l'alphabétisation fut planifiée à la suite d'interventions de la direction et des représentants syndicaux. Les difficultés de démarrage de la nouvelle usine furent aussi une occasion d'institutionnaliser la formation. En effet, c'est à ce moment que fut prise la décision de planifier une formation aux postes de travail, de former une équipe d'instructeurs et de procéder à de nouvelles définitions de postes. À terme, cette décision devint lourde de conséquences, puisque la formule fut reprise lors de la formation à la polyvalence de l'équipe volante et de la fabrication. C'est dire que les occasions de développement ne trouvent pas uniquement leur source dans le contexte général, mais aussi dans les situations locales.

De l'expérience des deux entreprises, il est possible de dégager deux logiques de formation qui, nous semble-t-il, rompent avec les logiques des modèles traditionnels de développement de la formation continue. Dans les deux établissements, nous assistons à la formalisation de la formation aux postes de travail. Chez Mitel, on vise à combler par la systématisation de la formation les déficiences de l'apprentissage apparues lors de l'embauche massive du début des années 1980. Cela était d'autant plus important que l'établissement s'orientait alors vers une diversification de ses produits et de sa clientèle. Cette formation avait une finalité immédiate, mais elle n'était pas pour autant limitée à l'apprentissage étroit, et plus ou moins improvisé, de la gestuelle d'un poste de travail. Elle visait une connaissance d'ensemble du processus de production. Chez Weston, l'objectif de la formation technique était l'apprentissage du fonctionnement des nouveaux équipements. Elle fut précédée d'une formation générale de base des ouvriers analphabètes, dont la formation est en grande partie le résultat de l'intervention des représentants syndicaux. Une première activité combinait des éléments théoriques relatifs aux nouvelles technologies et une part d'exercices pratiques. Toutefois, l'échec relatif et les délais de démarrage ont conduit l'entreprise à redéfinir les différents postes et à mettre en œuvre une formation plus concrète. Globalement, les salariés ont donc reçu une formation composée de connaissances générales et d'éléments pratiques.

Cette première logique est étroitement associée à une logique d'optimisation des changements technologiques et organisationnels, dans la mesure où les activités de formation planifiées lors de l'implantation de ces changements ont directement influencé le contenu et l'approche adoptée dans l'apprentissage systématique des postes. La formation intervient une fois les changements amorcés ou, à tout le moins, décidés. Elle concerne d'abord l'ajustement des connaissances, des savoir-faire et des attitudes aux exigences et aux normes de fonctionnement des nouveaux systèmes. Elle n'implique pas de changement dans les politiques et la structure des emplois ou dans l'organisation des services. Son domaine d'intervention est le rapport au travail et donc les modalités d'exercice du travail. À ce titre, nous ne pouvons que constater, dans les deux entreprises, le caractère progressif des changements apportés. La rupture par rapport aux modalités traditionnelles de travail s'effectue au rythme même de l'implantation des nouvelles approches ou des nouvelles formes d'organisation du travail, ce qui n'est pas sans soulever quelques ambiguïtés quant au sens global des changements.

Selon les résultats de notre enquête, cette voie de développement de la formation continue serait relativement répandue dans les entreprises québécoises. Encore faut-il manier cette information avec précaution, car notre méthode de sélection ne visait pas une représentativité au sens statistique du terme. On peut aussi se demander si une enquête plus systématique permettrait de dégager des voies différentes d'institutionnalisation, reposant sur d'autres logiques, comme celles de l'anticipation ou de l'accompagnement.

Références bibliographiques

BERNIER, C., « Traditions et innovations de formation dans le secteur financier au Québec », *Formation-Emploi*, 38, 1992, p. 55 à 62.

BOUSQUET, N. et C. GRANDGÉRARD, « Les ambiguïtés de l'innovation », *Formation permanente*, 104, 1990a, p. 15 à 25

BOUSQUET N. et C. GRANDGÉRARD, « Détaylorisation des formations et stratégies de flexibilité », *Formation permanente*, 104, 1990b, p. 73 à 82

DORAY, Pierre, « L'institutionnalisation des nouveaux rapports formation-travail : occasions organisationnelles et dynamiques locales », dans HARDY, M., (sous la direction de), *École et changements sociaux*, Montréal, Éditions Logiques, à paraître 1997.

DORAY, Pierre, « Les stratégies de formation des entreprises québécoises en matière de formation », *Relations Industrielles*, 46, 2, 1991, p. 329 à 356.

DORAY, Pierre, R. BAGAOUI et D. RICARD, *La formation dans les entreprises québécoises : études de cas auprès de 15 entreprises performantes*, Québec, Conseil de la science et de la technologie, 1994.

DUBAR, C. et al., *Innovations de formation et transformations de la socialisation professionnelle par et dans l'entreprise*, Lille, LASTREE, 1989.

FEUTRIE, Michel et Eric VERDIER, « Entreprises et formations qualifiantes, une construction sociale inachevée », *Sociologie du Travail*, n° 4, 1993, p. 469 à 491.

GIBBONS, M. et al., *The new production of Knowledge*, Thousand Oaks, Sage, 1995.

MAROY, Christian, « Logiques de formation et organisation du travail : vers une formation détaylorisée ? », dans Institut des sciences du travail, *Du travail à l'organisation. L'infatigable rationalisation de l'entreprise*, Louvain la Neuve, Université catholique de Louvain, 1993, p. 59 à 81.

MAROY, Christian, *Modernisation et logiques de formation industrielles*, Mimeo, 1995.

QUINN, Mills D. et B. FRIESEN, « The Learning Organization », *European Management Journal*, 10, 2, 1992, p. 146 à 156

ZARIFIAN, P., « Acquisition et reconnaissance des compétences dans une organisation qualifiante », *Education Permanente*, 112, 1992, p. 15 à 22.

Aperçu des principales transformations des rapports du travail dans les entreprises : le cas québécois

Michel GRANT
Benoît LÉVESQUE

Pour saisir l'ampleur des transformations des relations et de l'organisation du travail dans les entreprises, le cas du Québec nous semble particulièrement intéressant. Alors qu'il détenait les records canadiens des arrêts de travail, pendant les années 1970, la situation s'est complètement renversée au cours des dernières années[1]. L'amélioration du climat de travail ne se traduit toutefois pas uniquement par l'absence de conflits de travail, mais aussi par une tendance à renouveler les stratégies et les enjeux des relations du travail. Les préoccupations des parties patronales et syndicales expriment de plus en plus une conscience de l'interdépendance entre, d'une part, le développement et la prospérité de l'entreprise et, d'autre part, la création et le maintien de l'emploi et l'amélioration des conditions de travail. Cette évolution a favorisé une redéfinition des modes de négociation et du rôle de la convention collective, de même que la mise en place de nouvelles pratiques syndicales et de nouvelles formes organisationnelles, notamment une gestion plus décentralisée et moins hiérarchisée des ressources humaines.

---

[1] André Dompierre, « Grèves et lock-out au Québec en 1995 - bilan», *Le marché du travail*, 17, 5, 1995, p. 7.

Ce chapitre vise à fournir un premier aperçu de l'ensemble des transformations qui se sont d'abord manifestées dans le secteur privé de l'économie québécoise et qui commencent maintenant à apparaître certains secteurs publics. Dans une première partie, nous présentons quelques éléments de problématique pour ensuite caractériser à grands traits les principales transformations dans l'organisation et les relations du travail qu'on retrouve maintenant dans la plupart des pays développés. Dans une deuxième partie, nous nous arrêtons au cas du Québec, que nous tentons de caractériser à l'aide d'études de cas réalisées par nous et par d'autres.

Perspectives théoriques pour l'étude des principales transformations

Contrat social et nouveaux compromis

La notion de nouveau contrat social ne saurait être limitée à la seule durée du contrat, puisqu'elle renvoie principalement à des changements dans la nature et la forme des rapports collectifs et individuels de travail au sein de l'entreprise (Walton et al. 1994). Un nouveau contrat social dans l'entreprise suppose de nouveaux compromis sociaux pour une redéfinition des pouvoirs des parties (ex. : information, consultation, décision conjointe) et de la nature, voire de la portée, des rapports collectifs du travail : confrontation ou coopération, d'une part, court ou long terme, d'autre part.

Dans la perspective « régulationniste »[2], l'idée de nouveau contrat social renvoie à celle de nouveaux compromis institutionnalisés entre les parties concernées, en l'occurrence le patronat et les syndicats. Cela suppose l'adoption de nouvelles règles du jeu acceptées par les parties qui pensent pouvoir en tirer profit (Roustang et al., 1996). Si l'on s'en tient aux relations du travail, trois types d'arrangements peuvent ainsi être identifiés. En premier lieu, l'arrangement fordiste qui concerne principalement la négociation des

---

[2]   Nous faisons allusion à l'École française de la régulation. Pour une présentation générale de cette approche, voir Robert Boyer, *La théorie de la régulation : une analyse critique*, Paris, La Découverte, 1986. En ce qui concerne les rapports de travail, voir entre autres Aglietta (1984) et Coriat (1990). Pour le Québec, voir Bélanger et Lévesque (1994).

gains de productivité, sans toucher aux droits de gérance et donc sans implication des syndicats dans l'organisation du travail. Possible dans une période de croissance, cet arrangement donne lieu à l'affrontement lorsque les gains de productivité sont réduits et *a fortiori* quand le modèle de développement a atteint ses limites. Remis en cause dans un premier temps par les travailleurs en raison de l'exclusion dont ils étaient l'objet, le contrat social le sera également par les patrons en raison de sa rigidité. En deuxième lieu, les arrangements « post-fordistes » peuvent être de deux types. L'un manifestement néolibéral qui prend la forme soit de l'assouplissement des règles collectives[3], soit de l'individualisation des rapports de travail pour obtenir la participation individuelle des travailleurs. L'autre arrangement, qui fait une place au syndicat, suppose la négociation de nouvelles règles collectives qui permettent une participation négociée et donc une implication collective des travailleurs dans le cadre d'une coopération conflictuelle.

En s'inspirant de cette approche, deux dimensions peuvent être retenues pour l'analyse concrète des transformations des relations et de l'organisation du travail. En premier lieu, les formes institutionnelles (ex. : code du travail et convention collective) qui codifient aussi bien le partage des produits du travail que le partage du pouvoir entre les parties, permettant ainsi une plus ou moins grande implication des travailleurs dans l'organisation de la production et du travail. En deuxième lieu, les formes organisationnelles qui concernent alors plus spécifiquement les formes de division du travail et de sa coordination. Dans ce cas, la qualification ou la non-qualification des travailleurs peut être prise comme variable synthétique de transformations organisationnelles allant dans le sens d'un dépassement du taylorisme (ex. : équipe de travail, polyvalence et nouvelles compétences).

En combinant les dimensions institutionnelles et organisationnelles, on obtient six configurations d'entreprise : le fordisme, où l'on retrouve à la fois une exclusion des travailleurs au profit des droits de direction et une déqualification propre à la division taylorienne du travail ; le fordisme

---

[3] Deux formes d'assouplissement peuvent être observées. En premier lieu, fragmentation du collectif de travail en deux catégories d'employés : des employés permanents et des employés surnuméraires. En deuxième lieu, introduction dans la convention collective d'une clause dite « grand-père », en vertu de laquelle les nouveaux employés ne bénéficient pas de la rémunération et des avantages sociaux accordés aux anciens.

renouvelé, qui se distingue du taylorisme par une ouverture à la requalification des travailleurs et se démarque du fordisme traditionnel par une plus grande flexibilité du personnel obtenue grâce à la concession de la sécurité d'emploi pour tous les travailleurs ; le néo-fordisme caractérisé par un affaiblissement des règles collectives et par une organisation tayloriste du travail ; la configuration dite californienne, qui se caractérise à la fois par une dissolution des règles collectives au profit d'une individualisation des rapports employés/ direction et par une organisation du travail misant sur une forte implication par adhésion à la culture d'entreprise et l'engagement volontaire des travailleurs (ex. : cercles de qualité) ; la coopération tayloriste, dans laquelle les travailleurs participent à l'orientation de l'entreprise, alors que l'organisation du travail demeure tayloriste ; la démocratie salariale, où l'on retrouverait à la fois un dépassement du fordisme à travers un partage plus équitable du pouvoir (ex. : comités paritaires) et un dépassement du taylorisme par une requalification des travailleurs au moyen de la polyvalence et des équipes semi-autonomes, entre autres (Bélanger et Lévesque, 1994).

Dans une perspective théorique s'inspirant de la tradition institutionnaliste américaine, Walton, Cutcher-Gershenfeld et McKersie (1994) considèrent également que le nouveau contrat social se démarque de celui des années 1960. À cet effet, ils distinguent deux aspects : celui des enjeux et celui des processus. Pour les enjeux, les employeurs auraient obtenu des révisions majeures de la convention collective, des concessions salariales et la remise en question de la convention type, de sorte que le contrat social entre la direction et le syndicat reposerait maintenant sur une relation se situant quelque part entre les stratégies d'évitement des syndicats et les stratégies de coopération. Pour le processus, la négociation serait devenue continue, de sorte que le contrat de travail constituerait désormais un document plus vivant, plus souple et plus flexible, permettant ainsi un ajustement plus rapide aux conditions du marché et aux exigences de l'organisation de la production et du travail.

En ce qui concerne le contrat social dans l'entreprise[4], les mêmes auteurs font une distinction relativement nette entre

---

[4]   À leurs yeux, la substance du contrat ne se limite pas au contenu de la convention collective, mais s'étend aux autres politiques ou aux autres pratiques dans l'organisation concernant la détermination des conditions de travail. Ces contrats substantifs de travail s'inscrivent dans le cadre d'un contrat social, d'un type de processus, d'une nouvelle relation.

les relations de la direction avec le syndicat et celles que la direction entretient avec les travailleurs, de sorte qu'ils en arrivent également à six configurations (voir le tableau 1). Les relations de la direction avec le syndicat peuvent être de trois types : celles basées sur l'évitement ou le contournement des syndicats conformément au modèle néolibéral ; sur l'adaptation dans la foulée du *Wagner Act* ou du modèle fordiste ; et, enfin, sur une coopération qui peut être conflictuelle ou de collusion. Par ailleurs, les relations avec les salariés peuvent être de deux types : elles peuvent être basées soit sur la soumission à la direction, soit sur l'implication dans l'organisation du travail.

La configuration B correspond au modèle traditionnel ou du fordisme qui est encore dominant. Elle a été consolidée par les lois canadienne et québécoise de 1944, sous l'inspiration du *Wagner Act* adopté par les États-Unis à l'époque du *New Deal* rooseveltien. Cette approche, qui constitue depuis plusieurs décennies le fondement du contrat social dans l'entreprise, repose sur la prémisse selon laquelle la négociation collective permet de corriger le déséquilibre inhérent à la relation de pouvoir entre un employeur et son employé au moment de la détermination du contrat individuel de travail[5]. Le conflit d'intérêts qui s'exprime dans le cadre du rapport de forces à l'occasion de la négociation collective conduit à une relation où les parties conviennent d'un contrat qui formalise non seulement les conditions de travail auxquelles les employés sont soumis, mais aussi à un pacte en vertu duquel syndicat et patron cherchent à s'adapter mutuellement.

---

[5]   Le professeur Gérard Hébert explique que « dans le système économique nord-américain, les facteurs d'équilibre et de contrepoids jouent un rôle essentiel. Si la loi intervient en faveur d'une partie, comme le font les différentes lois de travail, c'est que le législateur estime que le marché a trop joué contre elle et qu'il faut rétablir l'équilibre. » Hébert, 1982, p. 41.

Tableau 1 – Relations employeur-syndicat et relations employeur-employés

Relations avec les employés	Relations avec le syndicat		
	Évitement	Adaptation	Coopération
Soumission	A	B	C
	(ex. : les contrôleurs aériens sous Reagan)	(Wagner Act ou fordisme)	(collusion)
Implication	D	E	F
	(implication individuelle ex. : Hyundai de Bromont)	(modernisation dans le cadre traditionnel)	(participation négociée et la plus significative)

La récession économique du début des années 1980 et l'élection de Ronald Reagan ont encouragé plusieurs employeurs américains à abandonner cette approche et à opter plutôt pour des tactiques plus agressives remettant en question le contrat social basé sur l'adaptation et lui préférant l'affaiblissement ou la disparition du syndicat (configuration A et D). Cette stratégie s'est toutefois beaucoup moins répandue au Canada et au Québec, où le cadre juridique et institutionnel fournit des conditions plus favorables à la présence et à l'influence syndicale dans l'entreprise. Dans le cadre traditionnel ou fordiste des relations patronales-syndicales, diverses initiatives patronales de modernisation organisationnelle (ex. : cercles de qualité) peuvent exister, mais les syndicats adoptent habituellement une attitude défensive à leur égard, surtout quand ces initiatives se font sans leur participation. La configuration F renvoie au renouvellement le plus significatif du contrat social, puisqu'elle implique une transformation majeure des méthodes de gestion et des pratiques syndicales.

Selon Kochan, Katz et McKersie (1986), les stratégies élaborées par les acteurs patronaux et syndicaux pour relever le défi de la concurrence peuvent être analysées à partir de trois points de vue :

1. du point de vue stratégique, soit celui des politiques globales de l'entreprise (investissements dans les nouvelles technologies, nouveaux créneaux de produits ou de services) ;
2. celui de la négociation collective, soit le niveau institutionnel (ex. : conditions d'introduction des technologies) ;

3. celui de l'organisation du travail et des relations quotidiennes entre les salariés et la direction.

La distinction entre la dimension institutionnelle et la dimension organisationnelle est également présente chez les « régulationnistes » qui insistent moins sur les conditions externes (marché et technologie) que sur les projets sociaux des acteurs en présence.

Diversité des formes de réorganisation du travail

De plus en plus de dirigeants d'entreprises réalisent que l'organisation tayloriste du travail est dépassée. Cette forme d'organisation du travail est en effet incapable de susciter l'implication et la créativité des travailleurs pour répondre aux exigences de flexibilité des nouvelles technologies et aux demandes de produits de qualité des consommateurs ; elle est donc incapable de maintenir la position concurrentielle de l'entreprise, d'où l'expérimentation de nouvelles formes, nombreuses et variées au moins en apparence, qui ont cependant en commun le souci de susciter un engagement plus intense des travailleurs dans le processus de production et, dans le meilleur des cas, de favoriser leur requalification. Ces diverses formes, que nous présenterons brièvement, peuvent être regroupées en six catégories.

L'enrichissement des tâches

Alors que le taylorisme vise, entre autres, à décomposer le travail en tâches ou en séquences bien précises, l'enrichissement des tâches[6] consiste à contrer la fragmentation du travail en regroupant les tâches composant un poste quelconque. Il convient de souligner que l'enrichissement peut être horizontal ou vertical. Dans le premier cas, il s'agit de confier aux travailleurs plusieurs opérations formant le processus de production. Dans le second, il s'agit de leur attribuer des responsabilités concernant la planification du travail, les méthodes de production, l'évaluation de la qualité du travail accompli. Dans ce cas, l'enrichissement des tâches peut amener une remise en cause de la séparation entre la conception et l'exécution, laquelle séparation constitue le cœur du taylorisme.

---

[6]   Pour cette section, voir E. Lawler, *High Involvement Management*, San Francisco, Jossey-Bass, 1988.

Très souvent l'entreprise se contente d'un enrichissement horizontal, ne réussissant ainsi qu'à intensifier le rythme et à augmenter la charge de travail. En effet, seul un enrichissement horizontal et vertical pourra exercer un effet significatif et durable sur l'engagement des travailleurs. De plus, l'enrichissement peut être décidé unilatéralement par la direction ou négocié avec le syndicat. Dans un tel cas cependant, rien dans la nature du programme d'enrichissement n'incite les participants à acquérir une meilleure vision d'ensemble du processus de production. En somme, pour des raisons d'efficacité, les travailleurs doivent être associés à la détermination des grandes lignes du projet d'enrichissement des tâches. Comme on l'entrevoit, cette approche peut varier considérablement selon la nature du compromis entre la direction et les employés.

Les cercles de qualité

Les cercles de qualité sont des équipes, formées de travailleurs volontaires et de leurs supérieurs immédiats, qui se réunissent régulièrement pendant les heures de travail et dont le mandat est de détecter et d'éliminer les problèmes liés au processus de production dans leur unité de travail. Il existerait une forte corrélation entre la participation des travailleurs à un programme de cercles de qualité et la satisfaction qu'ils éprouvent à l'égard de leur travail (Elizur, 1990). Les cercles de qualité constituent souvent une structure parallèle et temporaire, de sorte qu'ils parviennent rarement à modifier la structure hiérarchique traditionnelle qui caractérise de nombreuses entreprises (Brennan, 1991). La plupart des entreprises ne mettent pas en place un système de renforcements pécuniaires et les récompenses intrinsèques sont seules valorisées. En Amérique du Nord, très peu d'entreprises communiquent à leurs employés leurs résultats financiers globaux, ou leur font part de leurs plans à long terme. Les cercles fonctionnent donc à l'intérieur d'un territoire bien délimité, réduisant ainsi leur portée et leur efficacité.

Les programmes de cercles de qualité seraient plus efficaces s'ils étaient officiellement intégrés au processus de production et s'ils ne constituaient plus une structure parallèle au sein de l'organisation. Leur présence ne modifie en rien la répartition du pouvoir déterminée par la structure hiérarchique. Assez curieusement, les parties n'évaluent pas les conséquences de ce type de programme sur les structures de l'organisation ou sur l'efficacité organisationnelle. Une implication de l'ensemble des salariés dans l'évaluation des procédés et de la structure de l'organisation semblerait très utile pour la continuité de ces programmes. On comprendra facilement que cette approche favorable à une implication volontaire des employés peut convenir à une stratégie d'évitement des syndicats.

Les équipes de travail

Dans leur forme la plus avancée, les équipes de travail peuvent, d'une part, déterminer quand et comment le travail qui leur est assigné sera accompli, et donc déterminer les cadences, et d'autre part, définir le contenu des emplois, les méthodes de production et l'évaluation de la performance. L'objectif d'un tel programme est de définir avec soin une séquence déterminée par un intrant et un extrant, dont l'équipe est exclusivement responsable. Généralement, les membres d'une équipe pratiquent la rotation des tâches afin que chacun soit capable d'effectuer toutes les tâches relevant de l'équipe. Dans un tel cadre, deux types de formation sont offerts. Le premier concerne les qualifications techniques et le second, le développement des aptitudes sociales au travail en équipe. Dans certains cas, le leadership de l'équipe de travail sera assumé par un membre élu par les participants, alors que dans d'autres cas un animateur est désigné par l'entreprise.

L'implantation d'équipes de travail peut s'accompagner de la mise en place d'un système de rémunération basé sur les compétences. L'employé est alors rémunéré en fonction du nombre de tâches différentes qu'il peut effectuer. Le passage d'un employé d'une catégorie salariale à une autre dépend de l'évaluation que l'entreprise ou son équipe de travail fait de sa maîtrise des diverses tâches à effectuer. L'employé est remunéré pour ce qu'il sait, plutôt que pour ce qu'il fait.

Les équipes de travail peuvent bénéficier d'une autonomie plus ou moins grande. Les programmes les plus avancés font de l'équipe une véritable PME au sein de l'entreprise, avec les pouvoirs se rattachant à cette forme d'entrepreneurship : embaucher, congédier, déterminer les niveaux de salaire, évaluer la qualité, etc. Des programmes plus traditionnels accorderont à l'équipe de travail des pouvoirs moins étendus, qui concernent toujours les objectifs de production, l'évaluation de la qualité et les méthodes de travail les plus appropriées. Dans tous les cas, les équipes reçoivent une rétroaction *(feedback)* quant à leur performance. Elles sont responsables de l'ajustement de cette dernière à certains critères de qualité. Dans certains cas, elles participent à la définitiondes critères. Dans la plupart des cas, les équipes de travail peuvent procéder de leur propre chef à des modifications mineures, alors que les changements ou les achats majeurs doivent recevoir l'approbation de la direction.

Dans leur forme la plus évoluée, les équipes de travail modifient la structure de l'entreprise et sont susceptibles d'en améliorer l'efficacité globale par :
• une amélioration des méthodes de travail ;
• l'acquisition et, surtout, la rétention plus facile du personnel ;
• une plus grande flexibilité de l'entreprise ;
• une meilleure qualité du produit ;
• une augmentation de la productivité mais pas dans tous les cas ;
• une réduction du coût de la supervision ;
• une plus grande adéquation des décisions relatives à la production.

Ces diverses améliorations résultent de la forte implication des travailleurs qui connaissent le mieux le fonctionnement de la production. Malgré leurs effets potentiellement positifs, les équipes de travail constituent une forme d'implication souvent éphémère pour au moins deux raisons. En premier lieu, la grande majorité des gestionnaires ne sont pas encore prêts à effectuer les changements organisationnels qu'exige une organisation du travail centrée sur les équipes. En deuxième lieu, sans transformations institutionnelles correspondantes, les changements organisationnels même les plus avancés demeurent fragiles, parce que relevant de la seule bonne volonté de la direction.

Les programmes de qualité totale

L'intensification de la concurrence, la pression des clients et une crise interne spécifique sont le plus souvent invoquées pour justifier la mise en place d'un programme de qualité totale. Les programmes de qualité totale s'inspirent des principes développés à l'origine par Edwards Deming (1991). Tout d'abord, l'organisation doit adopter le point de vue du client. Elle y parvient en répondant à trois questions : quelles sont les caractéristiques valorisées par le client ? Comment l'entreprise peut-elle produire un bien ou un service possédant les caractéristiques valorisées par le client ? Comment l'entreprise peut-elle mesurer l'écart entre le produit ou le service désiré et celui qu'elle produit afin de le minimiser ? En général, l'entreprise cherchera à effectuer des mesures quantitatives rigoureuses (moyennes, écarts types, graphiques de cheminement critique, etc.) afin d'évaluer avec précision la qualité d'un ensemble d'unités d'un produit, c'est-à-dire la répartition statistique de la qualité. D'autres mesures indirectes pourront également être effectuées dans le but, cette fois, d'évaluer le fonctionnement du programme : les rebuts, le coût du programme de garantie, la productivité par employé, le nombre de plaintes des clients, etc.

Ensuite, les diverses activités d'une entreprise forment un processus global. Chaque segment de processus doit être analysé et amélioré, mais toujours dans le but de fournir un intrant de meilleure qualité au segment suivant. Chaque employé doit satisfaire un client, soit interne (l'employé qui exécute l'opération suivante dans le processus de production), soit externe (l'acheteur du bien ou du service produit).

Enfin, puisque la qualité doit faire partie intégrante du produit à chaque étape de sa fabrication, la seule façon de réaliser la qualité totale est de susciter l'adhésion de tous les membres de l'organisation, et particulièrement de ceux qui produisent directement le bien ou le service offert au client. En effet, le contrôle de la qualité devient la responsabilité de chacun, puisque ce type de programme implique la disparition du contrôle centralisé traditionnel de la qualité par des représentants du service de l'inspection. Enfin, la direction de l'entreprise doit jouer un rôle actif dans le fonctionnement du programme : dispenser des formations, développer les qualifications professionnelles et les habiletés au travail en groupe des participants, récompenser les efforts des participants, améliorer les communications au sein de l'organisation et avec les clients.

Concrètement, la qualité totale passe par la création d'équipes ou de cercles de qualité qui disposent, tout d'abord, de toute l'information requise pour formuler des suggestions éclairées. La direction qui conserve le contrôle du processus doit démontrer qu'elle prend au sérieux les suggestions des équipes. Les expériences québécoises laissent voir que la qualité totale peut s'accompagner de transformations institutionnelles permettant aux travailleurs d'être partenaires dans cette recherche de la qualité. Cette reconnaissance suppose généralement un dépassement ou une redéfinition des cercles de qualité de manière à intégrer la participation collective.

La « ré-ingénierie » des processus

La « ré-ingénierie » des processus constitue sans doute la vague la plus récente des programmes d'amélioration de la productivité. Alors que les programmes de qualité totale introduisent les changements de façon « incrémentale » et continue, la « ré-ingénierie » propose un réexamen et un changement radical et total des modes de fonctionnement et des activités d'une organisation. Hammer et Champy (1994) proposent aux entreprises des changements radicaux, afin qu'elles puissent réaliser des améliorations « dramatiques » dans les mesures de performance. Il faut alors remettre en question l'ensemble des activités et des processus. Le travail est donc réorganisé, puisque les unités de travail se voient reconstituées non plus en fonction d'une structure départementale, mais en fonction des processus liés à l'activité. Les travailleurs sont donc regroupés en fonction de ces processus et leur responsabilité n'est plus établie selon des tâches déterminées, mais selon les résultats de l'ensemble du processus.

La formation requise doit donc assurer une grande flexibilité des salariés, vu le caractère multidimensionnel de leur travail. Comme dans d'autres programmes, la « ré-ingénierie » suppose l'autonomie et la disparition de l'encadrement hiérarchisé découlant du modèle tayloriste. Les nouvelles technologies d'information constituent le levier pour les transformations projetées, puisqu'elles permettent une intégration des tâches qui serait impensable sans elles. Bien que conduisant à une diminution des postes de travail, le but de l'opération n'est pas d'éliminer des emplois mais de réorganiser le travail. Même si Hammer et Champy (1994) admettent timidement que la meilleure façon d'implanter un tel programme dans un milieu syndiqué est d'impliquer le syndicat, ils esquissent un modèle d'entreprise où les syndicats sont généralement absents. En revanche, ils insistent énormément sur l'importance de la culture d'entreprise et sur la nécessaire adhésion des employés à la vision proposée par la direction.

En somme, la « ré-ingénierie » aurait tendance à s'inscrire dans le modèle D de Walton, Cutcher-Gershenfeld et McKersie ou encore dans le modèle californien des « régulationnistes ». Même si cela semble constituer l'exception, il existe quelques cas où la « ré-ingénierie » des processus s'est faite avec la participation des syndicats. Enfin, les programmes de qualité totale peuvent coexister avec ceux de la « ré-ingénierie ». En effet, à la suite d'une « ré-ingénierie » des processus, et donc d'un changement radical, il peut être bon de maintenir un programme de qualité totale ou d'amélioration continue[7].

Les systèmes socio-techniques

L'analyse socio-technique repose sur l'idée que l'entreprise est constituée de deux sous-systèmes, l'un technique (ex. : équipement, machinerie, savoir-faire), l'autre social (ex. : besoins des personnes et des groupes). L'efficacité organisationnelle optimale découlerait de l'établissement et du maintien au sein de l'organisation d'un équilibre ou d'une cohérence entre ces deux sous-systèmes. Comment, dans la pratique, cet énoncé de principe peut-il se traduire ?

L'instauration d'un tel système débute par la mise en place d'un processus élaboré de sélection des futurs employés. L'embauche s'effectue sur la base d'une compatibilité entre les caractéristiques de l'individu et celles du milieu dans lequel il évoluera. Une fois l'entreprise en exploitation, les équipes de travail se voient attribuer la responsabilité d'embaucher leurs futurs membres. Dans le but d'augmenter la convivialité des installations, il peut arriver que l'entreprise fasse appel à des représentants des travailleurs ou à des experts (ex. : ergonomes) au moment de la conception *(design)* des moyens de production.

La conception des lieux de production s'élabore en fonction du travail en équipe. Ainsi, on veille à ce que les membres d'une équipe puissent facilement interagir au sein d'une zone où ils évoluent. De même, pour les caractéristiques du milieu physique de travail, la direction tente de créer un environnement favorisant l'égalité de tous les individus dans l'entreprise (ex. : aucune place de stationnement ne sera réservée, y compris pour les cadres). Des efforts sont également déployés pour rendre le travail plus intéressant. Pour l'individu, cet objectif peut être atteint par un enrichissement vertical et horizontal des tâches. Pour la collectivité, chaque équipe peut aussi se voir confier la réalisation d'une portion significative d'un produit (ex. : on demande à une

---

[7]   C'est ce que soutient, entre autres, Michael Hammer, *Beyond Reengineering*, New York, Harper Business, 1996, p. 82. C'est la position également de Joseph Kélada, *Integrating Reengineering with Total Quality*, Milwaukee, ASQC Quality Press, 1996, p. 470.

équipe d'assembler tout le système électrique d'une voiture). L'équipe peut également inclure dans la définition de chaque poste un mélange de tâches intéressantes et répétitives.

En ce qui a trait à la rémunération, toujours dans le but de créer un climat égalitaire, les employés traditionnellement payés sur une base horaire sont souvent rémunérés sur une base hebdomadaire. Afin d'encourager le développement du travail d'équipe, ainsi que la flexibilité interne, des entreprises rémunèrent leurs employés sur la base du nombre de tâches différentes qu'ils peuvent accomplir. La direction ou les membres de l'équipe peuvent décider dans quelle mesure l'employé mérite une augmentation de salaire (Lawler, 1990).

En ce qui concerne la structure organisationnelle, l'accent porte sur un aplatissement de la pyramide décisionnelle, c'est-à-dire que l'on réduit au minimum le nombre d'échelons de supervision entre les travailleurs et la haute direction. De plus, les équipes de travail ne sont pas constituées sur la base des fonctions (ex. : entretien/réparation, production/contrôle de la qualité), mais plutôt sur la base de la totalité ou d'un sous-ensemble d'un produit que l'équipe fabrique. En effet, le personnel de soutien pour la planification ou pour le contrôle de la qualité est réduit au minimum, puisqu'une grande partie de ces tâches est assurée par les travailleurs.

En somme, les formes de réorganisation du travail décrites ici trop brièvement représentent le troisième niveau d'analyse selon l'approche de Kochan et al. (1986). Ces formes de réorganisation du travail supposent une implication variable des employés dans le processus de production. Cependant, elles ne sont pas nécessairement synonymes de gestion participative ou de cogestion. Certaines sont plus avancées, alors que leur portée peut être amplifiée ou réduite par la participation des travailleurs à la gestion et aux orientations stratégiques de l'entreprise, que favorise, par exemple, la participation directe et collective à la propriété. De même, les ententes à long terme, souvent appelées à tort ou à raison contrats sociaux, peuvent parfois favoriser un renouvellement des formes de l'organisation du travail. Autrement dit, il est assez difficile de ne pas lier la réorganisation du travail (dimension organisationnelle) et la réorganisation des relations du travail (dimension institutionnelle), laquelle dépend en grande partie du rapport qu'entretiennent les acteurs sociaux. En somme, le succès de la première dépend habituellement de conditions à remplir dans le cas de la seconde.

Enfin, le passage d'un mode tayloriste fondé sur la coordination par les règles et la surveillance, à un mode de fonctionnement faisant appel à la polyvalence et à une coordination reposant sur l'intériorisation des règles et contraintes par les travailleurs, suppose une transformation en profondeur du rôle des cadres, notamment ceux qui sont en contact direct et soutenu avec les travailleurs de la production. Les nouvelles connaissances et attitudes requises du cadre de premier échelon relèvent plus du savoir-être que du savoir-faire, puisque ses actions s'exercent principalement en fonction d'instructions codifiées et rigides. En revanche, les interventions de cette catégorie de cadre supposent une habileté à communiquer avec compétence avec les autres salariés afin de transmettre clairement les messages et de susciter ou de consolider l'adhésion de l'équipe de travail aux objectifs de l'organisation et de la communauté de travail (Guidat de Queiroz et Rault, 1992). Cette transformation du rôle du cadre, voire sa disparition, est indissociable de la transformation de la nature du travail et des équipes de travail selon un mode plus décentralisé. Les changements en matière de qualifications sous-tendent des changements dans les relations des salariés entre eux et avec leur supérieur immédiat. Ils doivent s'attendre à une plus grande autonomie, à saisir le sens de leur action en relation avec les objectifs de l'entreprise et à situer leur rôle et l'importance de leur contribution. En somme, les formes de réorganisation du travail supposent, pour réussir, puis se maintenir, des modifications majeures dans les relations du travail.

Le renouvellement des relations du travail

Nous assistons aussi à une remise en question des modes traditionnels de relations du travail basés sur l'affrontement patronal-syndical. Les tactiques traditionnelles axées sur l'affrontement et sur le recours à la grève ne se présentent plus comme les moyens les plus appropriés pour régler les différends, puisque l'enjeu ne porte plus seulement sur des revendications concernant un meilleur partage de la croissance et des profits de l'entreprise, mais de plus en plus sur les conditions de survie de cette dernière, la protection de l'emploi et sur un partage du pouvoir. Les tactiques qui conviennent pour arracher des augmentations de salaire dans un contexte de prospérité n'offrent pas aux syndiqués le même attrait ni les mêmes perspectives d'efficacité dans des luttes, visant en définitive, une implication dans le devenir de l'entreprise. Le vocabulaire syndical s'est donc enrichi depuis quelques années de certains termes autrefois tabous, tels que productivité, compétitivité, collaboration et participation.

Ce nouveau contexte pose des exigences importantes à la direction syndicale. En effet, le mode de fonctionnement démocratique syndical suit habituellement un axe vertical, de l'assemblée syndicale jusqu'à la présidence. Cette structure convient dans le cadre d'un processus décisionnel où les membres sont consultés à des périodes ou lors d'événements spécifiques, telle la présentation des offres patronales en négociation collective. Par ailleurs, la participation des salariés aux décisions relatives à l'organisation de leur travail s'inscrit dans le cadre d'une structure horizontale et décentralisée. La multiplication des forums décisionnels, accompagnant la réappropriation de certaines matières au niveau des unités de travail, pose au syndicat le défi de l'encadrement et de la formation de ses membres appelés à participer à cette structure décentralisée. Tout cela exige un renouvellement des méthodes syndicales.

De même, le passage de la négociation positionnelle à la négociation raisonnée, qui tend à s'imposer dans les négociations syndicales, constitue un important défi pour les méthodes syndicales. Le recours à l'épithète raisonnée pour désigner les modes plus coopératifs de négociation n'est sans doute pas le plus judicieux puisqu'il insinue que, dans la négociation traditionnelle, les négociateurs ne se servent pas de leur raison. Cette réserve faite, reconnaissons que la négociation traditionnelle correspond au mode dominant de marchandage qui consiste à adopter une position sur un enjeu donné, le plus souvent éloignée de la préférence réelle du demandeur, et à progressivement adopter une série de positions successives pour en arriver à un accord après avoir recouru à un ensemble de tactiques déployées selon un rituel familier aux négociateurs expérimentés.

Selon Fisher, Ury et Patton (1982), la négociation raisonnée démarre par une discussion sur la nature et l'importance des problèmes que les parties doivent bien cerner, puis résoudre en négociation. Pour en arriver à des solutions mutuellement bénéfiques, les négociateurs doivent éviter les prises de positions précises et arrêtées, et orienter les débats sur l'identification de leurs intérêts. L'abandon de la négociation positionnelle signifie que les parties ne présentent plus leurs revendications sous la forme d'un catalogue précis et détaillé, mais commencent par reconnaître un certain nombre de problèmes qu'ils tenteront de résoudre à partir d'une recherche de solutions appropriées. Pour chaque problème à examiner, les parties doivent trouver des critères objectifs leur fournissant des limites pour l'évaluation du caractère mutuellement bénéfique des solutions à retenir éventuellement. Le déroulement de la négociation suit donc la séquence suivante : discussion sur le ou les problèmes visés par la revendication, liste des intérêts communs et différents, remue-méninges sur la rédaction d'une liste de solutions, détermination des critères objectifs pour l'évaluation des solutions et sélection de la solution. Les changements dans le contexte de la négociation collective et le caractère insatisfaisant des résultats du processus de la négociation positionnelle sont les principales raisons qui incitent les parties à vouloir changer de modèle de négociation (Chaykowski et Grant, 1995).

Un des principaux défis que la négociation raisonnée doit relever, concerne les modifications majeures à apporter aux comportements des acteurs en cause. Ainsi, l'ouverture et l'honnêteté supposent un partage d'informations non seulement pendant la négociation collective, mais aussi dans le cadre de la gestion quotidienne. De même, le respect mutuel et l'instauration d'un climat de confiance ne s'imposeront qu'à partir des gestes bien concrets, notamment dans le cadre de la négocation. D'autres conditions organisationnelles doivent être prises en considération : la nécessité d'une session de formation conjointe, la pertinence de recourir ou non à un facilitateur pour assurer le respect du processus par les négociateurs, et l'ampleur des ressources matérielles, financières et humaines à investir par les deux parties. Finalement, l'implantation efficace de la négociation ne peut se réaliser sans l'appui continu des principaux décideurs, tant du côté patronal que du côté syndical. Une fois le processus enclenché, les parties doivent résister à la tentation de retourner à la négociation positionnelle si une difficulté survient au cours de la négociation raisonnée.

Le rapport de forces est rarement égal dans une négociation. Une partie plus puissante, qui ne recourt pas à la pression sur une plus faible, envoie un message très clair quant à son intérêt et à sa motivation à respecter les règles du jeu de la négociation raisonnée. La portée du nouveau processus déborde le cadre du renouvellement de la convention collective et s'inscrit dans un processus continu de résolution de problèmes qui transforme le sens même, le rôle et l'importance de la convention collective. Cette dernière perd de son caractère rigide et fixé, pour une durée déterminée alors que les parties multiplient les accords officiels et officieux pour adapter les règles à un environnement fluctuant et changeant.

Un des principaux résultats de la négociation raisonnée concerne l'amélioration du climat des relations industrielles par une diminution du nombre de griefs et de conflits. Les parties constatent souvent une meilleure performance du coté des résultats financiers. Finalement, le recours à la négociation raisonnée favorise le développement d'une flexibilité accrue et l'adoption de comportements qui ouvrent la voie à des gains mutuels dans d'autres domaines.

Le cas des entreprises québécoises

Jusqu'ici nous avons tenté de montrer à la fois l'ampleur et la diversité des transformations qui s'opèrent à des niveaux divers dans les entreprises de la plupart des pays développés et, notamment, en Amérique du Nord. Comme nous l'avons également montré, diverses configurations sont possibles. Nous allons maintenant nous arrêter au cas du Québec, en nous appuyant sur les monographies produites au cours des dernières années.

Le tableau 2 présente un aperçu des principales transformations, surtout organisationnelles, survenues à un moment donné dans des entreprises québécoises. Le premier intérêt de ce tableau est de fournir une liste relativement complète des entreprises innovatrices, telles qu'identifiées par les chercheurs. On y retrouve 104 monographies ou autres études (voir les références bibliographiques) portant sur des milieux de travail spécifiques ; les études sectorielles sont exclues de cette compilation, mais elles ont été retenues pour l'analyse. La plupart de ces études ont été effectuées au cours des années 1990 et constituent ainsi une photographie de la situation qui prévalait au moment de l'enquête, les conditions ayant pu se modifier depuis (ex. : abandon des programmes, fermeture d'établissement).

Les entreprises qui ont été étudiées par les chercheurs sont principalement des établissements manufacturiers (92 sur 104, soit 88 %) et syndiqués (97 sur 104, soit 93 %). Il va de soi que cet échantillon, peut-être représentatif des établissements syndiqués les plus innovateurs dans le domaine du travail, ne l'est sûrement pas de l'ensemble des établissements, même si l'on s'en tenait aux entreprises manufacturières. La surreprésentation des établissements syndiqués peut s'expliquer par une plus grande accessibilité aux données lorsqu'il existe un syndicat et une convention collective. Si le Québec est le royaume des petites et moyennes entreprises (PME), il faut reconnaître que ces dernières sont presque absentes des études de cas. Enfin, les établissements étudiés sont concentrés dans certains secteurs industriels, tels celui des pâtes et papiers (22 cas, soit 21 %) et celui de la métallurgie (21 cas, soit 20 % dont la moitié dans l'aluminium). Ajoutons qu'il s'agit de deux secteurs-clés de l'économie québécoise et, surtout, de deux secteurs qui ont dû se moderniser pour relever le défi de la concurrence mondiale. Par ailleurs, le secteur de la nouvelle économie[8] bien implanté dans la région de Montréal, mais généralement non syndiqué, est représenté par des étalissements comme ceux de Biochem Pharma, de Mitel SCC (Bromont), de Northern Telecom (Montréal), de CAE (Saint-Laurent) et de Marconi (Montréal).

Dans le tableau 2, certains résultats de recherche ont été regroupés à partir de la grille de Kochan et al. qui distinguent trois niveaux d'analyse, soit le niveau stratégique, le niveau des relations de travail et le niveau de l'organisation du travail. Ces observations peuvent également être interprétées dans une perspective « régulationniste », dans la mesure où l'on distingue bien les transformations institutionnelles (niveau 1 et 2 de Kockan et al.) des transformations organisationnelles (niveau trois), dans la mesure également où il est possible de compléter les informations quantitatives par des informations plus qualitatives.

---

[8]   Secteur axé sur les nouvelles technologies de l'information, la biotechnologie, les industries pharmaceutiques et, plus largement, sur le travail intellectuel. Voir Nuala Beck, *La nouvelle économie*, Montréal, Éd. Transcontinentales, 1994, p. 232. Cette distinction recoupe en partie celle des « manipulateurs symboliques », que traite Robert B. Reich, *The Work of Nations*, New York, Vintage Books, 1992.

Tableau 2 — Nature des transformations par milieu de travail

Employeur	Technologie	Flexibilité	Équipe de travail	Autonomie	Conditions de travail	Formation	Relations du travail	Propriété
Péchiney (Bécancour)	•	•					•	
Alcan (Isle-Maligne)		•	•	•			•	
Alcan (St-Maurice)			•			•	•	
Alcan (Arvida)	•		•				•	
Alcan (Grande Baie)	•	•		•	•		•	
Reynolds (Cap-de-la Madeleine)		•						
Reynolds (Baie-Comeau)		•						
Alcan (Shawinigan)		•				•	•	
Alcan (Laterrière)	•	•	•				•	
Abitibi-Price (Alma)		•	•	•		•	•	
Abitibi-Price (Kénogami)		•				•		
Kruger (Trois-Rivières)							•	
Kruger (La Salle)		•						
Cascades (Jonquière)		•		•				
Cascades (Kingsey Falls)		•		•	•		•	•
Cascades (Cabano)		•	•	•	•		•	•
Cascades (East Angus)		•		•	•		•	
Cascades Carteck		•		•	•		•	
Domtar (Donnacona)		•	•		•	•	•	
Domtar (Windsor)		•			•	•	•	
Donohue (Clermont)		•						
Domtar (Beauharnois)		•			•	•	•	
Domtar (Lebel-sur-Quévillon)		•			•	•	•	•
Papiers Perkins (Laval)		•	•	•	•	•	•	
Papiers Perkins (Candiac)			•					
Papiers Scott (Crabtree)		•	•			•	•	
Papiers Scott (Hull)							•	
Tembec		•	•	•			•	•
Stone Consolidated (Port Alfred)		•						
Cadorette Marine		•	•	•			•	•
Novabus (St-Eustache)		•	•			•	•	•
Prévost Car (Ste-Claire)	•	•			•		•	•

Employeur	Technologie	Flexibilité	Équipe de travail	Autonomie	Conditions de travail	Formation	Relations du travail	Propriété
Kenworth (Boisbriand)		•	•		•	•		
GM (Boisbriand)		•	•	•				
Rolls-Royce		•	•		•		•	
Bombardier (Canadair)		•			•		•	
Bell Helicopter (Mirabel)		•	•	•	•	•	•	
MIL-Davie (Lauzon)		•		•			•	
A.M.F. Transport		•	•	•		•	•	
Continental Can		•	•	•			•	
Sammi-Atlas (Tracy)		•			•	•	•	
Câbles Philips (Rimouski)		•	•	•	•		•	
Câbles Philips (St-Jérôme)		•	•			•		
Câbles Canada Alcatel		•						
Forges de Sorel		•		•	•	•	•	
Sidbec-Dosco (Longueuil)		•			•	•	•	
Sidbec-Dosco (Mtl)		•			•	•	•	
Sidbec-Dosco (Contrecœur)		•			•	•	•	
Expro		•		•	•	•	•	•
Canplast		•				•	•	
GEC Alsthom		•		•	•	•	•	
SNC Technologies		•			•	•	•	
Goodyear (Valleyfield)					•		•	
Fibrobec (Belœil)					•		•	•
Venmar Ventilation	•	•	•	•				•
Camco		•	•	•				
Standard Paper Box				•	•			
Inglis (Montmagny)	•	•	•	•	•	•	•	
Ligholier (Lachine)	•	•	•	•			•	
Marconi (Montréal)	•	•		•	•	•	•	
GE (Québec)		•			•			
Hayes-Dana (Magog)			•	•		•	•	
CAE (St-Laurent)						•		
Mitel SCC (Bromont)	•	•	•	•		•	•	
Northern Telecom (Montréal)						•		
Marion Merrell Dow (Laval)		•	•	•			•	
Bestar (Mégantic)			•	•		•	•	•
Shermag (Disraëli)		•					•	•

Employeur	Technologie	Flexibilité	Équipe de travail	Autonomie	Conditions de travail	Formation	Relations du travail	Propriété
Tapis Peerless		•			•	•	•	
Soreltex		•			•	•	•	
Bermatex		•	•			•	•	
Dom-Tex (Drummondville.)	•	•		•	•	•	•	
Consoltex	•	•						
Swift Textiles (Drummondville)		•					•	
Celanese (Drummondville)		•	•	•	•		•	
Bexcell (Ste-Rosalie)		•				•		
Aliments Delisle	•	•				•	•	
Weston Bakeries (Longueuil)	•	•	•	•	•	•	•	
Tourbière 1ère (Rivière-du-Loup)			•	•			•	•
Madeli-Pêche					•		•	
Québec Cartier Min.					•		•	
J.M.Asbestos							•	•
Télé-Métropole		•			•			
Cablo-Distribution (Montréal)		•						
Vidéotron		•						
Hydro-Québec		•	•	•	•	•	•	
Gaz Métropolitain		•	•	•	•	•	•	
S.A.Q.							•	
Rimouski (Ville)		•						
Château Champlain (Montréal)		•	•	•				
Boréal Insurance Co.		•	•	•	•		•	
Scierie Péribonka								•
Boisaco								•
GE (Bromont)		•	•	•	•	•	•	
Lauralco (Deschambault)		•	•	•	•	•	•	
Frigidaire (L'Assomption)		•	•	•			•	
BCPO (Pont-Rouge)	•	•	•	•			•	•
Produits forestiers Alliance (Donnacona)		•	•	•	•	•	•	
Claudel Lingerie (Mtl)		•	•	•	•	•	•	
Crane Canada (Mtl)		•		•	•	•	•	
Shell (Montréal Est)		•		•	•		•	
Christie Brown	•	•	•	•	•	•	•	
Éconogros (Métro)		•		•		•	•	
TOTAL	15	86	40	54	52	47	76	16

Les acteurs et leur participation aux décisions stratégiques

Nos commentaires porteront ici à la fois sur la spécificité des acteurs impliqués dans la modernisation des entreprises québécoises et sur la participation des travailleurs aux orientations stratégiques de ces entreprises. Comme nous le verrons, la participation ouvrière à la gestion stratégique survient principalement, voire exclusivement, dans les cas où il y a une participation collective et significative à la propriété de l'entreprise. Outre la participation collective des travailleurs à la propriété des entreprises, les acteurs en présence et la nature de leurs relations donnent néanmoins au cas québécois une spécificité manifeste.

Ainsi, à l'égard des acteurs en présence, le Québec se démarque non seulement des États-Unis, mais également du reste du Canada. La plupart des études qui tentent de caractériser le cas québécois insistent sur cette dimension (Bélanger et Lévesque, 1994a ; Harrisson et Laplante, 1996 ; Dupuis, 1995). En premier lieu, le poids du syndicalisme est nettement plus important puisque, pour l'année 1994, 43,8 % des travailleurs québécois étaient syndiqués, tandis que les travailleurs canadiens ne l'étaient qu'à 37,5 % et les travailleurs étasuniens qu'à 17,3 %[9].

Le patronat québécois se distingue tout autant du patronat du reste du Canada, et notamment de celui de l'Ontario, en raison de l'importance relative des entreprises québécoises d'économie sociale et d'économie publique par rapport aux entreprises capitalistes (Lévesque et Malo, 1992). Le patronat québécois se démarque également par sa préoccupation d'une maîtrise québécoise des entreprises. À cette fin, la société québécoise s'est donnée des institutions financières de très grande envergure : Caisse de dépôt et de placement, Régime d'épargne et d'action, Société de développement industriel, Société générale de financement, Investissement Desjardins, Fonds de solidarité des travailleurs du Québec (FTQ). Ce réseau d'institutions financières collectives constitue la base du Québec Inc[10]. De plus, un parti politique, le Parti Québécois, soutient plus explicitement que les autres

---

[9]   Réjean Courchesne, « La présence syndicale au Québec », *Le marché du travail*, 17, 1-2, 1996.

[10]   Les divers points de vue sur le Québec Inc sont présentés et analysés dans l'ouvrage réalisé sous la direction de Jean-Pierre Dupuis, *Le modèle québécois de développement économique*, Québec, Presses Inter Universitaires, 1995.

ce projet collectif qu'est Québec Inc, lequel a également des supporteurs au sein même du Parti libéral du Québec comme en témoigne la politique industrielle prônée par l'ex-ministre Gérald Tremblay, promoteur des contrats sociaux et des grappes industrielles[11].

Tableau 3 — Évolution du nombre de jours/personne perdus au Québec (1966-1995)[12]

Année	Nombre de jours/personne perdus
1966	2 175 417
1968	1 113 906
1970	1 490 690
1972	3 480 144
1974	2 690 483
1976	6 583 488
1980	4 314 999
1985	1 143 768
1990	1 117 054
1994	323 793
1995	529 690•

• Deux longs conflits dans deux entreprises importantes, Kenworth et Bridgestone, expliquent en grande partie l'augmentation pour 1995.

Par surcroît, on doit relever une expérience de concertation et de partenariat entre le patronat, les syndicats et l'État qui contraste avec ce qu'on peut observer aussi bien aux États-Unis que dans le reste du Canada. Cette concertation s'est manifestée à l'échelle de la société, avec des hauts et des bas, depuis l'arrivée au pouvoir du Parti Québécois en 1976 (Fournier, 1985). Le sommet sur le « devenir économique et social du Québec », qui s'est tenu à l'automne 1996, se situe dans cette tradition de concertation. À l'échelle des entreprises, « on doit aussi mentionner que, depuis 1981, dans l'ensemble des pays de l'OCDE, c'est au Québec qu'il se

---

[11]　Gérald Tremblay, « Préface », dans P. Gagné et M. Lefèvre, *L'entreprise à valeur ajoutée. Le modèle québécois*, Montréal, Publi-Relais, 1993.

[12]　Pour la période 1966 à 1983, voir Réjean Courchesne et André Dompierre, « Grèves et Lock-out au Québec », *Le marché du travail*, 5, 5, 1983, p. 57. Pour les années plus récentes, voir André Dompierre, « Grèves et lock-out au Québec en 1994 - bilan», *Le marché du travail*, 16, 5, 1994, p. 10 et 17, 5, 1995, p. 7. Ces données couvrent les conflits de compétence provinciale et fédérale.

perd le moins de journées de travail à cause des grèves et des lock-out[13] ». Plus précisément, le tableau 3 indique combien l'importance des arrêts de travail a diminué depuis les dernières années. Pour la période de référence d'août 1995 à juillet 1996, moins de 4 % des négociations ont donné lieu à un arrêt de travail (Saint-Laurent, 1996).

En ce qui concerne la participation directe des travailleurs aux orientations stratégiques des entreprises (le niveau 1 de Kockan, soit celui des décisions stratégiques prises par le conseil d'administration concernant, par exemple, les choix d'investissement), il n'existe pas à notre connaissance d'entreprise où cette participation directe se fonderait sur le seul droit des travailleurs. Dans tous les cas présentés, cette participation directe aux orientations de l'entreprise (à travers, notamment, la présence au conseil d'administration) repose sur une participation à la propriété de l'entreprise. Cette participation à la propriété peut être défensive, en visant la protection des emplois qui disparaîtraient autrement, ou offensive, en visant un élargissement du pouvoir des travailleurs dans l'entreprise. Bien que restreinte quant au nombre d'entreprises touchées, cette participation est plus importante au Québec que dans dans le reste du Canada (Quarter et Melnyk, 1989 ; Comeau et Lévesque, 1993).

Sur les 104 cas d'entreprises innovatrices qui ont été étudiées, on trouve seize entreprises, soit 15,4 % de l'échantillon, où les travailleurs participent à la propriété. Il s'agit principalement d'entreprises dans lesquelles le Fonds de solidarité des travailleurs du Québec (FTQ) a investi (neuf cas sur seize), de coopératives de travailleurs actionnaires (CTA, quatre cas seize) et de participations individuelles (trois cas sur seize). On entrevoit bien ici qu'il existe divers cas de figures. Nous nous inspirons à cet effet de recherches sectorielles, notamment pour les entreprises coopératives.

Le premier cas de figure est celui des coopératives de travail, qui ont toujours été plus importantes au Québec qu'ailleurs au Canada (Quarter et Melnyk, 1989). Dans un premier temps, entre 1970 et 1980, elles ont timidement émergé comme projet autogestionnaire en réponse à la crise du travail. Dans un deuxième temps, entre 1981 et 1996, elles se sont multipliées, principalement comme réponse à la crise de l'emploi, avec l'aide de l'État, alors que la volonté d'une réorganisation radicale du travail n'est pas toujours

---

[13] Clément Godbout et Henri Massé, « C'est ensemble que nous allons gagner la bataille de l'emploi », *Le Devoir*, 12 et 13 octobre 1996, A.

aussi manifeste. À l'heure actuelle, on retrouve 175 coopéra-tives de travail pour 7500 travailleurs et un chiffre d'affaires total d'environ 450 millions de dollars[14]. Depuis quelques années, environ une vingtaine de coopératives de travail sont créées chaque année.

Dans le cas des coopératives de travail, les travailleurs contrôlent complètement les orientations stratégiques, puisqu'ils sont les uniques propriétaires. En revanche, cer-taines études de cas révèlent que l'organisation du travail n'a toujours pas rompu avec l'organisation tayloriste du travail (Comeau et Lévesque, 1993 et 1995). Enfin, le soutien du gouvernement québécois, à travers la Société de dévelop-pement industriel (volet coopératif), les Coopératives de dé-veloppement régional, sans oublier le Régime d'inves-tissement coopératifs (un régime d'épargne action adapté à la formule coopérative), a souvent été déterminant. De même, l'implication de la CSN, à partir du Groupe de con-sultation pour le maintien et la création d'emploi, a favorisé la formation de coopératives de travailleurs syndiqués, telle la Coopérative des Ambulanciers et des techniciens ambu-lanciers de la Montérégie créée en 1987 (Comeau, 1991 ; Di-rection des coopératives, 1995) et l'entreprise Expro, où une coopérative de travailleurs actionnaires (CTA) a été mise sur pied en 1993.

Dans les entreprises contrôlées majoritairement par des actionnaires capitalistes, les travailleurs participent à la pro-priété de diverses façons. En premier lieu, les travailleurs peuvent contrôler collectivement un bloc d'actions. C'est le cas des coopératives de travailleurs actionnaires (CTA) qui contrôlent habituellement entre 15 % et 30 % des actions de l'entreprise capitaliste dans laquelle ils travaillent. De ce point de vue, les CTA québécoises se distinguent assez radi-calement des ESOPs (*Employee Stock Ownership Plan*) amé-ricains dans lesquels les actions appartiennent aux tra-vailleurs pris individuellement et sont contrôlées par une fiducie généralement choisie par l'actionnaire majoritaire, de sorte que le contrôle du collectif de travail est à peu près nul (Rock et Klinedinst, 1992 ; Lévesque, 1994 ; Comeau et Lévesque, 1995). La participation des travailleurs de la CTA au conseil d'administration, qui est assurée par une conven-tion d'actionnaires liant l'entreprise et la coopérative de tra-

---

[14]　*Sommet sur le coopération du travail dans la nouvelle économie*, Québec, Fédé-ration des coopératives de travail, 1996, p. 60.

vailleurs actionnaires, constitue une autre différence importante par rapport aux ESOPs.

Rassemblés collectivement en coopérative d'actionnaires, les travailleurs d'une entreprise donnée acquièrent une force qu'ils n'auraient pas s'ils achetaient individuellement des actions. Même quand il n'y a pas de syndicat, les travailleurs, à travers l'assemblée générale et le conseil d'administration de la CTA, participent collectivement aux orientations stratégiques de l'entreprise capitaliste qui les emploie. Au Québec, on compte actuellement une trentaine d'entreprises capitalistes où l'on trouve une CTA, pour un total d'environ 3000 travailleurs. « Près de 50 % des établissements où sont présentes des CTA exportent à l'extérieur du Québec. » (Côté et Luc, 1995) Outre la CSN, présente dans certains CTA, le ministère de l'Industrie, du Commerce, des Sciences et de la Technologie a joué, par l'intermédiaire de la SDI, un rôle relativement déterminant en fournissant les garanties nécessaires pour l'acquisition d'un bloc important d'actions par les travailleurs désireux de s'engager dans cette voie.

Parmi les autres formes de participation collective des travailleurs aux orientations stratégiques des entreprises, celle que réalise le Fonds de solidarité des travailleurs du Québec (FSTQ) de la Fédération des travailleurs du Québec (FTQ) est sans doute l'une des plus importantes. À la différence des CTA, où les travailleurs investissent leur épargne dans l'entreprise qui leur fournit du travail, le FSTQ mutualise les risques en recueillant l'épargne à l'échelle du Québec et en l'investissant, du moins en partie, comme capital de risque dans des entreprises québécoises pour assurer la création et le maintien d'emplois (Fournier, 1991, 1993, 1996). Avec des actifs de près de 1,7 milliard de dollars, dont près de 40 % investis dans les entreprises québécoises, le FSTQ est le fonds canadien de capital de risque le plus important, ce qui explique que le Québec arrive en tête pour le capital de risque au Canada (Lévesque, Mendell et Van Kemenade, 1996). Comme pour les CTA, la croissance du FSTQ n'est pas étrangère aux avantages fiscaux consentis par l'État : « de l'ordre de 75 % de l'investissement en moyenne » (Fournier, 1993).

Ayant contribué à la création et au maintien de plus de 40 000 emplois[15], le FSTQ est présent dans une centaine

---

[15]   Ce chiffre ne correspond évidemment pas aux emplois créés et maintenus dans la centaine d'entreprises où le FSTQ a investi directement. Il correspondrait à l'ensemble des emplois créés ou maintenus dans les entreprises où le FSTQ a des investissements directs et indirects. D'où un certain nombre de réserves émises par certains. Voir entre

d'entreprises[16], dont certaines dans des secteurs relativement traditionnels, tels que Tembec, Shermag, Novabus,
mais avec une présence de plus en plus marquée dans les
secteurs de pointe à partir de fonds spécialisés, tel Bio-
Capital. Avec l'entreprise dans laquelle il investit, le FSTQ signe une convention d'actionnaires où il est prévu, entre autres, une participation au conseil d'administration et une
contribution de l'employeur à la formation économique des
travailleurs. Avec l'aide du syndicat local, la Fondation
d'éducation économique mise sur pied et contrôlée par le
FSTQ assure cette formation. Ce faisant, les travailleurs ont
accès aux états financiers de l'entreprise, apprennent à les
lire et à les interpréter de sorte qu'ils puissent ainsi identifier
plus facilement les enjeux des orientations stratégiques de
l'entreprise. De plus, cet exercice favorise une participation
plus active des travailleurs à la gestion. Enfin, entre 1983 et
1993, le FSTQ « n'a connu que quatre arrêts de travail, de
courte durée, dans ses entreprises partenaires » (Fournier,
1993). Par le biais de la formation économique, cette participation collective à la propriété aurait des incidences positives sur les formes d'organisation du travail.

Depuis l'été 1995, un deuxième fonds syndical est né. Il
s'agit du Fondaction mis sur pied par la CSN. Ayant actuellement des actifs d'environ 10 millions de dollars, le Fondaction se propose d'investir dans les entreprises qui favorisent « la démocratisation des lieux de travail » et dans les
entreprises respectueuses de l'environnement. Comme
l'écrit le directeur général de ce fonds, « le Fondaction en-
tend favoriser les entreprises qui s'inscrivent dans un processus de gestion plus participative de l'entreprise où la
contribution des travailleuses et des travailleurs est davantage reconnue et où ils sont appelés à exercer plus de responsabilités individuellement et collectivement » (Beaulieu,
1996). Pour faire l'analyse des entreprises qui s'adresseront à
lui, de même que pour assurer le suivi dans les entreprises
où il investira, le Fondaction fera appel au Groupe pour le
maintien et la création d'emplois, lui-même mis sur pied par
la CSN.

---

autres, Jean Benoît Nadeau, « La vérité sur le Fonds de solidarité », *L'actualité*, 1er novembre 1996, p. 30 à 40.

[16]   Le nombre d'entreprises dans lesquelles le FSTQ a investi atteindrait le chiffre de
3000, si l'on tient compte également des investissements effectués par les fonds régio-
naux, locaux et spécialisés où le FSTQ est présent. Voir Louis Fournier, « Le Fonds de
solidarité de la FTQ : une révolution syndicale au Québec » *L'action nationale*, LXXXVI,
8 octobre 1996, p. 70.

À la différence du Fonds de solidarité des travailleurs du Québec, le Fondaction permet aux membres qui le désirent d'affecter leur épargne à des projets bien définis à partir d'actions de catégorie B. Par contre, les choix d'investissement à partir d'actions de catégorie A sont faits par le Fondaction lui-même (CSN, 1996). Ce faisant, le Fondaction peut investir dans une entreprise à partir d'actions de catégorie A et contribuer à la mise sur pied d'une Coopérative de travailleurs actionnaires à partir d'actions de catégorie B, comme cela apparaît dans le projet d'investissement dans l'hôtel du Complexe Desjardins où l'on compte 300 employés syndiqués à la CSN. En somme, le développement du FSTQ (FTQ) comme l'arrivée du Fondaction (CSN) laissent supposer que la participation collective des travailleurs à la propriété des entreprises, et donc aux orientations stratégiques des entreprises, devrait toucher de plus en plus d'entreprises et devenir de plus en plus importante.

Reste enfin la participation individuelle et directe des travailleurs à la propriété des entreprises capitalistes. Dans ce cas, l'influence sur les orientations stratégiques est réduite, même si les travailleurs actionnaires sont invités à l'assemblée annuelle des actionnaires comme tout autre actionnaire. Sans la médiation d'une organisation collective, tel un fonds syndical ou une coopérative, les actionnaires individuels ne possèdent pas suffisamment d'actions pour siéger au conseil d'administration. En 1986, on dénombrait 117 entreprises où l'on retrouvait une participation individuelle à la propriété. Une autre forme de participation individualisée est celle des 215 entreprises où les travailleurs et les cadres ont investi conjointement pour maintenir en vie des entreprises en difficulté ou pour relancer des entreprises ayant fait faillite. Ces cas, qui relèvent manifestement de stratégies défensives, peuvent amener à des participations au conseil d'administration, notamment quand ils s'inscrivent dans le cadre de programmes gouvernementaux le prévoyant (Rouleau et Bhérer, 1986). Certains de ces cas peuvent s'inscrire dans une stratégie d'évitement des syndicats.

Ces diverses formes de participation à la propriété, pour autant qu'elles s'inscrivent dans un cadre assurant un nouveau partage du pouvoir dans l'entreprise, peuvent susciter un renouvellement de l'organisation et des relations du travail. Mais certaines recherches, notamment sur les coopératives de travail, laissent bien voir que la participation à la propriété, et même le contrôle de l'entreprise, peut aussi s'accommoder d'une organisation traditionnelle du travail[17] (Comeau et Lévesque, 1994 et 1995). En revanche, à quelques exceptions près (voir le chapitre 8 de Long dans cet ouvrage), les études dans le domaine des relations industrielles et de la sociologie du travail ont tendance à sous-estimer l'importance de la participation collective des travailleurs à la propriété des entreprises.

Relations du travail et contrat social

Les changements au contrat social avec le syndicat se concentrent au second niveau stratégique et relèvent de la catégorie des relations du travail et des conditions de travail négociées par les parties, à savoir les horaires de travail, la rémunération, etc. Le rapport salarial, comme forme institutionnelle telle que définie par les « régulationnistes » se situe également à ce niveau ; il tient compte non seulement de la rémunération et des conditions de travail, mais aussi du partage du pouvoir entre les parties. Lorsque l'entreprise est syndiquée les patrons à la recherche d'une plus grande flexibilité et d'une implication accrue des travailleurs peuvent choisir de contourner le syndicat ou encore de négocier avec lui en lui offrant soit une sécurité d'emploi, soit un nouveau partage du pouvoir ou même les deux.

Au Québec, il est question de contrat social depuis le début des années 1990. L'expression a servi à désigner des ententes collectives dépassant la durée maximale de trois ans prévue par le Code du travail. L'augmentation du nombre de ces ententes de longue durée, de même que les problèmes juridiques posés par ces ententes ont conduit le gouvernement du Québec à modifier la loi en mai 1994 et, ainsi, à ne plus limiter la durée maximale d'une convention collective. Dès lors, les conventions collectives de plus de trois ans ne constituent plus des contrats sociaux ou encore des accords de partenariat[18], à moins qu'on y trouve des éléments autres

---

[17] « Du point de vue institutionnel (règles du jeu qui précisent la répartition du pouvoir), l'avance des coopératives de travail sur d'autres types d'entreprises ne fait pas de doute, tant du point de vue du choix des orientations stratégiques (choix des investissements, choix des technologies, positionnement sur le marché), que du droit coopératif selon la règle un membre, un vote. Du point de vue organisationnel (coordination, division du travail et mise en œuvre de la production), les coopératives de travail ne sont pas nécessairement en avance sur les entreprises capitalistes, celles qu'on dit modernisées tout particulièrement. » (Comeau et Lévesque, 1994)

[18] Une recherche du ministère du Travail portant sur 3722 conventions collectives signées entre le 11 mai 1994 et le 10 mai 1996 indique que 17 % de celles-ci ont une durée supérieure à trois ans, mais que les conventions d'une durée supérieure à cinq ans ne représentent que 2,4 % des conventions étudiées. Voir Roger Shawl, « La durée des

que ceux concernant la seule durée. En revanche, les premiers contrats de longue durée qui ont été négociés avant cet amendement législatif peuvent être qualifiés de sociaux, moins en raison de leur durée qu'en raison des transformations qu'ils apportaient à la nature et à la forme des rapports collectifs de travail au sein des entreprises (Bourque et Vallée, 1994 ; voir également le chapitre 2 de Bourque et Dugas dans cet ouvrage). Outre les déclarations de principes favorables à la coopération syndicale-patronale, qu'on retrouve maintenant dans de nombreuses conventions collectives, les contrats sociaux de cette première période comprenaient des éléments touchant aussi bien les relations du travail, telle la négociation continue, que l'organisation du travail, telle une démarche de qualité totale ou, plus largement, de réorganisation du travail (Rainville, 1996).

En plus des contrats sociaux de longue durée, les expériences de transformation des rapports du travail s'accompagnent d'une participation syndicale à un processus décisionnel conjoint sur des enjeux non couverts par la convention collective et habituellement compris dans les droits de la direction. Les divers comités paritaires dont l'existence n'est pas nécessairement formalisée, constituent non seulement des lieux d'échange d'information, mais aussi de consultation et de négociation permanente. Le recours à la négociation raisonnée peut survenir lors du renouvellement de la convention collective (ex. : Hydro-Québec), mais aussi dans le cadre de discussions patronales-syndicales concernant d'autres enjeux (ex. : Sammi-Atlas). Les tactiques ou techniques utilisées par les parties s'éloignent alors des formes traditionnelles axées sur l'affrontement et le rapport de forces au profit de méthodes de résolution de problèmes communs. Il s'agit donc d'une forme de partage de pouvoir sur des questions le plus souvent liées aux effets de l'organisation de la production sur le travail, à la nature et aux exigences des postes de travail, aux besoins de formation et aux conditions de travail.

D'après les études de cas compilés dans le tableau 2, plus de sept entreprises sur dix (76 sur 104) ont procédé à des transformations significatives dans les relations du travail. Il s'agit de modes de négociation de problèmes fondée sur la concertation, d'implication syndicale, des contrats de longue durée et de la négociation raisonnée, sans oublier des

conventions collectives. Observations récentes », *Le marché du travail*, 17, 7, 1996, p. 10.

modifications importantes de la convention collective, notamment sur le partage du pouvoir (comités paritaires), la définition des postes (polyvalence) et la protection des emplois. Même s'il est possible de relever de nombreuses modifications dans les conventions collectives, il semble bien que ces dernières n'expriment pas toujours la profondeur des transformations organisationnelles et des aménagements institutionnels pratiqués au cours des dernières années, y compris dans le cadre d'une coopération patronale-syndicale.

En effet, un sondage auprès d'une quinzaine d'entreprises du secteur privé et d'organismes du secteur public révèle que les parties sont souvent d'accord pour s'en tenir à des ententes verbales ou encore à des lettres d'entente internes (lettres rarement déposées au ministère du Travail). Tout se passe comme si les syndicats et les directions locales craignaient de codifier ce qui relève encore de l'expérimentation et préféraient s'en tenir à des compromis faiblement institutionnalisés (Comité du droit au travail, CSN, 1995). Dans ces cas faiblement codifiés, comme dans ceux où les changements organisationnels s'appuient sur de nouvelles règles codifiées dans la convention collective, le modèle en émergence se traduit par un partenariat patronal-syndical qui repose essentiellement sur une conscience commune de l'interdépendance croissante entre, d'une part, le développement et la prospérité de l'entreprise et, d'autre part, la création et la protection des emplois et l'amélioration des conditions de travail.

Dans cette perspective, l'émergence de la négociation raisonnée et de formes de négociation axées sur la recherche conjointe de solution de problèmes constitue un point de rupture par rapport aux stratégies d'affrontement. Autrement dit, ces expérimentations dans le domaine des relations du travail représentent une ouverture vers une coopération, même si cette dernière ne fait pas disparaître les conflits. Dans cette optique, les ententes de longue durée ne prennent leur sens que couplées à la négociation permanente. De tels changements institutionnels sont présents dans la plupart des entreprises syndiquées où le patronat et le syndicat ont opté pour le partenariat ou la concertation. L'intensification des pressions concurrentielles et une conjoncture économique difficile ont incité les employeurs à remettre en question la négociation type (*pattern*) et à conclure des conventions collectives dont les termes ne nuisent pas à la compétitivité de l'entreprise et à la réalisation d'une meilleure productivité (Grant et Lebeau, 1993). Il est bien certain que dans les cas où la direction a choisi une stratégie de contournement ou d'évitement du syndicat, les rapports de travail s'inscrivent dans une autre configuration, même si la flexibilité est toujours recherchée.

Pour les patrons, les conventions collectives doivent devenir plus flexibles non seulement sur le plan salarial et des effectifs, mais également sur le plan fonctionnel, de manière à disposer d'une main-d'œuvre polyvalente. Pour les syndicats, ces concessions doivent s'accompagner de contreparties, comme une consolidation des emplois ou une participation négociée à l'organisation du travail. Ainsi, on note l'importance des enjeux de nature plus intégrative en regard des intérêts plus convergents des parties lorsqu'il s'agit, par exemple, de la survie de l'entreprise et de la sauvegarde des emplois. La seule recherche de flexibilité ne suffit pas pour obtenir l'implication des travailleurs. De même, un climat de travail ne s'impose pas mais suppose des conditions favorables d'émergence. Si la confrontation a pu, à une certaine époque, servir les organisations syndicales et ensuite les employeurs, les modes traditionnels de résolution de conflits sont de plus en plus remis en question au profit des modes plus raisonnés, privilégiant la concertation et la recherche de solutions mutuellement bénéfiques.

Comparativement aux autres époques, le Québec vit actuellement une paix industrielle. Cela constitue, certes, une condition favorable au développement de la productivité, de la compétitivité et de l'emploi, mais elle demeure insuffisante. En effet, un climat de travail malsain ne s'exprime pas uniquement par des arrêts de travail ; l'absentéisme, les plaintes, la méfiance réciproque, l'insatisfaction et le peu de motivation au travail contribuent à expliquer la résistance de beaucoup de milieux syndiqués à apporter des changements à l'organisation de la production et du travail, aux dispositions parfois rigides des contrats collectifs et aux modes de résolution des différends et des problèmes.

Dans les cas étudiés, les entreprises syndiquées sont surreprésentées. De plus, les directions ayant adopté une stratégie d'évitement du syndicat semblent peu nombreuses, bien que les entreprises non syndiquées se situent, de toute évidence, dans un modèle de participation individualisée avec les caractéristiques qui y sont rattachées. C'est manifestement le cas des établissements de Cascades, où l'on retrouve une participation individualisée, lorsqu'il n'y a pas de syndicat, et une stratégie d'évitement du syndicat, lorsque ce dernier est présent (Pépin, 1996). Parmi les entreprises favorisant la participation individualisée, relevons les cas de Mitel SCC (Bromont), de G.E. Bromont et de Bell Helicopter (Textron). Par ailleurs, les entreprises syndiquées ne relèvent pas nécessairement de la configuration de la participation négociée ou de la démocratie salariale, puisque les concessions, voire le compromis, ne reposent souvent que sur la protection de l'emploi (ex. : le cas de Kenworth à Sainte-Thérèse[19]).

Les nouvelles formes d'organisation du travail

Comme le montre le tableau 2, il existe une grande variété et un grand nombre de changements dans l'organisation du travail. Si on les classe selon leur fréquence et leur nature, il apparaît que la recherche de la flexibilité dans l'organisation du travail est présente dans 82 % des établissements étudiés (N = 104), suivie par l'autonomie des travailleurs, l'enrichissement des tâches et un desserrement de l'encadrement hiérarchique dans 52 % des cas étudiés, la formation professionnelle et technique dans 45 %, l'équipe de travail dans 38 %, et la modernisation technologique dans seulement 14 % des cas étudiés. Ces données quantitatives ne révèlent que partiellement la profondeur des changements organisationnels. Elles permettent cependant quelques commentaires d'autant plus significatifs que nous pouvons les compléter par des analyses plus qualitatives.

En premier lieu, relevons la faible importance accordée par les chercheurs à la modernisation technologique dans la transformation de l'organisation du travail : quinze études de cas sur 104 insistent sur le changement technologique comme étant une dimension significative parmi d'autres. Et cela, même si tout laisse supposer que la quasi-totalité des établissements étudiés ont apparemment réalisé des investissements importants dans les nouvelles technologies d'information, qu'il s'agisse de la fabrication assistée par ordinateur (FAO) (ex. : les pâtes et papiers, l'aluminium) ou de la mise en place de système informatique pour assurer le juste-à-temps, y compris dans des secteurs dits mous, tel le meuble avec Shermag ou Bestar.

Sauf quelques cas (voir Alsène, 1990 ; Alsène et Carignan, 1993), les chercheurs n'ont pas étudié la modernisation technologique pour elle-même ou comme variable princi-

---

[19]   Voir la contribution de P. Hogue (chapitre 5) dans cet ouvrage.

pale (Guérin, G., Gagnier, F., Trudel, H, Denis et C.Boily, 1991). Lorsque cette dernière est prise en considération, les analyses ont plutôt tendance à montrer qu'une même technologie peut s'accommoder de diverses formes d'organisation du travail, remettant ainsi en cause le déterminisme technologique (Legendre, 1991 ; Lapointe, 1993, 1992 ; Grant, 1995). En revanche, les nouvelles technologies de l'information permettent une intégration des activités qui aurait été impensable sans elles et contribuent ainsi à réaliser des réaménagements organisationnels radicaux (ex. : la « réingénierie » des processus). Par ailleurs, les nouvelles technologies ne révèlent tout leur potentiel qu'avec une forte implication des travailleurs, d'où de nouvelles exigences de flexibilité fonctionnelle. En somme, les chercheurs québécois qui s'intéressent à l'organisation du travail ou encore aux relations du travail ont eu tendance à donner la priorité à la modernisation sociale sur la modernisation technologique, comme bien d'autres chercheurs l'ont fait dans d'autres pays (Sorge et Streeck, 1988 : Lorino, 1989).

En deuxième lieu, personne ne sera surpris que la flexibilité fonctionnelle soit donnée comme caractéristique principale des nouvelles formes d'organisation du travail. Elle est en effet exigée aussi bien par les nouvelles technologies et les incertitudes grandissantes du marché, que par les demandes d'autonomie des travailleurs. La flexibilité désigne des réalités fort différentes, soit la flexibilité salariale (ex.: rémunération variable), la flexibilité numérique (sous-traitance et emplois atypiques) et la flexibilité fonctionnelle (ex. : réduction du nombre de catégories d'emplois, décloisonnement des métiers, élargissement des tâches, etc.). Si la flexibilité salariale et la flexibilité numérique, appelée aussi flexibilité externe, concernent principalement les relations du travail, la flexibilité fonctionnelle relève plutôt de l'organisation du travail.

Dans le tableau 2, la flexibilité désigne exclusivement des modifications organisationnelles cherchant à dépasser une organisation tayloriste du travail considérée comme trop rigide : élargissement et rotation des tâches, polyvalence et réduction des classifications, etc. Autrement dit, il est ici plutôt question de flexibilité interne, soit de la réorganisation du travail en termes d'activités à accomplir, et non de flexibilité externe, c'est-à-dire affaiblissant les règles collectives telles l'ancienneté ou la sécurité d'emploi. Si la première peut devenir offensive, moyennant certaines conditions institutionnelles, la seconde semble orientée défensivement et vers une stratégie d'évitement des syndicats lorsqu'il y en a. Dans les entreprises étudiées, les directions locales s'en prennent habituellement à la rigidité que constituent, entre autres, les règles d'ancienneté et une définition fine des tâches. Positivement, on privilégie les compétences et la polyvalence, ce qui suppose évidemment la formation. Concrètement, on observe un regroupement des métiers en quelques grandes catégories, comme on le voit dans le secteur de l'automobile (Huard, 1991 ; C. Lévesque et al., chapitre 3 du présent ouvrage) et dans celui des pâtes et papiers (Bourque et Rioux, 1994 ; Pépin, 1996 ; Legendre, 1991 ; Vaschalde, 1995). De même, les tâches liées à une même activité peuvent être assumées par un même travailleur. C'est le cas de l'entretien et non de la réparation de certaines machines par les ouvriers. Par ailleurs, la flexibilité est exigée aussi bien dans les programmes de qualité totale (Bagaoui, 1994), que dans la « ré-ingénierie » des processus.

En troisième lieu, l'autonomie des salariés, l'enrichissement des tâches et un desserrement de l'encadrement hiérarchique constituent la seconde transformation en importance avec 54 cas (52 % des établissements étudiés). Cette autonomie passe habituellement par une intériorisation des contraintes de l'entreprise. À partir de la promotion de la culture d'entreprise et en liaison avec les cercles de qualité, elle se veut individualisée dans les entreprises non syndiquées (Cascades à Kingsley Falls, Mitel SCC Bromont, GE Bromont, Boréal Assurance) et dans les entreprises où la direction tente de contourner le syndicat (Cascades à East Angus et Cascades à Jonquière). En revanche, dans les entreprises où le syndicat est fortement engagé dans la réorganisation du travail, l'autonomisation passe par la mise en place d'équipes de travail, alors qu'il existe généralement des comités paritaires pour les relations du travail (Perkins à Laval, Domtar à Donnacona, Gaz Métropolitain, Lightolier).

En quatrième lieu, la formation professionnelle et technique est identifiée comme changement organisationnel dans environ deux études sur cinq (47 cas sur 104). Les études qui ont porté exclusivement sur la formation et la réorganisation du travail sont peu nombreuses. Relevons, entre autres, celle de C. Bernier (1994) pour les secteurs chimique et pétrochimique, et celle réalisée par Doray, Bagaoui et Ricard (1994 et leur texte dans cet ouvrage au chapitre 6) pour une quinzaine d'établissements appartenant à divers secteurs. Selon cette dernière étude, la formation qui est contrastée selon les établissements est rendue nécessaire aussi bien par la modernisation sociale, que par la modernisation technique. En effet, les entreprises se donnent un plan de formation autant pour relever le défi de l'adaptation à la polyvalence, que pour réussir l'introduction de nouvelles machines ou de technologie[20]. Aussi une formation générale, et même des cours d'alphabétisation, peut être nécessaire pour permettre la maîtrise de nouvelles technologies ou pour la mise en place d'un programme d'amélioration continue de la qualité. Dans cette perspective, la formation comprend habituellement deux dimensions plus ou moins distinctes : l'une technique, l'autre culturelle, d'où l'intérêt des syndicats pour la formation.

Dans les entreprises syndiquées, la collaboration du syndicat est nécessaire, voire indispensable, si l'on veut que la formation soit un succès. Dans bien des cas, on observe la mise sur pied d'un comité paritaire pour y arriver. Cependant, les programmes de formation peuvent se développer sans que l'on sorte du modèle traditionnel de relations du travail, comme en témoigne éloquemment le cas de Kenworth[21]. Si les syndicats sont habituellement favorables à la formation des travailleurs, il peut arriver qu'ils s'y opposent, notamment quand le programme a des objectifs, généralement inavoués, de surveillance des travailleurs et de contournement du syndicat, comme S. Dansereau (1993) l'a montré dans une thèse de doctorat portant sur deux établissements du secteur des mines. Par ailleurs, dans les établissements non syndiqués, la formation peut être utilisée comme moyen de contrôle, grâce à des promotions conditionnelles, et s'inscrire dans une individualisation des rapports de travail, tout en favorisant un certain dépassement du taylorisme (Belhassen Maalaoui, 1993). L'adhésion des travailleurs à un tel programme au sein d'une même entreprise peut varier considérablement selon les catégories d'emplois. Enfin, la plupart des études tendent à démontrer que la qualification et la requalification des travailleurs représentent l'un des principaux enjeux pour ceux qui recherchent un dépassement du taylorisme par la voie d'une réorganisation du travail.

---

[20] Comme le relève les auteurs, « la plupart des entreprises ont (...) planifié leurs activités de formation en mettant sur pied un comité d'adaptation de la main-d'œuvre (CAMO) ou en réalisant un plan de développement des ressources humaines (PDRH) » qui l'un et l'autre prévoient des comités paritaires ou, tout au moins, des représentants des divers services. (Doray, Bagaoui et Ricard, 1994 : viii.)

[21] Cas étudié entre autres par P. Hogue (1992) et sa contribution dans cet ouvrage au chapitre 5, et par Doray, Bagaoui et Ricard (1994).

Enfin, les équipes de travail sont présentes dans un peu moins de deux entreprises sur cinq. Elles vont habituellement de pair avec la polyvalence des tâches, l'investissement dans la formation, la réduction du nombre de cadres et de paliers hiérarchiques ; mais toutes ces transformations peuvent se produire sans elles (Maschino, 1995). Autrement dit, il existe une sorte de synergie entre les équipes de travail, d'une part, et la polyvalence, la responsablisation et l'implication des travailleurs, d'autre part (Sarmiento, 1995). On comprend ainsi que, parmi toutes les innovations organisationnelles, celle des équipes de travail, et plus spécifiquement l'approche socio-technique, soit favorisée par les syndicats (Doré, 1995). Cependant, le soutien syndical aux équipes de travail suppose non seulement la reconnaissance syndicale, mais également des conditions bien précises et notamment un nouveau partage du pouvoir (ex.. : la désignation des chefs d'équipe et le rayon d'action des équipes). Dans la mesure où ces conditions sont négociées et qu'une réelle autonomie est accordée, les équipes de travail s'inscrivent manifestement dans un processus de démocratisation des lieux de travail.

Parmi les équipes de travail, les équipes semi-autonomes ou autogérées représenteraient les formes les plus avancées. À partir du cas de l'aluminerie Isle Maligne, J. Bélanger (1996) montre que les équipes autogérées ne sauraient s'épanouir sans remettre en cause le compromis fordiste et sans l'institutionnalisation d'un nouveau partage du pouvoir. D. Maschino (1995) aboutit à la même conclusion à partir d'une dizaine de cas dans dix-neuf établissements. La réorganisation du travail que suppose un fonctionnement en équipes semi-autonomes est telle que plusieurs établissements choisissent de procéder par étapes. Ainsi, chez Perkins de Laval, la direction et le syndicat local ont choisi dans un premier temps d'expérimenter cette formule dans un service donné, en l'occurrence celui de l'expédition (Vaschalde, 1996). De même, chez Lightolier, les parties se sont entendues pour expérimenter le travail d'équipe sur une chaîne de production en vue de le généraliser ultérieurement à l'ensemble de l'usine. Le fonctionnement en équipes semi-autonomes suppose de repenser la division du travail pour y introduire la polyvalence et suppose également de repenser les modes de coordination. Dès lors, les contremaîtres et la surveillance du respect des règles qui caractérisent une organisation tayloriste du travail perdent leur raison d'être. On ne sera donc pas surpris que la mise en place d'équipes semi-autonomes puisse soulever des résistances non seulement de la part des cadres intermédiaires, mais également de certaines catégories de travailleurs, tels les gens de métiers qui voient la polyvalence, comme une atteinte à leur spécialité. Enfin, si l'équipe semi-autonome permet l'émergence de nouvelles figures ouvrières, il faut bien voir qu'il en résulte une plus grande responsabilisation des travailleurs, une intensification du travail et souvent des tensions qu'il faut apprendre à gérer.

Il existe des équipes semi-autonomes non seulement dans les entreprises syndiquées (ex. : Domtar Beauharnois ou Calanesse à Drumondville), mais également dans les entreprises non syndiquées (ex. : General Electrique ou CAMCO). Les études permettent donc de conclure que « s'il est difficile de considérer les équipes de travail en excluant l'évolution du système des relations professionnelles à l'usine », il n'en demeure pas moins « qu'il n'y a pas de causalité linéaire entre une organisation fondée sur l'autonomie des équipes et un système de relations professionnelles correspondant » (Socher, 1996). Enfin, certains s'interrogent sur la notion même d'équipe de travail, laquelle est souvent utilisée pour désigner des réalités qui n'ont parfois rien à voir avec l'autonomie ni les interrelations que suppose l'équipe semi-autonome ou autogérée.

Conclusion

En terminant, revenons brièvement sur deux points. En premier lieu, le cadre théorique pour l'étude des transformations organisationnelles et institutionnelles dans les entreprises ; en deuxième lieu, la spécificité du modèle québécois.

À partir de l'approche « régulationniste » comme de l'approche de Kochan et al., nous avons identifié trois niveaux d'analyse : celui des acteurs et de la participation aux décisions stratégiques, celui des relations du travail et celui de l'organisation du travail. Un examen même descriptif des transformations dans les entreprises laisse bien voir l'importance de distinguer ces niveaux d'analyse et de ne pas les confondre. En effet, dans une période de transition et de changements structurels, les études de cas mettent bien en lumière la relative autonomie de chacun de ces niveaux. Par conséquent, il n'y a pas nécessairement une coïncidence entre chacun d'eux : les acteurs et les rapports dont il est question sont différents. Ainsi, une participation collective importante à la propriété, qui donne une forte prise du collectif de travail sur les orientations de l'entreprise, peut s'accompagner d'une organisation tayloriste du travail. De même, des innovations organisationnelles significatives, telle l'introduction d'équipes semi-autonomes, peuvent survenir sans que le contrat de travail soit modifié, alors que les parties s'en tiennent à des ententes verbales. En somme, s'il existe une certaine hiérarchie entre ces diverses dimensions, conformément à l'ordre de présentation, on ne peut conclure pour autant à un déterminisme à sens unique.

Par ailleurs, si l'on veut caractériser une entreprise ou encore un établissement en tenant compte de toutes ses composantes, il faut être en mesure de mettre en relation chacun de ces niveaux d'analyse. Ce faisant, on peut dégager au moins six configurations possibles. Dans tous les pays développés, on retrouve encore des entreprises pour chacune de ces configurations. Certaines de ces entreprises relèvent de l'ancien modèle de développement ou de la période précédente, d'autres appartiennent davantage à la société et à l'économie de demain. Cependant, un examen des acteurs en présence et de leur participation réciproque à l'économie laisse bien voir que certaines configurations ont plus de chance de s'imposer que d'autres (ex. : présence forte ou faible des syndicats). De même, certaines configurations peuvent se révéler plus instables, parce que moins codifiées ou moins en accord avec le modèle de développement qui tend à s'imposer.

Au Québec, on retrouve également des entreprises dans chacune des configurations. De même, prises une à une, les innovations institutionnelles et organisationnelles identifiées par les études de cas sont comparables à ce que l'on retrouve dans les autres pays développés. Cependant, deux considérations permettent de conclure à une certaine spécificité du modèle québécois.

En Amérique du Nord, le Québec se démarque d'abord par une forte présence du syndicalisme et par un patronat autochtone, dont les réussites s'appuient souvent sur des institutions collectives. Dès lors, on y retrouve des conditions plus favorables qu'ailleurs à la concertation et au partenariat.

Ensuite, la participation collective des travailleurs à la propriété des entreprises permet aux syndicats d'être partie prenante du réseau des entreprises québécoises, ou de ce qu'on appelle le Québec Inc. Les syndicats ne peuvent plus se poser dans un rapport d'extériorité totale à l'entreprise, ce qui favorise la négociation de compromis favorables au partenariat. Cette forte implication des syndicats dans l'économie, grâce à des fonds syndicaux, et dans les entreprises, à partir de formules originales telles les coopératives de travailleurs actionnaires, révèlent bien une spécificité du Québec sur ce plan. Nous pensons que les études dans le domaine des relations du travail et de l'organisation du travail ont tendance à sous-estimer ce niveau d'analyse qui relève peut-être plus de la démocratie industrielle que de la démocratie salariale ; la première s'appuie sur les droits de propriété, alors que la seconde se fonde sur les droits négociés des travailleurs.

Les études de cas que nous avons examinées ne permettent pas de caractériser toutes les entreprises en termes de configuration, puisque les chercheurs ont habituellement privilégié l'un ou l'autre des niveaux d'analyse. C'est pourquoi il faut être prudent dans la caractérisation du modèle québécois. Cependant, la prise en considération des acteurs et de la participation des syndicats aux orientations stratégiques de certaines entreprises, de même que les analyses des compromis patronaux-syndicaux les plus fréquents, tendent à confirmer l'hypothèse suggérant que les entreprises québécoises considérées comme les plus innovatrices se situent principalement dans un nombre limité de configurations, notamment dans celle de la participation négociée (démocratie salariale ou modèle F) et dans celle de la participation individualisée (configuration californienne ou modèle D). Le fordisme renouvelé (modèle E) est également bien représenté, surtout lorsque les compromis se font exclusivement en fonction de la préservation des emplois.

Dans le cas de la participation négociée ou de la démocratie salariale, on retrouve de nouvelles règles collectives favorisant un nouveau partage du pouvoir et, donc, un engagement des syndicats dans l'organisation du travail misant sur la qualification des travailleurs, sur la polyvalence et le fonctionnement en équipes de travail. Dans le cas de la participation individualisée, on dénombre plusieurs entreprises considérées comme innovantes, Cascades et le Mouvement Desjardins par exemple, ou des entreprises qui favorisent une forte participation individuelle des employés par la promotion d'une culture d'entreprise ouverte à des valeurs collectives axées sur la coopération et l'engagement dans la communauté. Cette dernière configuration peut paraître plus fragile dans la mesure où, en s'accommodant d'un affaiblissement des règles collectives, elle débouche tendantiellement sur le paternalisme, plutôt que sur un véritable partenariat, du moins, en ce qui a trait aux rapports de travail. La prédominance de ces deux configurations parmi les entreprises innovantes ferait en sorte que le modèle québécois soit un modèle pluriel, mais axé sur une forte participation individuelle ou collective des travailleurs.

Références bibliographiques

AGLIETTA, Michel, *Régulation et crises du capitalisme*, Paris, Calmann-Lévy, 1976.

AGLIETTA, Michel et Anton BRENDER, *Les métamorphoses de la société salariale*, Paris, Calmann-Lévy, 1984.

ALSÈNE, Éric et Joëlle CARIGNAN, « Une méthode nouvelle de gestion du changement technologique », *Gestion*, 18, 2 mai 1993, p. 49 à 60.

ALSÈNE, Éric, « Les impacts de la technologie sur les organisations », *Sociologie du travail*, 3, 1990, p. 321 à 337.

ALTSHULER, Alan, Martin ANDERSON, Daniel JONES, Daniel ROOS et James WOMACK, *The Future of the Automobile : The Report of MIT's International Automobile Program*, Cambridge (Mass.), The MIT Press, 1986.

BAGAOUI, Rachid, *Taylorisme, culture d'entreprise et compromis patronal-syndical au Québec. Analyse historique et le cas Shermag*, Thèse de doctorat en sociologie, Université du Québec à Montréal, 1994.

BAMBER, Greg J. et Russell D. LANSBURY, « A Comparative Perspective on Technological Change and Industrial Relations », DENNIS, Barbara D. (ed.), *Proceedings of the 36th Annual Meeting*, Madison (Wis.), I.R.R.A., 1984, p. 92 à 99.

BAMBER, Greg, « Technological Change Unions », dans HYMAN, Richard et Wolfgang STREECK (eds.), *New Technology and Industrial Relations*, Oxford, Basil Blackwell Ltd, 1988, p. 204 à 219.

BEAULIEU, Léopold, « Fondation CSN – Un démarrage réussi, au-delà des espérances », *L'action nationale*, LXXXVI, 8 octobre 1996, p. 74 à 78.

BECK, Nuala, *La nouvelle économie*, Montréal, Éd. Transcontinentales, 1994.

BÉLANGER, Jacques, « Innovation organisationnelle et compromis institutionnel : Pistes théoriques et observation dans une aluminerie québécoise », dans G. MURRAY, M.-L. MORIN et I. DA COSTA (sous la direction), *L'état des relations professionnelles . Traditions et perspectives de recherche*, Québec, PUL, 1996, p. 151 à 173.

BÉLANGER, Paul R., Michel GRANT et Benoît LÉVESQUE, *La modernisation sociale des entreprises*, Montréal, Presses de l'Université de Montréal, 1994.

BÉLANGER, Paul R. et Benoît LÉVESQUE, « Modernisation sociale des entreprises : diversité des configurations et modèle québécois », dans BÉLANGER, Paul R., Michel GRANT et Benoît LÉVESQUE, *La modernisation sociale des entreprises*, Montréal, Presses de l'Université de Montréal, 1994.

BÉLANGER, Paul R. et Benoît LÉVESQUE, « Out of Fordism in North America : Regional and National Trends in La-bour-management and Work Organization », dans EL-HLERT, W., R. RUSSELL et G. SZELL (eds.), *Return of Work, Production and Administration to Capitalism*, Frankfurt am Main, Peter Lang, 1994a, p. 68 à 78.

BELHASSEN MAALAOUI, Amel, *Nouveau modèle industriel et formation continue*, Mémoire de maîtrise en sociologie, Université du Québec à Montréal, 1994.

BERGERON, Jean-Guy, Renaud PAQUET et Ginette THÉRIAULT, *Innovations organisationnelles et conven-tions collectives*, École des relations industrielles, Univer-sité de Montréal, 1993, (non publié).

BERNIER, Colette, « Qualification et formation de la main-d'œuvre : les relations patronales-syndicales en question. L'exemple du secteur chimique et pétrochimi-que », dans BÉLANGER, Paul R., M. GRANT et B. LÉVES-QUE (sous la direction de), *La modernisation sociale des entreprises*, Montréal, Presses de l'Université de Montréal, 1994, p. 211 à 224.

BETCHERMAN, Gordon, « Does technological Change Affect Union Wage Bargaining Power ? », dans BOIVIN, Jean (sous la direction de), *Les relations industrielles : une pers-pective internationale - Some Aspects of International In-dustrial Relations*, Rapport du 25e congrès de l'Association canadienne des relations industrielles, 1988, p. 96 à 112.

BLOCK, Richard N., Morris KLEINER, M. Myron ROOMKIN et Sydney W. SALSBURG, « Industrial Relations and the Performance of the Firm : an Overview », dans M. KLEI-NER, Morris et al. (eds), *Human Resources*, Madison (Wis.), Industrial Relations Research Association, 1987, p. 319 à 343.

BLUESTONE, Barry et Irving BLUESTONE, *Negotiating the Future. A Labor Perspective on American Business*, New York, Basic Books, 1992.

BOUCHER, Jacques, « L'évolution du discours de la CSN sur les stratégies syndicales (1970-1990), dans BÉLANGER, Paul R., Michel GRANT et Benoît LÉVESQUE (sous la direction de), *La modernisation sociale des entreprises*, Montréal, Presses de l'Université de Montréal, 1994, p. 259 à 278.

BOUCHER, Jacques, « Les syndicats : de la lutte pour la reconnaissance à la concertation conflictuelle, dans DAIGLE, G. et G. ROCHER (sous la direction de), *Le Québec en jeu. Comprendre les grands défis*, Montréal, Presses de l'Université de Montréal, 1992, p. 107 à 136.

BOURQUE, Reynald, « Inventaire et bilan des contrats sociaux », *Écriteau*, 2, 8, 1995, p. 36.

BOURQUE, Reynald et Claude RIOUX, « Tendances récentes de la négociation collective dans l'industrie du papier au Québec », *Relations Industrielles*, 49, 4, 1994, p. 730 à 749.

BOURQUE, Reynald et Guylaine VALLÉE, « Ententes de partenariat ou ententes de longue durée ? Inventaire et analyse juridique des contrats sociaux », *Info Ressources humaines*, février- mars 1994, p. 16 à 20.

BOURDON, Clinton C., « Labor, Productivity, and Technological Innovation : From Automation Scare to Productivity Decline », dans T. HILL, Christopher et James M. UTHERBACK (eds), *Technological Innovation for a Dynamic* , New York, Pergamon Press, 1979, p. 222 à 254.

BOYER, Robert, *La théorie de la régulation : une analyse critique*, Paris, La Découverte, 1986.

BOYER, Robert et Jean-Pierre DURAND, *L'après-fordisme*, Paris, Syros, 1993.

BRAVERMAN, Harry, *Labor and Monopoly Capital*, New York, Monthly Review Press, 1974.

BRENNAN, Maire, « Mismanagement and Quality Circles : How Middle Managers Influence Direct Participation », *Employee Relations (UK)*, 13, 5,1991, p. 22 à 32.

BROSSARD, Michel et Marcel SIMARD, *Groupes semi-autonomes de travail et dynamique du pouvoir ouvrier. L'évolution du cas Steinberg*, Québec, Presses de l'Université du Québec, 1990.

BUREAU OF LABOUR INFORMATION, *Workplace Innovations Overview-1994*, Human Resources Development Canada, 1995.

CANADIAN LABOUR MARKET AND PRODUCTIVITY CENTRE, *The Role and Performance of Labour-sponsored Investments Funds in Canada : Some Preliminary Findings*, Working Together, n° 1, 1995, p. 1 à 3.

CHAMBERLAIN, Neil W. et James W. KUHN. *Collective Bargaining*, New York, Mc Graw-Hill Book Company, 2ᵉ édition, 1965.

CHAPDELAINE, Jacques, *Nouvelles stratégies de gestion et nouveaux rapports sociaux de travail. L'implantation de la qualité totale chez Hydro-Québec*, Thèse de doctorat en sociologie, Université du Québec à Montréal, 1994.

CHAUMEL, Jean-Louis, «L'implantation d'une technologie nouvelle», *Gestion*, 8, 4 novembre 1983, p. 4 à 8.

CHAYKOWSKI, Richard P. et George A. SLOTSVE, « The Impact of Plant Modernization on Organizational Work Practices », *Industrial Relations*, 31, 2, printemps 1992, p. 309 à 329.

CHAYKOWSKI, Richard P. et Michel GRANT, « De la négociation traditionnelle à la négociation raisonnée : quelques expériences canadiennes », *Revue de la négociation collective*, mai 1995, p. 97 à 107.

COMEAU, Yvan, « Les coopératives ambulancières au Québec », *Possibles*, 15, 3, p. 93 à 100.

COMEAU, Yvan et Benoît LÉVESQUE, « Workers' Financial participation in the Property of Enterprises in Quebec », *Economic and Industrial Democracy*, 14, 2, 1993, p. 233 à 250.

COMEAU, Yvan et Benoît LÉVESQUE, *L'évolution récente de la coopération du travail au Québec*, Montréal, Cahiers de la Chaire de coopération Guy-Bernier, 1995.

COMEAU, Yvan et Benoît LÉVESQUE, « Las formas de cooperacion del trabajo en Quebec », *Economiaz, Revista Vasca de Economia*, 33, 1995, p. 78 à 91.

COMITÉ DROIT AU TRAVAIL (CSN), *Expérimentations syndicales dans la région de Montréal concernant l'organisation du travail. Enquête auprès des syndicats*, Montréal, Conseil central du Montréal Métropolitain, 1995.

CORIAT, Benjamin, *L'atelier et le robot*, Paris, Christian Bourgois, 1990.

CÔTÉ, Daniel et D. LUC, *Le profil des Coopératives de travailleurs actionnaires du Québec*, Montréal, Centre de gestion des coopératives de l'École des Hautes Études Commerciales, 1995.

COURCHESNE, Réjean, « La présence syndicale au Québec », *Le marché du travail*, 17, 1-2, 1996.

COURCHESNE, Réjean et André DOMPIERRE, « Grèves et Lock-out au Québec », *Le marché du travail*, 5, 5, 1983.

CRESSEY, Peter et Vittorio DI MARTINO, *Workers' Participation in Technological Change*, 1987.

COMITÉ DU DROIT AU TRAVAIL (CSN), *Journée de réflexion sur l'organisation du travail*, Conseil central du Montréal Métropolitain, 1995, p. 33.

CSN, *Nos outils collectifs*, Montréal, Service de l'information, 1996.

DANSEREAU, Suzanne E., *Shills and Resistance : the Labour Process and Industrial Reorganisation in Quebec Mining*, Ph. D. Thesis (political science), 1993.

D'AMOURS, Martine, *Le rapport des entreprises au territoire : le cas du RÉSO et de quatre entreprises du Sud-Ouest de Montréal*, mémoire de maîtrise en sociologie, Université du Québec à Montréal.

DEMING, W. Edwards, *Hors de la crise*, Paris, Économica, 1991.

DEPAOLI, P., A. FANTOLI et G. MIANI. *Participation in Technological Change. The Role of the Parties Concerned in the Introduction of New Technology. Consolidated Report*, European Foundation for the Improvement of Living and Working Conditions, Worhing Paper Series, Dublin (Ireland), 1987.

DERTOUZOS, Michael L., Richard K. LESTER et Robert M. SOLOW, *Made in America. Regaining the Productive Edge*, Harper Perennial, 1990.

DODGSON, Mark et Roderick MARTIN, « Trade Union Policies on New Technology : Facing the Challenge of the 1980's », *New Technology, Work and Employment*, 2, 1, printemps 1987, p. 9 à 18.

DOMPIERRE, André, « Grèves et lock-out au Québec en 1994 - bilan », *Le marché du travail*, 16, 5, 1994.

DOMPIERRE, André, « Grèves et lock-out au Québec en 1995 - bilan », *Le marché du travail*, 17, 5, 1995.

DORÉ, Michel, *Travail en équipe et démocratie au travail*, Montréal, CSN, 1995.

DRUCKER, Peter, *Technology, Management and Society*, Harper Colophon Books, 1977.

DES TROIS MAISONS, Jean, « Les nouvelles approches en relations du travail », *Le marché du travail*, 15, 4, 1994, pp. 6 à 9 et 83 à 88.

DORAY, Pierre, Rachid BAGAOUI et Danielle RICARD, *La formation dans les entreprises québécoises : étude de cas auprès de 15 entreprises performantes*, Montréal, Conseil de la Science et de la Technologie, Gouvernement du Québec, 1994.

DUGAS, Nathalie, *Une analyse stratégique des rapports sociaux à l'occasion de changements dans les relations du travail. Le cas du contrat social d'Aciers Atlas*, mémoire de maîtrise en relations industrielles, Université de Montréal, 1994.

DUPUIS, Jean-Pierre (sous la direction de), *Le modèle québécois de développement économique. Débats sur son contenu, son efficacité et ses liens avec les modes de gestion des entreprises*, Québec, Presses Inter Universitaires, 1995.

EDWARDS, Richard, *Contested Terrain*, New York, Basic Books Inc., 1979.

ELIZUR, D., « Quality Circles and Quality of Work Life », *International Journal of Manpower (UK)*, 11, 6, 1990.

EVANS, John, *Technology and Collective Bargaining : A Review of Ten Years of European Experience*, Brussels, European Trade Union Institute, 1985.

FARQUHAR, C. et C. G. JOHNSTON, *Total Quality Management : A Competitive Imperative*, Report 60-90-E, Ottawa, The Conference Board of Canada, 1990.

FISHER, Roger, William, URY, et Bruce PATTON, *Comment réussir une négociation*, Paris, Seuil, 1982.

FOURNIER, Louis, « Le Fonds de solidarité de la FTQ : une révolution syndicale », *L'action nationale*, LXXXVI, 8 octobre 1996, p. 65 à 73.

FOURNIER, Louis, *Solidarité Inc. Un nouveau syndicalisme créateur d'emplois*, Montréal, Québec/Amérique, 1991.

FOURNIER, Louis, « Le Fonds de solidarité des travailleurs du Québec. Une institution financière syndicale vouée au développement de l'emploi », *Revue des études coopératives, mutualistes et associatives*, 48, 1993, p. 53 à 58.

FOURNIER, Pierre, *La concertation au Québec. Étude de cas et perspectives*, Québec, Gouvernement du Québec, 1985.

FREEMAN, R.B. et J.L. MEDOFF, *What Do Unions Do ?*, New York, Basic Books, 1984.

FTQ, *Pour un progrès sans victime*, mars 1985.

GAGNÉ, Pierrette et Michel LEFÈVRE, *L'entreprise à valeur ajoutée. Le modèle québécois*, Montréal, Publi-Relais, 1993.

GAGNON, M.-J., « L'organisation du travail et les syndicats : reprendre l'initiative. », dans ACSALF, *Travailler au Québec*, Montréal, Les Éditions Coopératives Albert Saint-Martin–ACSALF, 1981, p. 61 à 69.

GAGNON, Yves-Chantal et Maurice LANDRY, « Les syndicats québécois face aux changements technologiques, *Gestion*, 14, 2, mai 1989, p. 41 à 50.

GLENDAY, Daniel, « New Technology, Work Groups and the Politics of Participation », dans GRANT, Michel (sous la direction de), *Enjeux des années 1990 pour les relations industrielles - Industrial Relations Issues for the 1990'*, Rapport du 26ᵉ congrès de l'Association canadienne des relations industrielles, Québec, 1990, p. 189 à 204.

GRANT, Michel, « Vers la segmentation du syndicalisme au Québec », dans BLOUIN, Rodrigue (sous la direction de), *Vingt-cinq ans de pratique en relations industrielles au Québec*, Cowansville, Éditions Yvon Blais, 1990, p. 311 à 341.

GRANT, Michel et Jacques LEBEAU, *Le renouvellement des relations de production et du travail : une étude de cas, celui de Bestar Inc*, Montréal, Université du Québec à Montréal, Cahiers du CRISES, n° 9302, 1993.

GRANT, Michel et Jacques LEBEAU, « L'analyse stratégique et la recherche empirique : le cas Bestar », *Actes du XXXᵉ congrès annuel de l'Association canadienne des relations industrielles*, 1994, p. 95 à 103.

GRANT, Michel et Jacques LEBEAU, « La FTQ et les nouvelles stratégies de gestion des ressources humaines », dans BÉLANGER, Paul R., Michel GRANT et Benoît LÉVESQUE (sous la direction de), *La modernisation sociale des entre-*

prises, Montréal, Presses de l'Université de Montréal, 1994, p. 270 à 279.

GRANT, Michel et Jean HARVEY, « Unions and Productivity : Convergence or Divergence in Perceptions ? », *Intenational Studies of Management and Organization*, 22, 4, hiver 1992.93, p, 93 à 101.

GRANT, Michel, « Struggle for Survival : Industrial Relations in the Clothing Industry », dans VERMA, A. et R.P. CHAYKOWSKI (eds), *Industrial Relations in Canadian Industry*, Toronto, Holt, Rinehart and Winston, 1992, p. 220 à 243.

GRANT, Michel et Noël MALLETTE, « La gestion des relations du travail », dans MILLER, Roger (sous la direction de), *La direction des entreprises : concepts et applications*, McGraw Hill, 2e édition, l989, p. 558 à 595.

GRANT, Michel, « Les changements technologiques et les relations patronales-syndicales: vers de nouvelles stratégies », dans JACOB, Réal et Jean DUCHARME (sous la direction de), *Changements technologiques et gestion des ressources humaines*, Montréal, Gaëtan Morin, 1995, p. 245 à 277.

GUÉRIN, G., F. GAGNIER, H. TRUDEL, H. DENIS et C. BOILY, « L'impact de la CAO/FAO sur la QVT ; le cas de Marconi », *Relations Industrielles*, 46, 2, 1991, p. 420 à 446.

GUIDAT de QUEIROZ, C. et V. RAULT, « Skills Management : A Key Factor of Technological Change », dans M. KHALIL, Tarek et Bulent A. BAYRAKTAR (eds), *Management of Technology III. The Key to Global Competitiveness*, Volume 2, Proceedings of the Third International Conference on Management of Technology, Norcross (Georgia), Industrial Engineering and Management Press, 1992, p. 984 à 994.

HAMMER, Michael, *Beyond Reengineering. How the Process-centered Organization is Changing our Work and our Lives*, New York, Harper Business, 1996.

HAMMER, Michael et James CHAMPY, *Reengineering the Corporation*, Harper Business, 1994.

HANSEN, John A. et Robert T. LUND, *Connected Machines, Disconnected Jobs : Technology and Workers in the Next Decade*, Cambridge (Massachusetts), The MIT Press, september 1983.

HARRISSON, Denis et Ginette THÉRIAULT, *Analyse de l'implantation d'un système de gestion manufacturière : le cas d'une entreprise de textile*, Montréal, Rapport de recherche-terrain, CREST (CIRST)-UQAM, 1991.

HARRISSON, Denis et Normand LAPLANTE, « TMQ, Trade Unions And Cooperation : Case Studies in Quebec Manufacturing Plants », *Economic and Industrial Democracy*, 17, 1, 1996, p. 99 à 129.

HARVEY, Jean, Claude R. DUGUAY, Mario GODARD, Michel GRANT, Carole BELLAZZI et Diane BÉRARD, *La dynamique de l'amélioration de la productivité dans la PME manufacturière québécoise*, Groupe de recherche et d'intervention en productivité (GRIP), Rapport soumis au Centre canadien du marché du travail et de la productivité, 1988.

HECKSCHER, Charles C, *The New Unionism*, New York, Basic Books Inc. Publishers, 1988.

HÉBERT, Gérard, « Les négociations collectives élargies : la Loi sur les décrets ou l'accréditation multipatronale ? », *Les négociations élargies*, Journée d'étude de la Corporation des conseillers en relations industrielles (CRI), École de relations industrielles, Université de Montréal, 1982, p. 25 à 54.

HIRSCHHORN, Larry, *Beyond Mechanization*, Cambridge (Massachusetts), The MIT Press, 1986.

HOGUE, Pierre, *Étude de l'impact de la qualité totale sur les exigences et contenu des tâches et sur la rémunération*, mémoire de maîtrise en relations industrielles, Université de Montréal, 1992.

HUARD, Mario, *Crise du rapport salarial fordiste dans l'industrie de l'automobile : le cas de General Motors de Boisbriand*, Université du Québec à Montréal, Cahiers du CRISES, n° 9101, 1991.

ISHIKAWA, K., *Le TQC ou la qualité à la japonaise*, 2ᵉ édition (traduit par Yoko Sim et Claude Barbier), Paris, AFNOR, 1984.

JACOB, Réal, « Flexibilité organisationnelle et gestion des ressources humaines », *Gestion*, 18, 2, Mai 1993, p. 30 à 38.

JAIN, Harish, « Technological Change and Industrial Relations : An International Comparison », *Proceedings of the 36th Annual Meeting*, Madison (Wis.), 1984, p. 85 à 91.

KELADA, Joseph, *Integrating Reengineering with Total Quality*, Milwaukee, ASQC Quality Press, 1996.

KOCHAN, Thomas A. et Joel CUTCHER-GERSHENFELD, *Institutionalizing and Diffusing Innovation in Industrial Relations*, Cambridge (Mass.), Institute of Technology, Working Paper 1928-87, September 1987.

KOCHAN, Thomas A., Harry C. KATZ et Robert B. McKERSIE, *The Transformation of American Industrial Relations*, New York, Basic Books Inc., 1986.

LAFLAMME, Gilles et Guylaine VALLÉE, *Patronat, syndicats et gouvernement face aux changements technologiques*, collection Instruments de travail, Québec, Département des relations industrielles, Université Laval, 1987.

LAFLAMME, Gilles, « Peut-on concilier négociation collective et participation à la gestion ? », dans *Participation et négociation collective, 32ᵉ congrès des relations industrielles*, Québec, Les presses de l'Université Laval, 1977, p. 79 à 91.

LANGEVIN, Guy, *Changements technologiques, changements à l'organisation du travail et participation des travailleurs : le cas Lightolier*, mémoire de maîtrise en sciences admininstratives, Université du Québec à Montréal, 1994.

LAPOINTE, Paul-André, « Modèles de travail et démocratisation. Le cas des usines de l'Alcan au Saguenay, 1970-1992, » *Cahiers de recherche sociologique*, 18-19, 1992, p. 155 à 184.

LAPOINTE, Paul-André, *Évolution et crise du rapport salarial fordiste aux usines Jonquière de l'Alcan*, 1943-1981, mémoire de maîtrise en histoire, UQAM, 1985.

LAPOINTE, Paul-André, *Usine Arvida : de la crise du travail au renouvellement du fordisme*, Université du Québec à Montréal, Cahiers du CRISES, n° 9305, 1993.

LAPOINTE, Paul-André, *Usine Grande-Baie ou « La grande illusion »*, Université du Québec à Montréal, Département de sociologie, Cahiers du CRISES, n° 9306, 1993.

LAPOINTE, Paul-André, *Usine Laterrière : un dépassement du fordisme*, Université du Québec à Montréal, Département de sociologie, Cahiers du Crises, n° 9307, 1993.

LAWLER, Edward, *Strategic pay : aligning organizational strategies and pay systems*, San Francisco, Jossey-Bass, 1990.

LEBEAU, Jacques, *Renouvellement des relations de travail chez Bestar Inc.*, mémoire de maîtrise en sciences administratives, Université du Québec à Montréal, 1992.

LEFÈVRE, Michel, *La performance des organisations québécoises. Du discours à la réalité*, Montréal, Publi-Relais, 1993.

LEGENDRE, Camille, « Technologie, politique de gestion et dynamique des rapports sociaux organisationnels dans trois papetières au Québec », *Sociologie et sociétés*, XXIII, 1, 1991, p. 199 à 215.

LEMELIN, Maurice, Alain RONDEAU et Nancy LAUZON, *Mobilization of Human Resources : The Multi Level Experience of Boréal Insurance Co.*, 1995, (non publié).

LÉVESQUE, Benoît, « Coopération et syndicalisme : le cas des relations du travail dans les caisses populaires Desjardins », *Relations Industrielles*, 46, 1, 1991, p. 13 à 43.

LÉVESQUE, Benoît, « Une forme originale d'association capital-travail : les coopératives de travailleurs actionnaires au Québec », *Revue des études coopératives mutualistes et associatives*, Paris, 251, 1994, p. 49 à 60.

LÉVESQUE, Benoît, « Les coopératives au Québec : deux projets distincts pour une société ? », dans BARDOS-FÉLTORONYI, N., J. DEFOURNY, H. DETREMMERIE, J.-L. LAVILLE, B. LÉVESQUE et al., *Coopération, défis pour une démocratie économique*, Bruxelles, Éditions Vie ouvrière, 1993, p. 69 à 96.

LÉVESQUE, Benoît, Margie MENDELL et Solange VAN KEMENADE, *Profil socio-économique des fonds de développement régional, local et communautaire au Québec*, Montréal, Bureau fédéral de développement régional, 1996.

LÉVESQUE, Benoît et Marie-Claire MALO, « L'économie sociale au Québec : une notion méconnue, une réalité économique importante », dans DEFOURNY, Jacques et José L. MONZON CAMPOS (sous la direction de), *Économie sociale. Entre économie capitaliste et économie publique/The Third Sector. Cooperative, Mutual and Nonprofit Organizations*, Bruxelles, De Boeck/Université, 1992, p. 385 à 452.

LÉVESQUE, Benoît, Alain COTÉ, Omer CHOUINARD et Jean-Louis RUSSEL, *Socio-économique des coopératives de travail au Québec*, Montréal, Comité provincial des coopératives de travail, Université du Québec à Montréal, 1985.

LONG, Richard, *The Consequences of Employee Buyouts in Canada*, Paper prepared for presentation at the « Forum on Canadian Workplace Practices », Ottawa, 1995.

LORINO, Philippe, *L'économiste et le manageur*, Paris, La découverte, 1989.

MASCHINO, Dalil, « Les changements dans l'organisation du travail dans le contexte de la mondialisation économique », 2ᵉ partie, *Le marché du travail*, 13, 8, août 1992, pp. 6 à 10, 73.

MASCHINO, Dalil, « Les nouvelles pratiques en milieu de travail au Québec », *Le marché du travail*, 16, 8, août 1995, pp. 6 à 8 et 87 à 94.

MASCHINO, Dalil (sous la direction de), « Les nouvelles pratiques en milieu de travail au Québec », *Le marché du travail*, 16, 9, 1995, pp. 10 et 95 à 115.

MASCHINO, Dalil (sous la direction de), « Les nouvelles pratiques en milieu de travail au Québec », *Le marché du travail*, 16, 10, 1995, pp. 9 à 10 et 81 à 99.

MASCHINO, Dalil (sous la direction de), « Les nouvelles pratiques en milieu de travail au Québec », *Le marché du travail*, 16, 11, 1995, pp. 9 à 10 et 70 à 82.

MASCHINO, Dalil (sous la direction de), « Les nouvelles pratiques en milieu de travail au Québec », *Le marché du travail*, 16, 12, 1995, pp. 10 et 83 à 88.

McMULLEN, Kathryn, Norm LECKIE et Christina CARON *Innovation at Work : The Working With Technology Survey*, 1981-1991, Kingston Industrial Relations Centre, Queen's University, 1993.

MILETTE, Nicolas, *La concertation et le partenariat au Québec : l'intervention du Fonds de solidarité des travailleurs du Québec dans l'entreprise BESTAR inc. de Lac-Mégantic*, mémoire de maîtrise en sociologie, Université de Montréal, 1993.

MURRAY, G., M.-L. MORIN et I. DA COSTA (sous la direction de), *L'état des relations professionnelles. Traditions et perspectives de recherche*, Québec, Les Presses de l'Université Laval et Octarès, 1996.

NADEAU, Jean Benoît, « La vérité sur le fonds de solidarité », *L'actualité*, 1ᵉʳ novembre 1996, p. 30 à 40.

NYAHOHO, Emmanuel, « Automatisation et émergence de la gestion participative dans l'industrie de l'automobile », *Le marché du travail*, 6, 8, août 1985, p. 71 à 75.

PEIRCE, Jonathan C, *Collective Bargaining Over Technological Change : A Quantitative and Historical Analysis*, Discussion Paper n° 338, Ottawa, Economic Council of Canada, October 1987.

PEITCHINIS, Stephen G,. « The Attitude of Trade Unions Toward Technological Changes », *Relations Industrielles*, 38, 1, 1983, p. 104 à 119.

PÉPIN, Normand, *Post ou néo-fordisme chez Cascades Inc. Analyse des dimensions culturelle, organisationnelle et institutionnelle de l'entreprise à travers le cas de Kingsey Falls et d'East Angus*, thèse de doctorat en sociologie, Université du Québec à Montréal, 1996.

PIORE, Michael J., « Les nouvelles technologies et les travailleurs marginaux », dans Centrale de l'enseignement du Québec, *Apprivoiser le changement*, 1985, p. 96 à 104.

PIORE, Michael J. et Charles F. SABEL, *The Second Industrial Divide. Possibilities For Prosperity.*, New York, Basic Books Inc., 1984.

PORTIS, Bernard, « Facilitating Employee Involvement and Technological Change », dans M. KHALIL, Tarek et Bulent A. BAYRAKTAR (eds), *Management of Technology III. The Key to Global Competitiveness*, Volume 2, Proceedings of the Third International Conference on Management of Technology, Norcross (Georgia), Industrial Engineering and Management Press, 1992, p. 995 à 1002.

QUARTER, Jack et George MELNYK, *Partners in enterprise : the worker ownership phenomenon*, Montréal, Black Rose Books, 1989.

RAINVILLE, Frédéric, *L'impact des ententes de longue durée sur la formation des travailleurs dans les entreprises au Québec*, mémoire de maîtrise en administration des affaires, 1995.

RANKIN, Tom, *New Forms of Work Organization. The Challenge for North American Unions*,Toronto, University of Toronto Press, 1990.

REICH, Robert B., *The Work of Nations*, New York, Vintage Books, 1992.

RESHEF, YONATAN, « Employees, Unions, and Technological Changes : A Research Agenda », *Journal of Labor Research*, 14, 2, Spring 1993, p. 111 à 129.

ROCK, Charles P. et Mark KLINEDINST, « In sSearch of the Social Economy in the United States : A Proposal », dans DEFOURNY, J. et José L. MONZON CAMPOS (sous la direction de), *Économie sociale. Entre économie capitaliste et économie publique*, Bruxelles, De Boeck/Université, 1992, p. 319 à 384.

RONDEAU, Claude, « La négociation continue. Étude théorique et pratiques québécoises », *Actes du XXXe congrès annuel de l'Association canadienne des relations industrielles*, 1994, p. 225 à 237.

ROULEAU, Linda et Harold BHÉRER, *La participation des travailleurs dans l'entreprise*, Québec, Commission consultative sur le travail, 1986.

ROUSTANG, Guy, LAVILLE, Jean-Louis et al., *Vers un nouveau contrat social*, Paris, Desclée de Brouwer, 1996.

SABEL, Charles, *Work and Politics. The Division of Labor in Industry*, Cambridge, Cambridge University Press, 1985.

SAINT-LAURENT, Richard, « Le processus de la négociation dans les secteurs péripublic et privé en 1994-1995 », *Le marché du travail*, 17, 1 et 2, 1996, p. 9 et 105 à 110.

SARMIENTO, Janet, « L'autonomie ouvrière et les équipes de travail », *Les Cahiers du travail*, 4, 1995, p. 21 à 46.

SAUCIER, Carol et France BERNIER, « Papier Cascades Cabano : modernisation sociale d'une entreprise et développement local », dans BÉLANGER, P. R., Michel GRANT, et Benoît LÉVESQUE (sous la direction de), *La modernisation des entreprises*, Montréal, Presses de l'Université de Montréal, 1994.

SHAIKEN, Harley, *Work Transformed, Automation and Labor in the Computer Age*, New York, Holt, Rinehart and Winston, 1984.

SHAWL, Roger, « La durée des conventions collectives. Observations récentes », *Le marché du travail*, 17, 7, 1996.

SMITH, Anthony E, « Trade Unions and the Process of Technological Change », dans S. KUTTNER, Thomas (sous la direction de), *The Industrial Relations System - Le système de relations industrielles*, Actes du 29e congrès de l'Association canadienne des relations industrielles, 1993, p. 489 à 505.

SOCHER, Ulrich, *L'autonomie des équipes de travail et le modèle des relations professionelles à l'usine Alcan Shawinigan*, Paris, GIP Mutations industrielles, 1996.

SORGE, Arndt et Wolfgang STREECK, « Industrial Relations and Technical Change : The Case for an Extended Perspective », dans HYMAN, R. et Wolfgang STREECK, *New Technology and Industrial Relations*, Oxford and New York, Basil Blackwell, 1988, p. 19 à 47.

THOMAS, Robert J., « Technological Choice and Union-Management Cooperation », *Industrial Relations*, 30, 2, printemps 1991, p. 167 à 192.

TRAVAIL CANADA. *Les effets de la micro-électronique sur le milieu de travail*, Ottawa, Ministère des Approvisionnements et Services, 1981.

TREMBLAY, Diane-Gabrielle, « De l'innovation de processus à l'innovation de produit : l'importance accrue des ressources humaines », dans GRANT, Michel (sous la direction de), *Enjeux des années 1990 pour les relations industrielles - Industrial Relations Issues for the 1990*, Québec, Rapport du 26ᵉ congrès de l'Association canadienne des relations industrielles, 1990, p. 246 à 256.

VASCHALDE, Dominique, *Un nouveau modèle de partenariat : le cas d'une entreprise innovatrice : Perkins*, Montréal, CRISES, 1995.

VINCENT, Paul, *La régulation des changements technologiques dans les activités de préparation de l'Imprimerie coopérative Harpell : une étude comparative*, mémoire de maîtrise en relations industrielles, Université de Montréal, 1985.

VINCENT, Paul, *L'imprimerie coopérative Harpell : ses origines exceptionnelles, son développement*, Montréal, Cahiers de la Chaire de coopération Guy-Bernier, 1995.

WALTON, R.E. et MCKERSIE, R.B., *A Behavioral Theory of Labor Negotiations*, New York, McGraw Hill, 1965.

WALTON, Richard E., Joel E. CUTCHER-GERSHENFELD et Robert B. McKERSIE, *Strategic Negotiations*, Boston, Harvard Business School Press, 1994.

Chapitre 8

Les rachats d'entreprise par leurs employés : l'expérience canadienne

Richard J. Long[1]

La propriété totale ou partielle des entreprises par ses employés constitue un phénomène de plus en plus fréquent dans plusieurs pays industrialisés. Le cas des États-Unis illustre probablement le mieux cette tendance. On estime que dans ce pays au moins 10 000 entreprises comporte une participation ouvrière importante à la propriété de l'entreprise. Aussi, on compterait environ 11 millions d'employés propriétaires, ce nombre correspondant à 12,5 % des travailleurs du secteur privé (Blasi et Kruse, 1991). Ce phénomène a connu une croissance exceptionnelle à partir de 1974 alors qu'une loi fédérale américaine introduisait des incitatifs importants pour favoriser l'accession des employés à la propriété d'entreprise (Blasi et Kruse, 1991). Malgré l'absence d'une législation similaire au Canada, la dernière décennie a connu une hausse considérable de la popularité de cette forme de propriété (Long, 1991a, 1992).

Dans la plupart des entreprises où il existe une telle forme de propriété, les employés ne détiennent en général qu'une petite partie des actions. Cependant, dans certains cas, ils ont acquis la majorité des actions et, parfois, la totalité. Ce chapitre s'intéresse aux cas de rachats d'entreprises par leurs employés (R.E.E. dorénavant), c'est-à-dire celles dont

---

[1]   Michel Grant et Jacques Lebeau, candidat au doctorat au département des relations industrielles de l'Université Laval, ont traduit en français la version originale anglaise de ce chapitre.

les salariés sont majoritairement ou totalement propriétaires.

Le but ici est de décrire des expériences canadiennes de R.E.E. et d'analyser certains de leurs effets. La première partie du texte situe les R.E.E. dans le contexte plus général de la participation des employés à la propriété d'entreprise. Ensuite, trois types de R.E.E. sont retenus : le rachat sauvetage, le rachat restructuration et le rachat retraite. Nous passons brièvement en revue un certain nombre de cas d'espèce pour illustrer chacun de ces types. La section suivante analyse et discute les conséquences générales de ces rachats, pour ensuite examiner leurs implications sur les politiques publiques. La section finale présente un bref résumé des conclusions.

Le contexte des rachats d'entreprises par leurs employés

La participation ouvrière à la propriété devient de plus en plus populaire au Canada, selon une enquête menée auprès d'entreprises en 1989-1990 (Long, 1991a, 1991b, 1992). Cette étude, la plus complète réalisée à ce jour, a eu recours à des entrevues téléphoniques sur la base d'un échantillon aléatoire constitué de 626 entreprises canadiennes employant au moins vingt personnes. Elle révèle que dans 7,5 % de ces entreprises, il existe une forme de participation des employés à la propriété. Il convient de préciser que la proportion moyenne des actions détenues par le personnel n'est environ que de 6 %. Les motifs les plus fréquemment invoqués pour introduire cette forme de propriété sont l'amélioration de l'implication, de la motivation et de la coopération des employés au travail, ou la bonification de la rémunération (Long, 1991b). Dans la plupart des cas, le but recherché par les promoteurs est rarement de céder la majorité ou la totalité des actions à leurs employés.

Sur les 47 entreprises de l'échantillon, seulement deux appartiennent entièrement aux employés et deux autres sont la propriété majoritaire des employés.

Seule une partie de ces cas représente un R.E.E., à savoir une entreprise ou une partie de celle-ci est achetée et devient la propriété d'au moins la majorité du personnel. Par exemple, des quatre entreprises faisant partie de cette catégorie lors de l'enquête, seulement deux d'entre elles constituent des R.E.E. Les deux autres firmes furent créées par les employés eux-mêmes et continuaient de demeurer la propriété du personnel, les nouveaux employés pouvant acheter des actions.

Les types de rachats par des employés

En général, les R.E.E. sont classés en trois grandes catégories en fonction du motif de la vente. Il s'agit du rachat sauvetage, du rachat restructuration et du rachat retraite. Le rachat sauvetage s'effectue quand les perspectives de faillite ou de fermeture de l'entreprise incitent les propriétaires à vendre. La situation financière de la compagnie éloigne les acheteurs potentiels et le rachat par les employés apparaît comme la seule solution à la fermeture de l'établissement et à la disparition des emplois.

Malgré le fait qu'il dégage des profits et qu'il ne soit pas en difficulté, un établissement peut ne plus figurer dans les plans stratégiques de ses propriétaires ; cette situation peut déboucher sur un rachat restructuration. Le rachat retraite survient lorsque les propriétaires souhaitent tout simplement se retirer des affaires pour prendre leur retraite et recouvrer leur investissement. Dans ces deux dernières situations de rachat, l'entreprise peut jouir d'une bonne santé financière et il peut y avoir d'autres acheteurs que les employés. Dans ces circonstances, le R.E.E. peut être motivé de diverses façons. Les employés peuvent vouloir échapper aux incertitudes générées par un changement de propriétaire, mieux maîtriser leur avenir, participer au développement d'une entreprise qu'ils ont contribué à bâtir, ou tout simplement réaliser un bon investissement.

Ce chapitre passe en revue 21 expériences de R.E.E. Bien que cet échantillon ne regroupe pas toutes les expériences, il comprend un nombre relativement important des cas connus et survenus au Canada au cours des vingt dernières années. Notre intention est d'identifier un certain nombre de cas dans les trois catégories définies précédemment, afin de donner au lecteur une idée de la grande variété des conditions dans lesquelles émergent les R.E.E., et aussi de faire connaître des expériences des diverses régions du Canada. Un effort particulier fut consacré à la présentation des cas significatifs ou plus connus, tels celui d'Algoma Steel ou de Canadien Pacifique Express, pour d'autres moins connus. Les R.E.E. portant sur des petites entreprises de moins de vingt employés ont été écartés, de même que ceux qui n'impliquaient pas une participation directe des employés. Ce qui exclut donc les entreprises où les travailleurs participent indirectement à la propriété de l'entreprise par l'entremise d'un fonds d'investissement ouvrier, comme le Fonds de solidarité de la Fédération des travailleurs et travailleuses du Québec (FTQ).

Au total, nous avons analysé sept cas de rachat-sauvetage, dix cas de rachat restructuration et quatre de rachat retraite. Géographiquement, six R.E.E. ont eu lieu en Colombie-Britannique, six en Ontario, quatre au Québec, trois en Alberta et deux en Saskatchewan. En Colombie-Britannique, au Québec ainsi qu'en Saskatchewan, l'émergence des R.E.E. découle partiellement de mesures de soutien gouvernementales. Le tableau 1 présente les caractéristiques principales de chacun des cas étudiés.

Tableau 1 – Les rachats d'entreprises par leurs employés

Entreprise	Siège social	Nombre employés	Date rachat	Profits avant rachat	Syndicat avant rachat	Syndicat après rachat	Succès financier avec PMEC [1]	Fin de la PMEC	Résultat du R.E.E. [2]
Tembec	Montréal, Québec	650	1973	Non	Oui	Oui	Oui	1984	Dilution du contrôle des employés
Tricofil	St-Jérôme, Québec	425	1975	Non	Oui	Oui	Non	1981	Fermeture
Beef Terminal	Toronto, Ontario	40	1979	Non	Oui	Non	Non	1987	Vente des actifs et poursuite des activités
Victoria Plywood	Victoria, C.-B.	200	1985	Non	Oui	Non	Non	1995	Fermeture
Lamford Forest Prod.	Sooke, C.-B.	250	1986	Non	Oui	Oui	Non	1990	Fermeture
Algoma Steel	Sault-Ste-Marie, Ontario	5000	1992	Non	Oui	Oui	Oui	1995	Dilution du contrôle des employés
Byers Transport	Edmonton, Alberta	160	1975	Non	Oui	Oui	Oui	1979	Vente de leurs actions par les employés
Mainroad Contracting	Delta, C.-B.	160	1987	N.D.	Oui	Oui	Oui	En vigueur	Entreprise toujours active
Caribou Road Serv.	Williams Lake, C.-B.	85	1987	N.D.	Oui	Non	Oui	En vigueur	Entreprise toujours active
Nechako Construc.	Smithers, C.-B.	80	1987	N.D.	Oui	Non	Oui	En vigueur	Entreprise toujours active
Yellowhead Road Maintenance	Prince George, C.-B.	163	1987	N.D.	Oui	Oui	Oui	En vigueur	Entreprise toujours active
CETAM	Greenfield Park, Québec	160	1988	Oui	Oui	Oui	Oui	En vigueur	Entreprise toujours active

Entreprise	Siège social	Nombre employés	Date rachat	Profits avant rachat	Syndicat avant rachat	Syndicat après rachat	Succès financier avec PMEC [1]	Fin de la PMEC	Résultat du R.E.E.[2]
Great Western Breweries	Saskatoon, Sask.	60	1989	N.D.	Oui	Oui	Partiel	1995	Conversion de la dette en capitaux gouverne-ment aux, propriété du gouvernement provincial
Printco Graphics	Regina, Sask.	24	1989	N.D.	Oui	Oui	Oui	En vigueur	Croissance des ventes
Spruce Falls	Kapaska-sing, Ontario	1250	1991	Oui	Oui	Oui	Oui	En vigueur	Entreprise très rentable
Revolve Technolo.	Calgary, Alberta	40	1993	N.D.	Non	Non	Partiel	En vigueur	Entreprise pas encore rentable, mais en croissance
Canadian Pacific Express and Transport	Willowdale Ontario	2500	1994	Non	Oui	Oui	Incertain	En vigueur	Pas de profits, première année, PMEC
Rel-Con Equipment	Rexdale, Ontario	60	1962	Oui	Non	Non	Non	1988	Entreprise vendue à une autre, après des problèmes financiers
Harvey Transport	Alma, Québec	160	1972	Oui	Oui	Oui	Partiel	1980	Vente de 80 % des actions par les employés aux dirigeants
PCL Construc.	Edmonton, Alberta	6000	1976	Oui	Oui	Oui	Oui	En vigueur	Entreprise affichant de bons résultats
Windsor Factory Supply	Windsor, Ontario	125	1985	Oui	Non	Non	Oui	En vigueur	Entreprise affichant de bons résultats

[1]   PMEC = participation majoritaire des employés au capital
[2]   R.E.E. = rachat de l'entreprise par ses employés
[3]   N.D. = non disponible

Puisqu'il n'existe pas de recensement des cas de R.E.E., nous ne savons pas dans quelle mesure les exemples sélectionnés sont représentatifs de la population étudiée. Cependant, Quarter et Brown (1992) tentent de mettre au point une liste exhaustive des R.E.E. au 1er juin 1990. Ils répertorient ainsi 39 cas, bien que leurs critères de sélection soient quelque peu différents des nôtres. Près des trois quarts de leurs cas se retrouvent dans deux provinces : le Québec (quinze) et la Colombie-Britannique (quatorze). Ils attribuent cela à la taille de ces provinces et aux mesures de support gouvernementales aux R.E.E. dans ces provinces. Au Québec, la CSN (Confédération des syndicats nationaux), la seconde centrale syndicale de la province en nombre de membres, a activement encouragé le R.E.E. Cette organisation syndicale a préconisé la formation de coopératives par l'entremise de son Groupe de consultation formé en 1987. En 1990, ce groupe était déjà à l'origine de neuf cas de R.E.E.

Les cas de R.E.E.

Le rachat-sauvetage

Les sept cas suivants font partie de cette catégorie, parce qu'en raison de leur situation financière très précaire, les entreprises concernées auraient presque certainement cessé leurs activités sans un R.E.E.

Les produits forestiers Tembec dont le siège social est situé à Montréal, est l'un des premiers cas de rachat sauvetage. L'entreprise, créée en 1973 lors de l'achat d'une usine fabricant des papiers fins, appartenait à la compagnie Canadian International Paper (CIP) qui comptait fermer cette usine de pâtes et papier. Au moment de l'achat par les employés, les quatre principaux dirigeants détenaient 40 % des actions à droit de vote. Environ 40 % des actions appartenaient à des employés. Le reste des actions était détenu par le gouvernement provincial et des habitants de la région (Nightingale et Long, 1984). Des dispositions furent prises pour assurer la présence des représentants des employés et du syndicat au conseil d'administration, et un grand nombre de comités conjoints ont été créés pour favoriser la coopération patronale-syndicale.

L'entreprise a connu au fil des ans un succès financier significatif et a procédé à des acquisitions, notamment une participation de 41 % dans Spruce Falls Paper, une entreprise appartenant aux employés de l'Ontario. En 1995, Tembec employait 2000 personnes, alors qu'elle ne comptait que 650 employés au moment du rachat. En 1984, dans le but d'obtenir des capitaux pour financer ses plans d'expansion, l'entreprise est introduite à la bourse de Toronto. À cette époque, le Fonds de solidarité de la Fédération des travailleurs et travailleuses du Québec (FTQ) rachète les actions détenues par le syndicat local. Cette transaction réduit le seuil de contrôle qui se situait originalement à 80 %, en comptant les cadres et les travailleurs. Nous ne connaissons pas actuellement la proportion exacte des actions de Tembec détenues par ses employés. Il est cependant certain qu'ils ne possèdent plus qu'une petite portion des actions à droit de vote.

La Société Populaire Tricofil constitue un cas du même type, bien qu'il se soit soldé par un échec financier. L'entreprise a été fondée en 1975 pour reprendre les actifs de la Regent Knitting Mills de Saint-Jérôme au Québec. Cet établissement était graduellement devenu déficitaire et ses propriétaires avaient annoncé sa fermeture (Nightingale et Long, 1984). Le gouvernement provincial soutint le projet avec vigueur. Des actions de l'entreprise ont été offertes au public, en plus de celles achetées par ses 425 employés. Après le départ des cadres, les employés choisirent un économiste de la F.T.Q. à titre de président.

Malheureusement, en dépit d'injections répétées d'argent frais du gouvernement provincial (environ trois millions de dollars), l'entreprise fermait ses portes en 1981. Plusieurs facteurs peuvent expliquer l'échec de l'expérience. Premièrement, personne n'a compris que, dès le départ, l'usine devrait être reconstruite pour que l'entreprise demeure compétitive. Deuxièmement, Tricofil ne disposait pas d'une équipe de gestionnaires expérimentés. Troisièmement, l'entreprise évoluait dans un secteur industriel en déclin et, en plus, dominé par des produits importés, beaucoup moins chers.

Beef Terminal (1979) Ltd. En 1979, les propriétaires fermaient la deuxième usine d'emballage de viande en importance en Ontario, à cause de sa non-rentabilité (Nightingale et Long, 1984). Les conditions difficiles de cette industrie ne présentaient aucun intérêt pour des acheteurs éventuels. Le gérant de l'usine proposa aux cadres de racheter l'usine, mais cette proposition ne permit pas de réunir le capital nécessaire. Les employés furent alors invités à s'impliquer dans le projet. L'achat d'au moins une action, valant à peu près 3000 $, devint une condition d'emploi.

L'Amalgamated Meat Cutters and Butchers Workmen of North America représentait les employés au moment de la fermeture. Le syndicat rejeta les modifications de la convention collective qui auraient permis plus de flexibilité dans l'attribution des tâches, bien que ce changement ait été jugé essentiel à la survie de l'entreprise. Le syndicat perdit, par la suite, son mandat. Ironie du sort, le représentant de l'usine qui dirigeait le mouvement de rejet du syndicat était un ancien délégué syndical.

Au cours des trois années qui suivirent le rachat de l'entreprise par le personnel, sa rentabilité s'avéra excellente ; en effet, la valeur de ses actions tripla et la productivité personne/heure dépassa de moitié celle des concurrents.

L'industrie connut toutefois un ralentissement marqué des activités et l'usine dut déclarer faillite en 1987. Ses actifs furent rachetés par un particulier, qui garda plusieurs des employés et continua d'exploiter l'abattoir (Quarter et Hannah, 1989).

Victoria Plywood Cooperative. En 1985, la compagnie Pacific Forest Products fermait son usine de contreplaqué de Victoria, en raison d'une trop faible rentabilité. La majorité des 200 employés formèrent une coopérative et achetèrent l'usine avec une mise de fonds relativement minime, chaque membre investissant 2500 $. Pour que l'entreprise devienne rentable, les employés devaient accepter une baisse substantielle de salaire. Le syndicat local, affilié aux International Woodworkers of America, refusa d'appuyer le mouvement et perdit en conséquence son mandat. Malgré qu'elle ait refusé de s'associer à la démarche, l'union nationale ne s'opposa pas à cette révocation.

Profitant de la reprise économique dans le secteur forestier, l'entreprise redevint rapidement rentable, de sorte qu'en 1993, les employés qui partaient à la retraite constatèrent que leur investissement initial de 2500 $ valait maintenant 13 000 $. Malheureusement, la compagnie ne détenait aucun quota de coupe de bois et devait s'approvisionner sur le marché libre. En 1994, il s'avéra impossible de poursuivre les opérations de façon viable. Au début de 1995, l'usine dut donc fermer ses portes. Les employés espéraient que la vente des actifs leur permettrait de récupérer leurs 2500 $.

Lamford Forest Products est située sur l'île de Vancouver. En raison d'une importante diminution de ses revenus au milieu des années 1980, l'entreprise fut incapable d'honorer les engagements qu'elle avait pris pour moderniser ses équipements. La banque Toronto-Dominion fut chargée par les créanciers de gérer ses actifs. L'effondrement de l'industrie forestière dans la province n'incitait aucun acheteur sérieux à se manifester. Les cadres de l'entreprise, avec l'appui syndical des International Woodworkers of America, proposèrent un projet de R.E.E. La compagnie devint entièrement la propriété de ses employés. Chacun d'entre eux possédait une action ordinaire à droit de vote, ainsi que des actions de classe B d'une valeur de 12 500 $ en contrepartie d'une baisse salariale de 17 %.

La demande en produits forestiers connut un regain inespéré, peu après la reprise des activités en janvier 1986. Cette demande, la modernisation récente des équipements et une augmentation de la productivité permirent à l'usine de devenir rentable peu après son rachat par les employés. En 1988, l'entreprise se vit décerner un prix pour le dynamisme de son programme de coopération patronale-syndicale. Comme l'entreprise n'était pas maître de son approvisionnement en bois, elle éprouva de plus en plus de difficultés à se procurer des matières premières à un prix raisonnable. Cette situation mit fin à son exlpoitation en 1990.

Algoma Steel. Il s'agit du cas de rachat sauvetage le plus connu au cours des dernières années au Canada. Forcé d'accumuler d'importantes pertes financières, dues à un contexte économique difficile, Algoma devait également composer avec des procédés de production dépassés et une faible productivité. En 1989, ce troisième producteur d'acier en importance au Canada tomba sous le contrôle de Dofasco, l'une des deux plus grandes aciéries canadiennes. Constatant que les pertes continuaient de s'accumuler, Dofasco devait, soit vendre l'entreprise, soit en liquider les actifs. Comme aucun acheteur sérieux ne se présentait, Algoma se dirigeait vers une fermeture. C'est dans ce contexte qu'en 1982 les employés, avec l'appui du syndicat des Métallos et du gouvernement ontarien, devinrent propriétaires de 60 % des actions à droit de vote d'Algoma.

Des méthodes sophistiquées d'implication des employés dans le processus décisionnel furent introduites (Hutchinson, 1993 ; Gunderson, Sack, McCartney, Wakely et Eaton, 1994 ; Quarter, 1995). Les employés pouvaient influencer les décisions de l'entreprise à partir de leur coopérative, dans laquelle ils ne détenaient toutefois qu'une seule action à droit de vote, même si le nombre d'actions détenues variaient en fonction de la diminution de salaire opérée. Selon Quarter :

> L'assemblée générale des membres de la coopérative reprend le mode de fonctionnement analogue à celui du citoyen dans une démocratie politique ; les employés de la compagnie avaient le droit de voter sur quatre enjeux majeurs : la vente de la compagnie ; les investissements d'Algoma effectués à l'extérieur de Sault-Ste-Marie et de Wama de même qu'en dehors de l'industrie de l'acier ; toute modification majeure dans la production n'ayant pas reçue l'aval de huit membres du conseil d'administration ; toute émission d'actions qui réduirait à moins de 50 % la portion des actions détenues par les employés. (Quarter, 1995)

Quatre des treize membres du conseil d'administration d'Algoma devaient être de membres du syndicat. C'est le syndicat qui les choisit et non la coopérative. Un autre membre du conseil fut élu par les employés non syndiqués de l'entreprise. Le reste du conseil était composé du président directeur général d'Algoma et de sept autres membres nommés avec l'assentiment du syndicat et des autres actionnaires.

En plus de la représentation syndicale à son conseil d'administration, l'entreprise introduisit d'autres modes de gestion participative. Ainsi, on élimina les pointeuses. Un comité conjoint d'orientation patronal-syndical fut créé pour examiner la conception des postes de travail afin de mettre en place des équipes autogérées.

La reprise de la demande et une productivité en augmentation depuis 1992 ont permis à la société de recouvrer sa rentabilité. L'été 1995, elle lança une émission publique d'actions, dans le but de combler un besoin pressant de financement pour la modernisation de ses usines et des équipements. Environ 375 millions de dollars d'actions à 7,00 $ chacune ont été vendues, réduisant alors la participation des employés à 31 % du capital. Pour ceux qui possédaient une action évaluée à cinq cents en 1992, cette opération manifestait clairement la confiance que les investisseurs plaçaient dans la « nouvelle Algoma ». La direction de l'entreprise fut autorisée à procéder à cette émission d'actions à condition que les structures de participation, décrites précédemment, ne soient pas modifiées.

Canadian Pacific Express and Transport (CPET), dont le siège social est situé à Willowdale en Ontario, est probablement le plus connu des cas récents de R.E.E. (Russel, 1994). L'appellation de l'entreprise a récemment été modifiée pour Interlink Transport. Jusqu'en septembre 1994, cette société était une filiale à 100 % du Canadien Pacifique Ltée. Elle offrait des services de transport routier à travers le Canada et de transport international de matériel. Elle comptait 49 terminaux et employait 2500 personnes. En 1990, le Canadien Pacifique révisa sa stratégie et décida d'abandonner les activités jugées secondaires. Le C.P. se départit ainsi, en 1993, de ses intérêts dans le secteur des pâtes et papiers et céda deux filiales dans le transport non ferroviaire : Highland Trucking et Can Pac.

C.P. Ltée n'avait cependant pas trouvé une manière satisfaisante de se séparer de CPET. En effet, comme l'entreprise n'avait pas fait de profit au cours des dernières années, il était impossible de trouver des acheteurs potentiels. Le syndicat local regroupant les cols bleus, affilié à Transportation and Communication Union, craignait que l'entreprise soit vendue ; le nouveau propriétaire pourrait ensuite liquider les actifs, mettant ainsi fin à son exploitation ou réduire les coûts par des actions dommageables aux intérêts des employés. Dans ce contexte, les représentants syndicaux acceptèrent de travailler avec les cadres de CPET à une proposition conjointe de R.E.E.

La proposition fut acceptée par le C.P. et le rachat se concrétisa en septembre 1994. L'entente prévoit que les employés syndiqués détiennent 65 % des actions, les cadres 10 % et les non syndiqués 25 %. Les cadres ont payé comptant leurs actions, alors que les autres employés paient les leurs par le biais d'une réduction de 15 % de leur rémunération. Une caractéristique majeure du plan de rachat réside dans la mise en place d'un système de taux variable de rémunération qui vise à encourager la productivité chez les chauffeurs chargés du ramassage et de la livraison des colis. Un programme de partage des profits fut établi pour tous les employés. De plus, plusieurs mécanismes favorisant la gestion participative ont également été développés, incluant un certain nombre de comités patronaux-syndicaux. L'entreprise s'est aussi engagée à réorganiser la production afin d'enrichir les tâches et d'assurer une plus grande autonomie de travail.

Après une année d'exploitation, l'entreprise dut faire face à de graves problèmes de liquidité, suite à des pertes substantielles. Cette crise financière, attribuable au moins en partie aux mauvais rendements de l'ensemble des sociétés de camionnage, provoqua la démission de tous les membres du conseil d'administration.

Le rachat restructuration

Une entreprise, ou l'une de ses filiales, qui réalise des profits peut quand même être vendue pour diverses raisons. Par exemple, les propriétaires peuvent réviser leurs stratégies de marché et la filiale peut, en conséquence, ne plus répondre aux nouvelles exigences. La maison mère peut aussi opter pour la concentration de sa production dans un moins grand nombre d'établissements, ou bien elle a besoin de capitaux que lui rapporterait la vente de sa filiale.

Un type particulier de rachat restructuration découle de la décision de plusieurs gouvernements provinciaux, au cours des années 1980, de privatiser certains services publics. Par exemple, la société Printco Graphics of Regina fut créée, vers la fin des années 1980, à la suite de la vente à ses employés du service d'imprimerie du gouvernement de la Saskatchewan. La privatisation de l'entretien des routes et des ponts en Colombie-Britannique constitue un autre cas intéressant de ce type de rachat (Simpson, 1990). Tout récemment, le gouvernement fédéral utilisait aussi ce type de rachat pour privatiser certaines de ces activités. Par exemple, au début de 1996, plusieurs services d'entretien de la Commission de la capitale nationale ont été confiés à des entreprises appartenant aux employés[2].

B.C. Highways Maintenance Companies. Dans le cadre de la privatisation de l'entretien des autoroutes provinciales en Colombie-Britannique, on créa 28 districts pour chacun desquels des entrepreneurs pouvaient soumissionner. Le gouvernement provincial incita ses anciens employés à constituer leur propre entreprise et à proposer un contrat de service ; il fournit même une aide technique pour leur faciliter la tâche.

Les employés créèrent huit entreprises et décrochèrent des contrats pour 10 des 28 districts ; les autres contrats furent attribués à des entreprises traditionnelles. Des 20 entreprises qui décrochèrent un contrat lors de la première vague de soumissions, 16 demeurèrent syndiquées alors que quatre d'entre elles, dont deux contrôlées par les employés, obtinrent la révocation de l'accréditation. L'organisation syndicale concernée, la British Columbia Government Employees Union, s'était opposée vigoureusement au processus de privatisation dans son ensemble. Cependant, devant le caractère inéluctable de la privatisation, le syndicat présenta une soumission que le gouvernement la rejeta.

Au début de 1996, sept des huit sociétés appartenant aux travailleurs sont toujours actives, la huitième, Noroadco ayant cessé son activité en 1991, apparemment à la suite d'un différend entre les employés-actionnaires et un entrepreneur privé qu'ils avaient recruté à titre de partenaire. Bien qu'une des sept entreprises concernées soit actuellement sans contrat, tout en maintenant ses activités, les six autres bénéficient de contrats pour 15 des 28 districts de la province. L'obtention de ces contrats témoigne de leur succès commercial. Quatre d'entre elles sont présentées dans le tableau 1.

Printco Graphics fait partie des quatre cas de R.E.E. survenus en 1989 à la suite de la privatisation d'organismes publics en Saskatchewan. Les 21 employés de l'ex-éditeur officiel de la province (Saskatchewan Government Printing

---

[2]   On peut trouver des informations supplémentaires sur l'histoire de la propriété ouvrière et la privatisation dans Long (1995).

Office) s'impliquèrent dans le rachat. Celui-ci se trouva facilité par la mise sur pied d'une corporation créée spécifiquement pour offrir du capital de risque (Labour Sponsored Venture Capital Corporation). Ce véhicule financier permettait à chaque employé-investisseur de bénéficier d'un crédit d'impôt de 40 % sur la somme investie dans la compagnie. Le gouvernement garantissait un certain volume de commandes pour les cinq prochaines années, mais celle-ci devait en même temps s'efforcer de dénicher des contrats dans le secteur privé. Elle y réussit et la plus grande partie de ses revenus proviennent maintenant de ce secteur. L'entreprise parvint également à énormément moderniser l'usine et son équipement. Elle a conservé son caractère de propriété ouvrière, en obligeant les employés qui partent à vendre leurs actions à leurs collègues de travail. Ces changements se sont accomplis en maintenant la présence syndicale.

Byers Transport. Une privatisation avait indirectement provoqué un R.E.E. par le passé. Le gouvernement d'Alberta avait acheté, en 1974, la compagnie aérienne Pacific Western Airlines, dont la filiale Byers Transport d'Edmonton œuvrait dans le transport routier. Le gouvernement conservateur de la province s'était déjà attiré des critiques en se portant acquéreur d'une ligne aérienne, et il ne voulut pas exacerber les passions en rachetant une compagnie de transport routier. Il mit donc Byers Transport en vente.

En raison de sa piètre rentabilité antérieure, les quelques rares acheteurs qui se manifestaient n'offraient qu'un prix dérisoire. À l'initiative du directeur général, les employés rachetèrent l'entreprise en 1975. Bien qu'elle ait enregistré des pertes durant les quatre années précédentes, l'entreprise enregistra un profit avec ses nouveaux propriétaires, dès sa première année d'existence. On note alors une moindre rotation du personnel, moins de réclamations de la part des clients, ce qui représente pour cette industrie un indice important de qualité. La somme de travail effectuée par personne/heure augmenta et le rendement de l'entreprise continua de s'améliorer au cours des cinq années suivantes (Long, 1978a, 1978b).

En 1979, toutefois, une importante compagnie de transport fit une offre d'achat. Cette proposition multipliait par 50 la valeur de l'action au moment du rachat, quatre années plus tôt (Nightingale et Long, 1984). Bien que les employés aient apprécié l'expérience de propriété ouvrière, ils ne purent résister à cette offre alléchante, la transaction fut approuvée à l'unanimité. Tout au long de cette période, les employés étaient représentés par le syndicat des Teamsters, qui avait adopté une position de neutralité à l'égard du rachat (Long, 1978c).

La Coopérative des techniciens ambulanciers de la Montérégie (CETAM) est une société québécoise de services ambulanciers sur la rive sud du Saint-Laurent. L'entreprise vit le jour en 1988, lorsque les employés de plusieurs petites entreprises de services ambulanciers constituèrent une coopérative pour racheter les entreprises qui les employaient (Quarter, 1995). Il semble bien que les propriétaires de ces entreprises acceptèrent de vendre leurs actifs à la suite de la syndicalisation de leurs employés en 1986. Auparavant, il n'y avait pas de syndicat et les salaires, de même que les conditions de travail, laissaient à désirer. En dépit de l'opposition farouche des employeurs, le syndicat obtint son accréditation et la première convention collective fut signée en 1986 après deux ans de négociations, entraînant une amélioration considérable des conditions de travail et de salaire. Les relations patronales-syndicales étaient pénibles et plusieurs propriétaires décidèrent de vendre leur entreprise. Ils firent d'abord des offres à d'autres entrepreneurs.

Informés de ces initiatives, des employés suggèrent d'acheter ces entreprises et de créer une coopérative de travailleurs. Les motifs principaux des ambulanciers semblent viser l'amélioration des relations du travail et de la qualité des services ambulanciers (Quarter, 1995). La centrale syndicale à laquelle leur syndicat était affilié, la Confédération des syndicats nationaux (CSN), joua le rôle de catalyseur dans cette transaction. Dans le but de promouvoir la fondation de coopératives de travailleurs, la CSN avait mis sur pied, en 1987, le Groupe de consultation. Cet organisme servit de support à la création de la CETAM et de neuf coopératives au cours de ses deux premières années d'existence.

En vertu de son statut de coopérative, la CETAM possède probablement la structure la plus démocratique de toutes les expériences de R.E.E. Les employés doivent acheter une action de 1000 $ selon le principe une personne, un vote. Les membres de la coopérative doivent également acquérir des actions privilégiées par le biais d'une réduction obligatoire de 3 % de leur salaire. Ces actions sont remboursées à leur prix d'achat lorsque l'employé quitte la coopérative, de sorte que leur valeur ne fluctue pas. Elles donnent droit à des allégements fiscaux, dans le cadre du Régime québécois d'investissement coopératif. Un programme similaire est proposé à ceux qui souhaitent investir dans d'autres entreprises québécoises. Elles sont également éligibles à un régime enregistré d'épargne retraite. Un membre de la CETAM qui profite de toutes ces déductions obtient une déduction fiscale de l'ordre de 70 % à 75 % du montant de son investissement (Quarter, 1995).

L'instance décisionnaire de la coopérative est l'assemblée générale, qui se réunit trois fois par année et à laquelle tous les membres peuvent assister. Le conseil d'administration se réunit mensuellement. Les membres de ce conseil sont élus par l'assemblée générale et doivent être des membres de la coopérative.

En dépit de la structure de propriété de l'entreprise, il n'y a eu aucune tentative d'éliminer le syndicat. Les employés-actionnaires voient en lui un « chien de garde », chargé de protéger les droits des travailleurs. Des pressions se sont toutefois manifestées pour créer un syndicat propre à la CETAM. Il n'existe actuellement qu'une seule unité de négociation pour tous les membres ambulanciers de la province. Certains membres de la coopérative pensent que les restrictions imposées aux employeurs privés de ce secteur sont inacceptables. Par exemple, lorsque la CETAM a voulu acheter des défibrillateurs automatiques pour traiter les personnes subissant un arrêt cardiaque, le syndicat s'y est opposé. Il estimait que cet investissement aurait donné un avantage concurrentiel à la CETAM, puisque ses concurrents ne possèdent pas de tels appareils (Quarter, 1995).

Great West Breweries. La fusion entre les Brasseries Molson et la Carling O'Keefe fut annoncée en janvier 1989. Dans le but de rationaliser les activités de la nouvelle entreprise née de cette fusion, la direction envisageait la fermeture éventuelle de sept établissements au Canada, dont l'usine de l'ex-Carling O'Keefe à Saskatoon en Saskatchewan. Les efforts conjugués de plusieurs employés, de la population et de l'ancien directeur général de l'usine, qui bénéficiaient d'ailleurs d'un soutien populaire massif dans la région, incitèrent la direction de Molson à vendre cet établissement à ses anciens employés.

Malgré une baisse de la demande pour son produit et une compétition sévère livrée par de plus gros concurrents, la rentabilité de la nouvelle société dépassa largement les prévisions, en s'appropriant 22 % du marché au cours des premiers mois du rachat. Les coûts de production furent réduits de façon notables pour les raisons suivantes : une organisation du travail plus flexible, une main-d'œuvre plus motivée, une réduction du nombre des cadres de douze à quatre, une réduction de 20 % des salaires et des avantages sociaux négociée avec les Travailleurs unis de l'alimentation et du commerce (TUAC), qui représentent les employés encore aujourd'hui. Les TUAC n'étaient toutefois pas très enthousiastes à l'idée d'un R.E.E. et suggéraient à leurs membres de ne pas s'engager dans cette voie.

Au cours des trois dernières années, la part de marché de l'entreprise a glissée sous la barre des 10 %, au fur et à mesure que s'érodait l'engouement pour les produits du nouveau brasseur et que la publicité gratuite se raréfiait. Une autre difficulté surgit lorsqu'en 1993, le directeur de l'usine partit pour se lancer en politique. Depuis lors, de nouveaux membres extérieurs participent au conseil d'administration dans le but de faire profiter de leur expérience en gestion ; ceci suscita de nouvelles tensions dans les relations patronales-syndicales. En juin 1994, le nouveau conseil d'administration réussit à obtenir des concessions salariales de 18 % de ses employés. La convention collective alors en vigueur expirait en décembre 1994. Le syndicat refusa d'endosser les propositions patronales, qui incluaient un contrat collectif de cinq ans. En avril 1995, les employés entérinèrent une entente globale qui incluait, entre autres dispositions, une convention de cinq ans, une hausse de 22 % des salaires pour cette période et une semaine supplémentaire de congés annuels. Les employés justifiaient la durée de leur nouvelle entente par la stabilité financière qu'elle procurait à l'entreprise (Juba, 1995a).

En mai 1995, l'entreprise annonça que la part du capital détenu par les employés serait réduite à 20 %. Cette mesure s'inscrivait dans une entente prévoyant qu'un organisme gouvernemental, la Crown Investments Corporation, apportait deux millions de dollars de capitaux, en contrepartie de la dette de l'entreprise, et lui avancerait également 1,45 million de dollars (Juba, 1995b). Les raisons invoquées à l'appui de cette transaction visaient à réduire les frais de remboursement de la dette, et à augmenter le capital disponible. Le conseil d'administration de l'entreprise est présentement composé de quatre membres, désignés par l'organisme gouvernemental, et d'un représentant des employés.

Spruce Falls Inc. En 1989, Kimberly Clark et le New York Times, propriétaires de cette usine de fabrication de papier installée en Ontario, décidèrent de se retirer de ce secteur d'activité qui ne correspondait plus à leur plan stratégique.

Jusqu'alors, l'usine avait été rentable, bien qu'à l'instar de la majorité des établissements de cette industrie, elle ait enregistré une perte en 1990. Après l'échec d'un projet de transaction avec un acheteur éventuel, la direction de l'usine envisagea l'idée d'un R.E.E. Avec l'appui du syndicat et des employés, une entente intervint en décembre 1991. La structure de propriété de l'entreprise se répartirait de la façon suivante : les cadres et les employés détiendraient 52 % du capital, la société Tembec Forest Products 41 % et des investisseurs locaux 7 %.

Une nette amélioration de la productivité et, surtout, une remontée vertigineuse des prix du papier s'ajoutent à un ensemble de raisons expliquant la grande rentabilité de la compagnie.

Revolve Technologie Inc. À la mi-1992, la compagnie Nova Corporation of Alberta décida de se concentrer sur ses activités principales et, en conséquence, de se départir d'une usine de 35 employés fabriquant des pièces d'équipement pour l'industrie pétrolière. Ce groupe avait développé et produisait des roulements à billes magnétiques, ainsi que des joints d'étanchéité faisant partie des équipements à haute vitesse nécessaires au fonctionnement des oléoducs. Au lieu de fermer l'établissement, Nova accepta une proposition de rachat des cadres de l'établissement. Les quatre cadres de Revolve Technologie déboursèrent chacun de 80 000 $ à 100 000 $, alors que dix-huit autres employés investirent de 10 000 $ à 50 000 $ chacun. Tous les salaires furent réduits et les investisseurs reçurent des actions en contrepartie.

Au cours de ses trois premières années d'existence, l'entreprise réussit à couvrir ses frais, en dépit d'une baisse substantielle des commandes provenant de Nova au cours de la seconde année. En février 1996, l'entreprise avait pris de l'expansion, puisqu'elle comptait près de 50 employés et que ses ventes se chiffraient à environ cinq millions de dollars en 1995, comparativement au 1,7 million de dollars engrangés durant sa première année d'existence. Sur la base d'une projection de la rentabilité, une entreprise spécialisée dans le capital de risque a investi, en janvier 1996, environ un million de dollars dans la société en achetant des actions à 50 $ l'unité. Cette transaction représente une excellente nouvelle pour les employés, puisque leurs actions valaient initialement 10 $ en 1992.

Le rachat retraite

Le rachat retraite est très rare au Canada, alors qu'aux États-Unis ce type de rachat est le plus fréquent. Cela s'explique probablement par l'absence de mesures canadiennes le favorisant. Aux États-Unis, les mesures fiscales incitent vraiment un propriétaire qui se retire des affaires, à vendre son entreprise à ses employés plutôt qu'à un autre acheteur potentiel (Blasi et Kruse, 1991).

Rel-Con Equipment, en Ontario, est un exemple qui date de plusieurs années. L'entreprise fut rachetée par ses cadres lorsque son propriétaire, George Rumble, prit sa retraite en 1962. Par la suite, la propriété de l'entreprise s'étendit aux employés (Nightingale et Long, 1984). L'entreprise a récemment changé de nom pour celui de Rel-Con et fabrique des équipements industriels spécialisés, tels des machines à souder automatiques. Malgré sa grande réussite des 20 premières années suivant son rachat, la société commença à éprouver des difficultés financières au milieu des années 1980. Les employés décidèrent même, en 1988, de vendre leur entreprise à une plus grande compagnie afin d'assurer sa rentabilité financière. Elle poursuit ses activités à titre de filiale, entièrement détenue par le groupe Siemens.

PCL Construction. Cette entreprise de construction d'Edmonton constitue un exemple marquant. PCL emploie environ 6000 personnes, œuvrant aussi bien au Canada que dans d'autres pays. Elle construit des édifices à bureaux et des centres commerciaux. L'entreprise fut rachetée en 1976 par son équipe de direction, lors de la retraite de ses propriétaires. Depuis, environ 650 de ses 1000 employés sont devenus actionnaires, bien que ses employés à salaire horaire ne soient pas admissibles. PCL était une entreprise rentable au moment de son rachat et elle s'est beaucoup développée depuis. Ses revenus annuels dépassent largement le milliard de dollars et la valeur de ses actions s'est appréciée plusieurs fois depuis 1976. Les employés doivent obligatoirement revendre leurs actions à l'entreprise au moment de leur départ.

Harvey Transport. Cette entreprise fondée en 1950 par Arthur Harvey fut rachetée de sa succession, en 1972, par les employés. Ceux-ci décidèrent de demeurer syndiqués. L'entreprise fit d'intéressants profits et afficha un taux élevé de croissance au cours des années 1970. Cependant, elle connut en 1980 des problèmes financiers qui nécessitèrent une injection de nouveaux capitaux. Les actionnaires acceptèrent, en novembre 1980, que quatre cadres supérieurs achètent 80 % des actions. Cette transaction mit fin à la participation des employés au conseil d'administration, la direction estimant que les employés « interféraient » trop dans la gestion.

Windsor Factory Supply. Un exemple de rachat retraite réussi est celui de la compagnie Windsor Factory Supply œuvrant, à Windsor (Ontario), dans la vente en gros de pièces d'équipement. Les deux propriétaires de la compagnie, fondée en 1955, mirent en place en 1965 un régime de partage différé des profits portant sur les actions de cette dernière. Cette expérience fonctionna si bien, qu'en 1985, les employés détenaient une part notable des actions de l'entreprise. Cette année-là, les deux actionnaires principaux décidèrent d'une procédure en vertu de laquelle le régime rachèterait leurs actions sur une période de dix ans. Pour chaque mille dollars d'actions provenant du régime, les employés devaient contribuer à hauteur de 100 $. À partir de cette époque, les deux actionnaires principaux se retirèrent progressivement de l'entreprise. En 1995, celle-ci emploie 125 personnes et appartient entièrement à ses employés. Presque tous les employés à plein temps qui comptent au moins deux ans d'ancienneté sont actionnaires.

La direction fait participer les employés à la gestion de l'entreprise. Chaque employé reçoit sur son écran les informations à jour sur les principaux indicateurs financiers, et les livres comptables lui sont ouverts sur demande. À la fin de chaque année financière, tous les employés-actionnaires participent à une réunion au cours de laquelle ils discutent en ateliers du mode de répartition des surplus de la compagnie, et prennent une décision lors d'un vote au cours de cet exercice. La présence à cette réunion est obligatoire. Les employés élisent les membres du conseil d'administration où on ne retrouve d'ailleurs que des employés qui désignent à leur tour un président. Les cadres ne bénéficient d'aucun privilège et personne, pas même le président, ne dispose d'un bureau privé. Les employés participent à l'évaluation de leurs supérieurs et la procédure est encadrée par un comité. Tous les employés sont évalués par ce comité, dont les membres sont élus chaque année.

La performance financière de l'entreprise est très bonne. Celle-ci n'a pas de dettes et finance sa croissance à partir des bénéfices non répartis. Entre 1990 et 1995, les ventes passaient d'environ 19 millions à 50 millions de dollars, alors que le nombre d'employés augmentait de 110 à 125. Les salaires versés se situent au-dessus de la moyenne du secteur industriel. La valeur initiale des actions détenues par les employés a connu une progression constante, passant de 3,00 $ en 1985 à 7,00 $ en 1995.

Conséquences générales des R.E.E.

Les cas présentés indiquent clairement que les conséquences des R.E.E. sont multiples. Elles peuvent être évaluées selon deux dimensions. Premièrement, l'entreprise demeure-t-elle ou devient-elle rentable ? Deuxièmement, demeure-t-elle la propriété de ses employés et, subsidiairement, qu'arrive-t-il à l'entreprise si elle n'est pas rachetée par ses employés ?

Quatre situations peuvent se présenter. Dans la première, l'entreprise réussit financièrement et demeure la propriété des travailleurs. La seconde possibilité est envisagée lorsque l'entreprise, bien que rentable, revient à une forme plus traditionnelle de propriété. La troisième situation affecte une entreprise qui ne parvient pas à être rentable, mais qui poursuit ses activités avec ses nouveaux propriétaires. Dernier cas, l'entreprise n'est pas viable et cesse ses activités. De ces quatre scénarios, seul le dernier est vraiment négatif. Et même dans un tel cas, l'expérience peut avoir entraîné des effets bénéfiques. En effet, compte tenu de la durée de survie de l'entreprise après le rachat, on peut savoir si la transaction a été fructueuse pour certains employés-actionnaires, en comparant les gains qu'ils ont réalisés en conservant leur emploi plus longtemps, à leur perte d'investissement. Par exemple, dans le cas de la coopérative Victoria Plywood, les employés qui se sont retirés en 1993 ont non seulement prolongé leur période d'emploi, mais ont réalisé un gain important par rapport à leur investissement initial. Le tableau 2 classe les cas de R.E.E. examinés selon ces quatre catégories et l'année du rachat.

Comme l'a illustré le tableau 1, les cas de rachats sauvetage n'ont pas débouché sur une réussite à long terme, à l'égard ni de la réussite financière ni du maintien de la propriété ouvrière. En effet, quatre des sept cas analysés se sont soldés par un échec et ce, malgré un certain succès financier au cours des premières années suivant le rachat. Deux de ces cas se sont révélés des expériences rentables jusqu'à maintenant, mais les employés ont dû abandonner leur droit de propriété majoritaire en échange de capitaux frais. Quant à CP Express, il est trop tôt pour émettre un jugement.

Par contre, les expériences de rachat restructuration, sauf une, ont financièrement réussi. À l'exception de deux cas, les employés ont conservé le contrôle majoritaire de l'entreprise. Les quatre entreprises rachetées, lorsque les propriétaires ont pris leur retraite, fonctionnent toujours malgré que deux d'entre elles ne soient plus la propriété d'employés, pour des raisons financières.

Il serait peu réaliste de s'attendre à ce que tous les cas de R.E.E. réussissent, ne serait-ce qu'en raison des circonstances économiques difficiles dans lesquelles ces rachats surviennent, et sachant que la plupart des entreprises échouent tôt ou tard. Les cas relatés indiquent que ce type de transaction n'est pas nécessairement voué à l'échec et qu'il peut même réussir dans des circonstances appropriées. L'expérience canadienne ressemble ici à celles des États-Unis, où le taux de succès des R.E.E. est peut-être un peu plus élevé en raison de politiques fiscales plus favorables. Une étude récente de Chaplinsky, Niehaus et Van de Gucht (1994) a montré que les rachats d'entreprises, dont les actions étaient offertes au public et dont la plupart était en mauvaise posture financière, présentaient de fortes chances de réussite. Cette étude compare également les rachats par les employés aux rachats par des cadres. Les auteurs constatent que les rachats par des employés entraînent une augmentation plus forte de la rentabilité de l'entreprise.

Pour réussir, une entreprise doit pouvoir compter sur une saine gestion, un financement adéquat et un marché attrayant pour ses produits et services. En plus, une entreprise qui appartient à ses employés doit présenter deux autres caractéristiques. Tout d'abord, elle doit maîtriser efficacement et équitablement les mécanismes de gestion propres à ce type d'entreprise, telle la procédure d'achat et de ventes d'actions. Son système de gestion doit favoriser l'ouverture vers les communications et la participation des employés au processus décisionnel (Long, 1978b ; Long, 1984 ; Rosen, 1991). Même si plusieurs auteurs affirment que la communication et l'implication du personnel sont importantes pour tout employeur, elles le sont encore plus dans le cas des entreprises appartenant aux employés. Des recherches ont montré que ces dernières connaissent beaucoup plus de succès que des entreprises traditionnelles comparables. Ces études soulignent même que les entreprises à propriété ouvrière, où la gestion participative n'existe pas, ne sont pas moins rentables que les entreprises traditionnelles (Rosen, 1991).

Il existe donc de grandes différences dans l'étendue et le type de mécanismes participatifs introduits dans les entreprises rachetées par leurs salariés. Dans plusieurs cas, le degré de participation est élevée. Pensons ici à la CETAM, à Steel et à Windsor Factory Supply. Dans d'autres, ces mécanismes sont beaucoup moins développés. Mais il en ressort clairement que presque toutes ces entreprises rachetées adoptent plus que tout autre employeur un mode de gestion participative, et qu'elles en reconnaissent l'importance.

Tableau 2 – Les résultats par catégorie

Catégories	Époque du rachat par les employés		
	1970	1980	1990
Succès financier et maintien de la propriété ouvrière	PCL Construction	BC Road Firms-Windsor Factory Printco Graphics CETAM	Spruce Falls C.P. Express and Transport Revolve Technologies
Succès financier, mais perte de la propriété ouvrière	Byers Transport Tembec		Algoma Steel
Échec financier, mais poursuite des activités sous un autre régime de propriété	Beef Terminal Rel-Con Harvey Transport	Great Western Breweries	
Échec financier et liquidation	Tricofil	Lamford Forest Products Victoria Plywood	

L'appui des syndicats dans les dossiers examinés constitue un nouveau développement. Par exemple, dans les cas de la CETAM, d'Algoma Steel et de C.P. Express and Transport, les organisations syndicales ont joué un rôle déterminant, tant par leur appui à la démarche du rachat qu'au processus de participation des employés. Cet appui constitue un changement majeur par rapport au scepticisme habituel que les syndicats entretenaient à l'égard de la propriété ouvrière. Historiquement, les syndicats canadiens ont manifesté peu d'enthousiasme à l'idée qu'une entreprise soit contrôlée par ses employés. Cette réserve s'explique par les effets appréhendés sur la solidarité des membres, par leur manque d'expérience de cette formule et par les interrogations sur le nouveau rôle du syndicat dans une telle entreprise.

En général, les craintes des syndicats sur la loyauté de leurs membres ne se sont pas confirmées. L'expérience indique que la plupart des employés continuent à percevoir l'utilité du syndicat, une fois qu'ils sont devenus propriétaires. Les travailleurs tendent toutefois à ne plus percevoir le rôle du syndicat dans la perspective traditionnelle de l'affrontement. Des dix-huit entreprises syndiquées au moment du R.E.E., quatorze le sont restées. Le syndicat n'a joué ni un rôle de conseil ni de support dans les quatre entreprises rachetées où il y a eu révocation de l'accréditation. Dans tous les cas où les syndicats ont accepté de jouer un rôle actif dans le rachat, les employés sont demeurés syndiqués.

Les implications au niveau des décisions publiques

Dans quelle mesure les décisions gouvernementales devraient-elles faciliter les R.E.E. ? Certains pensent que les gouvernements n'ont aucun rôle à jouer, que les rachats potentiellement rentables vont s'effectuer sans intervention gouvernementale et que les rachats non viables ne doivent être encouragés sous aucun prétexte. Existe-t-il des raisons valables de favoriser les R.E.E. ou la propriété ouvrière en général ?

Un certain nombre de raisons incitent à répondre de façon affirmative. Les données aux États-Unis et ailleurs indiquent que les entreprises appartenant à leurs employés, lorsqu'elle s'accompagne de leur implication dans la prise de décision, sont plus productives et créent plus rapidement des emplois que les entreprises traditionnelles comparables (Rosen, 1991). De plus, ces entreprises semblent traiter les employés avec un plus grand respect, tout en leur procurant un environnement de travail plus satisfaisant. Des études montrent que les employés y manifestent une implication organisationnelle et une satisfaction au travail plus importantes. De plus, ces entreprises afficheraient de meilleurs résultats en matière de santé et de sécurité du travail (Rosen, 1991). Du point de vue d'un investisseur, les entreprises appartenant aux salariés dans une proportion d'au moins 10 % présentent des résultats financiers qui excèdent de façon notable la rentabilité moyenne du marché. Ces données militent en faveur de soutiens publics aux R.E.E.

Mais de quel type de soutien gouvernemental s'agit-il ? On peut envisager tout un éventail de mesures allant de la promotion de ce concept à des incitations fiscales, semblables à celles disponibles aux États-Unis (voir Blasi et Kruse, 1991, pour une description de la législation américaine). Le présent chapitre ne cherche pas à dégager des recommandations particulières. Cependant, dans le cas des R.E.E., plusieurs mesures de soutien s'avéreraient bénéfiques. Tout d'abord, l'information devrait être disponible à propos du concept même de propriété ouvrière, de même que de ses facteurs de réussite. Il serait également très utile de fournir de l'aide pour des études de faisabilité ; on pourrait également souligner l'opportunité d'offrir des services d'assistance pour structurer et organiser un plan de rachat efficace. Un R.E.E. ne constitue évidemment pas la mesure convenant à toutes les situations, et il est important de bien reconnaître celles-ci avant de procéder à un tel rachat.

Il serait également souhaitable de mettre en vigueur un mécanisme pour encourager les entreprises qui souhaitent vendre un établissement, à considérer sérieusement leurs employés comme des acheteurs potentiels, et à coopérer avec eux en leur fournissant dans les délais requis toutes les informations financières et autres. Un projet de loi (le Projet C-327) visant à encourager les R.E.E. a été approuvé en deuxième lecture par le parlement fédéral au cours de la session 1991-1992. Ce projet, qui avait reçu l'appui des néo-démocrates, des libéraux ainsi que de nombreux conservateurs, constitue un bon point de départ pour l'introduction de mesures de soutien aux R.E.E. Il importe cependant que celui-ci ne soit pas accessible uniquement dans les cas de rachats sauvetage, mais aussi pour les rachats retraite et les rachats restructuration. Les deux derniers cas offrent en effet de bien meilleures perspectives de succès.

Dans le but de favoriser l'accession des employés à la propriété, le parlement fédéral pourrait envisager l'adoption d'une loi semblable à celle adoptée en Colombie-Britannique, en 1989 (Projet de loi 32, *Employee Investment Act*). Bien que cette loi provinciale s'accompagne d'avantages fiscaux, son objectif principal est d'implanter les meilleures conditions pour la réussite d'un R.E.E. C'est pourquoi l'une des principales dispositions de cette loi prévoit que les employés participent au processus décisionnel dans leur entreprise. Cette approche contraste avec celle qui prévaut aux États-Unis, où des avantages fiscaux importants sont accordés à des entreprises qui peuvent fort bien ne voir dans les R.E.E. qu'un stratagème pour réduire leurs impôts.

Le programme canadien ajoute aux avantages fiscaux un volet éducatif important.

La législation québécoise constitue une source d'idées relatives au soutien aux R.E.E. Le gouvernement aide financièrement des groupes offrant des services de conseil aux employés désireux de racheter l'entreprise qui les emploie, par le biais de la formation d'une coopérative. Le Québec offre un certain nombre de programmes de R.E.E.[3].

La création du Crocus Investment Fund, une entreprise d'investissement commanditée par les syndicats et basée à Winnipeg, propose une autre initiative intéressante. Ce fonds, qui vient tout juste de procéder à son premier investissement, s'adresse aux entreprises qui ont déjà ou qui souhaitent mettre en œuvre une forme ou une autre de propriété ouvrière. Grâce à la création de ce véhicule financier, les employés peuvent s'engager dans un rachat retraite sans débourser un sou. Il s'agit essentiellement d'une transaction par laquelle le fonds achète les actions des propriétaires d'une entreprise, que les employés rachètent au moyen d'un régime de partage différé des profits. La présence de mesures visant la gestion participative constitue un des critères de sélection pour un projet d'investissement dans un R.E.E. Ce fonds n'existe qu'au Manitoba.

Le gouvernement fédéral considère maintenant comme une solution envisageable le rachat d'une unité administrative par ses employés, lorsqu'il se retire d'une activité. Le Conseil du trésor définit la procédure d'encadrement de ce processus. Si l'on en juge par les expériences de la Colombie-Britannique et de la Saskatchewan, il s'agit là d'une solution prometteuse dont les autres gouvernements devraient s'inspirer lorsqu'ils abandonnent une activité.

Le gouvernement fédéral devrait au moins jouer le rôle d'une banque centrale d'information en ce qui a trait à l'accession des employés à la propriété d'entreprise, et soutenir les groupes qui souhaitent diffuser des informations sur ce concept. Par exemple, il serait très opportun de constituer un groupe semblable au National Center for Employee Ownership aux États-Unis. Il s'agit d'une organisation sans but lucratif vouée à la recherche sur l'accession à la propriété ouvrière, ainsi qu'à la diffusion d'informations. La Employee Share Ownership and Investment Association de Vancouver présente, d'une façon embryonnaire, le même

---

[3]   Le lecteur peut consulter deux textes qui proposent une revue plus complète des législations fédérales et provinciales liées à l'accession à la propriété ouvrière (Long, 1992 et Markus, 1995).

type d'organisation. Cet organisme regroupe des représentants d'entreprises appartenant à leurs employés, des consultants professionnels auprès de ces dernières, des organisations syndicales et des individus intéressés (Markus, 1995). Un groupe comme celui-là peut jouer un rôle majeur de soutien à la propriété ouvrière, s'il parvient à réunir les fonds nécessaires ; le Groupe de consultation mis sur pied par la CSN joue déjà ce rôle au Québec.

Résumé et conclusions

Les taux de réussite des trois types de rachat varient énormément. Le rachat restructuration qui survient le plus fréquemment, présente le plus haut taux de succès : presques toutes les expériences se sont avérées positives financièrement et la plupart d'entre elles ont maintenu le caractère ouvrier de la propriété. Les rachats retraite ont généralement abouti à la réussite financière, bien que certains aient perdu leur caractère de propriété ouvrière. Par contre, les rachats sauvetage affichent les taux de réussite les plus bas. Cela ne doit surprendre personne, puisque toutes ces entreprises étaient à l'agonie au moment du rachat. Bien que certaines d'entre elles aient pu ressusciter et réussir financièrement, elles ont généralement jugé nécessaire de diluer le caractère ouvrier de la propriété, afin d'obtenir des capitaux frais.

Si la propriété ouvrière constitue une pratique socialement souhaitable, il serait alors utile que des sources de financement soient disponibles, afin que les travailleurs n'aient pas à diluer leur propriété pour obtenir le financement approprié. D'autres formes d'aides gouvernementales, particulièrement en termes de soutien sur les plans de l'information et de l'expertise, pourraient permettre de détecter les occasions de rachats viables et ainsi faciliter leur succès.

Références bibliographiques

BLASI, Joseph et Douglas KRUSE, *The New Owners*, New York, Harper Collins, 1991.

CHAPLINSKY, Susan, Greg NIEHAUS et Linda VAN DE GUCHT, « Employee Buyouts : Causes and Consequences », Working Paper, Graduate School of Business Administration, University of Virginia, 1994.

GUNDERSON, Morley, Jeffrey SACK, James MCCARTNEY, David WAKELY et Jonathan EATON, « Employee Buyouts in Canada : A Blending of Cultures », presented at International Industrial Relations Association 10th World Congress, Washington (D.C.), 31 mai- 4 juin 1995.

HUTCHINSON, Jennifer, « Algoma Steel Inc : Employee Buyout Case History », non publié, 1993.

JUBA, Ken, « Brewery Workers to Recover Wages Over Five Years », *Saskatoon Star-Phœnix*, 15 avril 1995(a).

JUBA, Ken, « Great West Workers OK Government Investment », *Saskatoon Star-Phœnix*, 31 mai, 1995(b).

LONG, Richard J., « The Effects of Employee Ownership on Organizational Identification, Employee Attitudes, and Organizational Performance : A Tentative Framework and Empirical Findings », *Human Relations*, 31, 1, 1978a, p. 29 à 48.

LONG, Richard J., « The Relative Effects of Share Ownership vs Control in an Employee Owned Company », *Human Relations*, 31, 9, 1978b, p. 753 à 763.

LONG, Richard J., « Employee Ownership and Attitudes Toward the Union : An Empirical Study », *Relations Industrielles*, 33, 2, 1978c, p. 237 à 254.

LONG, Richard J., « Employee Ownership in Canada », *Journal of Employee Ownership Law and Finance*, 3, 4, 1991a, p. 31 à 50.

LONG, Richard J., *Employee Profit Sharing and Share Ownership in Canada : Results of a Survey of Chief Executive*

Officers, Toronto, Profit Sharing Council of Canada, 1991b.

LONG, Richard J., « The Incidence and Nature of Employee Profit Sharing and Ownership in Canada », *Relations Industrielles*, 47, 3, 1992, p. 463 à 488.

LONG, Richard J., « Privatization and Employee Ownership in Canada », *The Journal of Employee Ownership Law and Finance*, 7, 4, 1995, p. 45 à 53.

MARKUS, Julia, « A Tale of the True North : The Evolution of ESOPs in Canada », *The Journal of Employee Ownership Law and Finance*, 7, 2, 1995, p. 135 à 148.

NIGHTINGALE, Donald V. et Richard J. LONG, *Gain and Equity Sharing*, Ottawa, Labour Canada, 1984.

QUARTER, Jack, *Crossing the Line : Unionized Employee Ownership and Investment Funds*, Toronto, James Lorimer and Company, 1995.

QUARTER, Jack et Judith BROWN, « Worker Buyouts in Canada : A Social Networking Analysis », *Economic and Industrial Democracy*, 13, 1992, p. 95 à 117.

QUARTER, Jack et Jo-Ann HANNAH, « From Worker Buyouts to a Conversions Strategy », dans QUARTER, Jack et George MELNYK (eds), *Partners in Enterprise : The Worker Ownership Phenomenon*, Montreal, Black Rose Books, 1989.

ROSEN, Corey, « Employee Ownership : Performance, Prospects, and Promise », ROSEN, Corey et Karen YOUNG (éd.), *Understanding Employee Ownership*, Ithaca (NY), ILR Press, 1991.

RUSSELL, Bob, « Canadian Pacific Express and Transport and Transportation Communications Union : A Case Study of an Employee Buyout », non publié, Ottawa, Department of Human Resources Development, 1994.

SIMPSON, Shane, « Worker Capitalism », *Worker Co-op*, 10, 2, 1990, p. 28 à 31.

Transformation des relations industrielles au Canada, l'utilité des comparaisons entre les régions

Anthony E. Smith[1]

Le Canada a souvent été décrit comme un pays de régions. La répartition des pouvoirs prévue par la constitution du pays, le type de vie politique, la structure de notre économie, la géographie, les différences linguistiques etc., confortent les identités régionales dans la vie canadienne. Plusieurs praticiens et quelques universitaires se sont penchés sur la question des différences régionales dans les relations industrielles. La distinction la plus fréquemment évoquée concerne le Québec par rapport au reste du Canada. Ainsi, la troisième édition du volume de Gunderson et Ponak (1995), de même que les deux précédentes, comportent un chapitre exclusivement consacré au Québec. Plusieurs des rencontres annuelles de l'Association canadienne des relations industrielles ont proposé des sessions consacrées aux caractéristiques du régime de relations du travail de la région hôtesse où le congrès avait lieu. De nombreuses études sur la législation du travail examinent nécessairement les différences sur des questions spécifiques en droit du travail.

En dépit de cet intérêt, il n'existe pas d'analyse systématique des différences régionales en matière de relations industrielles au Canada. Comme l'indiquent plusieurs chapitres de ce livre, plusieurs entreprises canadiennes semblent

---

[1] Michel Grant et Jacques Lebeau, candidat au doctorat au département des relations industrielles de l'Université Laval, ont traduit en français la version originale anglaise de ce chapitre.

avoir introduit, depuis le début des années 1980, des innovations dans l'organisation, la gestion et la rémunération du
travail. Jusqu'à maintenant, la recherche s'est concentrée
sur la diffusion de ces innovations au niveau des établissements et des entreprises (Betcherman et al., 1994). Bien qu'il
soit important de mesurer la dissémination des nouvelles
méthodes, il nous semble également nécessaire d'évaluer les
expériences régionales en matière de configuration de
l'emploi, d'organisation de la production et du travail. Les
changements dans la main-d'œuvre, l'organisation du travail, les marchés du travail, les décisions gouvernementales,
les économies régionales et les marchés nationaux et internationaux, ont des implications significatives dans la configuration et la gestion des relations d'emploi. Ce texte examine d'une façon critique les conséquences de ces
changements afin de comprendre la période de transition
que traversent actuellement les relations industrielles au
Canada. Ainsi, il se penche sur la nécessité de procéder à des
comparaisons et à des études de cas interrégionales sur les
innovations en milieu de travail.

Ce chapitre débute avec une brève description des changements survenus dans l'environnement des relations industrielles. Il aborde ensuite les diverses expériences en
cours dans les relations industrielles et dans la gestion des
ressources humaines. Il s'agit ensuite de déterminer les possibilités de recherche et de comparaisons interrégionales
que suggèrent ces développements. La conclusion cherche à
regrouper les interprétations proposées et les observations
recueillies, et ainsi mettre en lumière leur incidence sur la
nature et la portée des relations industrielles au Canada.

Les changements dans le contexte des relations industrielles

Au Canada, comme dans le reste du monde, la structure
de l'économie et des marchés a changé de façon significative
depuis le début des années 1970. Les changements dans la
nature de la concurrence entre les nations et les entreprises,
la diffusion rapide de la microélectronique appliquée au
traitement de l'information et un ensemble de réajuste-
ments du réseau mondial des échanges commerciaux ont
créé de nouveaux défis pour le mode traditionnel de gestion.
Les efforts des entreprises et les gouvernements les conduisent à chercher de nouveaux moyens pour s'adapter et sur-

vivre au sein de cette économie globale, dans le même temps que le rôle traditionnel des syndicats se trouve remis en question. Les grandes entreprises réduisent le nombre de leurs employés et externalisent leurs activités connexes par la sous-traitance. Les petites entreprises cherchent à occuper de nouveaux créneaux ou à pénétrer ceux abandonnés par les grandes entreprises qui décentralisent leurs activités. Les décisions gouvernementales s'orientent vers la déréglementation et la privatisation, de même que vers une régulation plus flexible du marché du travail. En conséquence, le régime traditionnel des relations industrielles institutionnalisées, fondé sur la négociation collective et l'encadrement étatique, décline alors que la collectivité cède le pas à l'individu. Les gestionnaires font appel au travail d'équipe, à la flexibilité, à l'implication des employés et à la collaboration patronale-syndicale. Les préoccupations liées à la sécurité d'emploi et à l'instabilité du marché de l'emploi indiquent que le processus d'ajustement est bel et bien engagé. De plus, l'émergence d'un nouveau régime de relations du travail ne s'effectue pas sans heurts. Les nouvelles conditions d'emploi provoquent un débat qui interpelle les fondements mêmes d'une « société-travail ».

L'interprétation théorique de ces transformations consiste à y présumer une transition de la production de masse à des formes de production postindustrielles. Cette mutation se manifesterait avec force dans le remplacement graduel des organisations de grande taille, centralisées et bureaucratiques, par des entreprises de plus petites tailles et décentralisées, dont les composantes présentent des liens plus lâches. Les structures organisationnelles en émergence risquent de beaucoup influencer les modes d'emploi et de gestion des ressources humaines. La nature de cette influence a toutefois fait l'objet d'un débat intense. Certains croient qu'en créant des équipes de travail et en décentralisant la production, les entreprises favorisent l'autonomie et la participation des travailleurs. D'autres soutiennent qu'au contraire l'organisation du travail devient de plus en plus centralisée et que l'autonomie des employés, incluant celle des cadres intermédiaires, décline sous l'effet des nouvelles technologies de l'information. Au-delà des généralités sur la flexibilité et la coopération, le concept de postindustrialisme fait l'objet d'un vif débat ; ce concept « manque de clarté et [met en relief] le danger inhérent à la construction d'édifices conceptuels basés sur des cas empiriques sélectifs » (Wood, 1995). Les développements récents décrits dans les chapitres

précédents de cet ouvrage ne constituent pas un changement au modèle canadien de relations industrielles (voir
Grant et Lévesque dans ce volume), et on peut légitimement
se demander s'il s'agit d'un changement fondamental et
permanent.

L'émergence de la nouvelle économie se traduit par un
retour en force du travail autonome, de la croissance du
secteur de la petite entreprise, du développement du travail
à temps partiel non volontaire et de la prolifération de sta-
tuts d'emploi précaire, tels le travail temporaire, occasionnel
ou à domicile. Un nombre grandissant d'entreprises em-
ploient un petit nombre de travailleurs permanents et se
tournent vers des sous-traitants pour maximiser leur flexibilité opérationnelle dans des marchés instables. L'érosion des
paliers hiérarchiques intermédiaires dans plusieurs entreprises a augmenté le chômage chez les cols blancs à des niveaux historiques. Dans de nombreux secteurs de l'économie, le chômage n'est plus désormais frictionnel et temporaire : il a provoqué l'apparition de larges groupes de chô-
meurs à long terme qui risquent l'exclusion du marché du
travail. Certains ont créé leur emploi en créant leurs propres
entreprises, mais une proportion importante de celles-ci
doivent lutter pour leur survie au sein de cette économie
parallèle. Ainsi la progression de l'emploi autonome et de la
petite entreprise ne représente pas un signe de vitalité ma-
croéconomique ni de dynamisme industriel.

Les tenants de la gestion des ressources humaines se sont
avant tout intéressés à l'efficacité des aménagements internes susceptibles d'augmenter la viabilité commerciale de
l'organisation. La relation d'emploi semble « s'être dissoute
au sein d'une préoccupation plus englobante axée sur
l'efficacité d'ensemble de l'organisation » (Murray et Giles,
1988). Sans remettre en question la légitimité de l'autorité
patronale et son droit de faire des profits, la tâche des gestionnaires des ressources humaines a consisté à assurer
l'adhésion des travailleurs envers l'organisation. Ces gestionnaires sont jugés efficaces dans la mesure où les arrangements institutionnels, tels les cercles de qualité, les modes
d'évaluation ou le partage des profits, favorisent la rentabilité de l'entreprise et la baisse du coût unitaire de la
main-d'œuvre. Au niveau national, les formes institutionnelles sont perçues comme adéquates dans la mesure où elles contribuent à une meilleure performance macroécono-
mique et à une compétitivité soutenue.

Cependant, dans l'économie nouvelle, le marché de l'emploi peut se concevoir comme constitué de trois entités distinctes : le marché interne, le marché externe et le marché de la production à petite échelle. Le marché interne comprend les travailleurs permanents dont l'emploi est protégé et qui ont la possibilité de progresser dans la structure hiérarchique de l'entreprise. L'employeur s'attend de plus en plus à ce que ces employés soient polyvalents et prêts à s'intégrer aisément au travail d'équipe. Le marché externe regroupe les employés à statut précaire, dont l'utilisation contingentée varie selon les besoins conjoncturels de l'entreprise. Ces travailleurs à temps partiel, occasionnels ou contractuels ne bénéficient que d'une protection d'emploi minimale et d'une rémunération très limitée (Taylor, 1993). Certains d'entre eux finissent par devenir travailleurs autonomes dans le secteur plus volatile de la petite entreprise. Ce processus d'externalisation de l'emploi débouche donc sur des occasions dans ce secteur, mais ces dernières sont très contraignantes.

Dans ce contexte, les implications des aménagements institutionnels des relations patronales-syndicales et de la gestion des ressources humaines ne sont plus nettes. Une stratégie axée sur la gestion des ressources incite les entreprises qui souhaitent développer un avantage concurrentiel à tirer un meilleur profit de leurs ressources internes (Barney, 1986 ; Cappelli et Singh, 1992 ; Wernerfelt, 1984). Mais il existe d'autres explications à l'égard de la rentabilité d'une organisation sur ses marchés, y compris la chance pure et simple. Certaines organisations sont rentables, même si elles utilisent inefficacement leur personnel. L'effet des politiques de relations industrielles et de gestion des ressources humaines appropriées dépend dans une large mesure de la marge de manœuvre que l'environnement permet à l'entreprise (Godard, 1991). Dans des environnements incertains où les contraintes sont multiples, contradictoires et souvent changeantes, les erreurs peuvent entraîner des conséquences désastreuses pour l'organisation et son personnel. Les incertitudes associées à la globalisation des marchés, à l'intensification de la compétition et à la rapidité des changements technologiques compliquent la conceptualisation et l'évaluation des politiques de relations industrielles et de gestion des ressources humaines. Ce qui peut apparaître comme un défi aux gestionnaires habiles à tirer profit du chaos (Peters, 1987), revêt plutôt l'aspect d'une menace pour leurs employés, surtout si ces derniers ne participent pas à la détermination des conditions de gestion de ce chaos. Il est fort peu probable que les employeurs puissent, dans des conditions de concurrence croissante, s'assurer de l'implication des travailleurs en leur offrant des possibilités d'avancement au sein de l'organisation (Dunn, 1990), particulièrement si une telle implication est sollicitée au détriment de la sécurité d'emploi d'autres employés.

L'innovation en milieu de travail : adaptation et diffusion

L'organisation du travail

L'environnement économique actuel fait de la flexibilité des techniques de production un enjeu critique, puisque les rigidités découlant des catégories d'emploi étroites, ainsi que de la stricte division du travail associées au système traditionnel des relations industrielles canadiennes, sont perçues comme problématiques. Les entreprises ont réagi en privilégiant des systèmes de production basés sur un déploiement flexible de la main-d'œuvre, sur des catégories d'emploi moins nombreuses et plus larges, sur le travail d'équipe et sur un contrôle accru des travailleurs sur la qualité de la production. La réduction du nombre des catégories d'emploi a été associée, en milieu syndiqué, aux efforts de réorganisation de la production. Ce processus a été observé au Québec dans les secteurs manufacturier (Harrisson et Laplante, 1994), des pâtes et papiers (Bourque et Rioux, 1994), de la chimie, de l'ingénierie et de la finance dans la région de l'Atlantique (Smith, 1994). De plus, Bourque et Dugas décrivent dans ce volume des développements récents dans le secteur de l'acier au Québec où une convention collective de six ans, appelée par certains contrat social, a été l'occasion de réorganiser le travail. Ces changements visent plus les aspects relationnels que les aspects techniques de l'organisation du travail : une meilleure diffusion de l'information de même que des modes de résolution de problèmes plus raisonnés et mieux documentés ; implantation conjointe de programme de qualité totale et préparation conjointe d'un programme de formation en résolution de problèmes. Dans le présent ouvrage également, Lévesque, Bouteiller et Gérin-Lajoie, à la lumière de leur analyse du secteur de l'automobile au Québec, se demandent dans quelle mesure la réorganisation de la production et du travail modifie les relations industrielles. Ils ont l'impression que le travail demeure fragmentaire et routinier et que, malgré certaines transformations spécifiques, le mode de relations de travail demeure généralement inchangé.

Un autre développement concerne la diffusion des techniques de production japonaises, telles que le juste-à-temps, la technologie cellulaire et la qualité totale. Nous avons récemment analysé les effets de ces méthodes sur l'encadrement patronal et sur les pratiques syndicales dans le secteur de l'ingénierie dans la région de l'Atlantique (Smith, 1995). Nos trois études de cas révèlent que la restructuration du travail renforce le contrôle patronal sur les méthodes de travail. Paradoxalement, nous avons constaté que les membres des équipes de travail disposaient de plus d'autonomie, tout en étant soumis à une surveillance hiérarchique accrue. La gestion est parvenue à ce résultat en remplaçant le contrôle bureaucratique par un contrôle technique. De plus, les méthodes japonaises sont susceptibles d'affaiblir le syndicalisme dans certains contextes, mais pas dans d'autres (Piore et Sabel, 1984). Cette étude laisse planer des doutes sur la possibilité, pour les syndicats, de participer à la gestion de l'entreprise sans perdre leur indépendance vis-à-vis de l'employeur. Les questions cruciales qui se posent sont les suivantes : dans quelle mesure les représentants syndicaux sont-ils conscients des enjeux stratégiques et de contrôle liés à l'approche japonaise ? Cette approche peut-elle intensifier l'exploitation des groupes de travailleurs les plus vulnérables ? Peut-elle aussi encourager chez les travailleurs permanents et mieux protégés le développement d'une conscience d'entreprise aux dépens de la conscience collective syndicale ?

Dans le chapitre 4, Grant conclut que l'introduction de changements technologiques et des méthodes innovantes qui l'accompagnent souvent, telles la redéfinition des postes et les groupes de travail semi-autonomes, requiert l'implication du syndicat pour être couronnée de succès. Son étude souligne comment la mise en œuvre de méthodes innovatrices dans une entreprise manufacturière québécoise fut facilitée par des changements affectant trois niveaux stratégiques d'activités. Nous avons récemment terminé une étude portant sur un peu moins de 1000 entreprises syndiquées à travers le Canada, et nous observons que des méthodes innovantes de ce type coexistent fréquemment avec une gestion traditionnelle des relations du travail (Smith, 1993). Cette étude examinait l'étendue des innovations, telles les groupes semi-autonomes de travail, l'enrichissement des tâches, les systèmes de production flexibles, de même que les diverses autres pratiques combinant ces modes de production. Notre enquête montre que 46 % des établissements ont implanté au moins un type d'innovation entre 1980 et 1989. L'instauration d'un comité patronal-syndical constitue l'innovation la plus fréquente, suivie par la production flexible et le partage des profits. Les pratiques les moins courantes concernent la modification de la rémunération, les groupes de travail semi-autonomes et les cercles de qualité. L'enrichissement des tâches occupait une position intermédiaire entre ces deux types de méthodes innovantes. Ces données suggèrent qu'un nombre important d'entreprises canadiennes ont recouru à divers types d'innovation au cours des dix dernières années, mais elles indiquent également que la diffusion de ces innovations demeure limitée.

Ces résultats soutiennent nettement la thèse proposant que les modes traditionnels de gestion des relations industrielles coexistent parallèlement avec la mise en œuvre des nouvelles méthodes (Storey, 1991). Les entreprises canadiennes semblent jusqu'à maintenant peu enthousiastes à l'idée de programmes participatifs et d'innovations axées sur la participation des employés à la gestion, tels les cercles de qualité, les groupes de travail semi-autonomes ou d'autres formes d'implication des travailleurs. Au lieu d'adopter des approches plus participatives, les employeurs optent plutôt pour des modes de gestion plus axés sur la confrontation, reconnaissant ainsi que les rôles respectifs du syndicat et de l'employeur sont fondamentalement différents, et préférant la négociation collective et le recours aux comités patronaux-syndicaux pour résoudre les problèmes. En raison des relations de méfiance et de suspicion, l'introduction des nouveaux modes de gestion doit se réaliser graduellement et de façon négociée. Tout le débat sur la question de la relation entre les innovations et les méthodes traditionnelles de relations industrielles a été évacué, parce qu'on a traité ces deux aspects en parallèle. Cela se manifeste par l'existence de deux forums distincts, l'un sur la négociation collective et l'autre sur les nouvelles pratiques, le tout en vertu d'une vision dualiste où coexistent processus traditionnels et processus nouveaux. Cette perspective suppose un système essentiellement pluraliste au sein duquel la négociation collective demeure l'activité centrale.

Il est utile de comparer l'expérience canadienne avec la situation aux États-Unis, où la négociation collective de-

meure la principale caractéristique du régime des relations
de travail, mais où, à partir des initiatives patronales, les innovations en milieu de travail ont connu une diffusion beaucoup plus importante qu'au Canada (Kochan et Weinstein,
1994). Cependant, le degré le plus élevé de pénétration des
nouveaux modes de gestion aux États-Unis s'accompagne
d'un taux élevé d'abandon de telles méthodes. Cela s'inscrit
dans le modèle qui se dégage de l'histoire de la coopération
patronale-syndicale américaine depuis les années 1920 et
qui s'est poursuivi, dans les années 1960, avec les programmes d'élargissement et de rotation des tâches. On observe
actuellement les mêmes taux élevés d'usure des expériences
d'innovation, comme l'indique une étude récente d'Osterman (1994) qui souligne que la vaste majorité de ces nouvelles méthodes ont été mises en place au cours des cinq
dernières années. Que faut-il en conclure ? Comme le soulignent Kochan et Weinstein (1994), le niveau élevé d'échec de
ces programmes axés sur l'implication des travailleurs est
fréquemment lié à leur isolement par rapport aux autres
transformations organisationnelles.

Les programmes de participation ouvrière et de réorganisation du travail ne semblent donc se maintenir, que dans la
mesure où ils s'harmonisent et sont renforcés par des modifications appropriées des autres méthodes organisationnelles, telles la formation, la rémunération et la planification de
la main-d'œuvre. Cela permet d'expliquer pourquoi de telles
initiatives sont tout simplement abandonnées, malgré leur
capacité de provoquer d'autres changements organisationnels.

L'analyse des nouvelles formes d'organisation du travail
constitue un point de départ tout à fait approprié, particulièrement s'il s'agit d'études régionales. Il est important de se
demander si la dichotomie traditionnelle entre syndicats et
employeurs correspond aux besoins d'un système de production à valeur ajoutée. La diversité de la main-d'œuvre, les
changements dans l'organisation du travail et le caractère de
plus en plus flou des frontières organisationnelles ne font
qu'accroître la complexité et la fluidité des intérêts ; cette
situation rend difficile l'identification des deux groupes qui
s'affrontent. Il ne s'agit pas ici de négliger les différences
fondamentales entre la direction et son personnel, qui constituent la source même des relations industrielles, mais
plutôt de se demander s'il ne faut pas redéfinir le rôle des
institutions à travers lesquelles ces divergences s'expriment
au sein de l'entreprise.

Les emplois sont une création du XIXe siècle. Dans la foulée de la révolution industrielle anglaise, ils ont été créés pour répondre aux besoins des gestionnaires qui, selon les exigences du processus de production industrielle, devaient regrouper des travailleurs. La gestion du personnel, et plus récemment la fonction des ressources humaines, a évolué en prenant l'emploi comme unité d'analyse. Les syndicats sont devenus un mécanisme de protection des intérêts des travailleurs vis-à-vis de leur emploi, et ce rôle les conduisait à demander que les descriptions de tâches soient nettement délimitées. Les transformations technologiques et organisationnelles des dernières décennies, décrites comme la révolution industrielle des temps modernes (Jenson, 1993) ou comme les nouveaux chemins de la prospérité (Piore et Sabel, 1984), comportent de implications pour les relations industrielles et exigent un réexamen de la relation entre l'emploi et le travail. Alors que les emplois dans le secteur manufacturier disparaissent, un nombre croissant de travailleurs changent plus fréquemment d'emploi et d'employeur, et de plus en plus de personnes n'ont qu'un emploi précaire. Dans cette optique, la notion de carrière revêt une signification toute nouvelle. Une carrière au sein d'une même organisation ou d'un même secteur devient impossible pour la majorité des travailleurs. Il convient alors de parler plutôt d'une participation discontinue au marché du travail, dans la mesure où les personnes cheminent successivement d'un milieu de travail à l'autre. Nous ne savons pas encore quels seront les effets de ce nouveau régime sur la mobilité socioéconomique ou sur la répartition des revenus, mais ces questions exigent qu'on s'y intéresse.

L'acquisition et le développement des compétences

À mesure que l'organisation de la production est modifiée, pour éliminer les spécialités traditionnelles et les lignes de démarcation qui s'y rattachent, les travailleurs doivent posséder un niveau de qualification plus élevé, parce que les nouveaux systèmes de production exigent d'eux qu'ils soient polyvalents et familiers avec les techniques de contrôle de la qualité et de résolution de problèmes. Puisque les travailleurs canadiens ont peu eu l'occasion d'acquérir ce type de qualification, sur le terrain ou à l'école, les entreprises doivent continuellement investir dans la formation si elles s'engagent dans la voie des modes de production alternatifs et des nouvelles stratégies de gestion des ressources humaines. Dans le chapitre 6, Doray, Ricard et Bagaoui identifient les caractéristiques communes qui se dégagent de leurs études de cas : les programmes de formation doivent rompre avec les méthodes du passé ; ils doivent s'inscrire dans le cadre d'un changement plus global du milieu de travail et la frontière entre le savoir théorique et le savoir pratique se rétrécit à mesure que les innovations doivent de plus en plus s'intégrer au contexte dans lequel elles s'insèrent. Chez les cols blancs non professionnels, la création de nouvelles catégories d'emploi exige un niveau de qualification dont ne disposent pas les employés plus anciens. Dans ces circonstances, la formation sur le tas ne suffit pas pour répondre aux exigences des postes redéfinis. Avec l'homogénéisation des qualifications des nouveaux emplois dans le secteur des services (Economic Council of Canada, 1987), cette évolution a augmenté l'importance de la formation en entreprise et de la formation professionnelle dispensée dans des institutions spécialisées ou à vocation générale.

Il est difficile de tirer des conclusions définitives sur l'importance de la formation en entreprise au Canada, aussi bien pour les cols bleus que pour les cols blancs. Lorsque les dépenses en formation professionnelle semblent augmenter, ces hausses fluctuent selon les catégories professionnelles. L'analyse de McIntyre (1994), réalisée à partir de l'enquête du Conference Board of Canada auprès des employeurs canadiens, révèle que le nombre moyen de jours de formation par année varie de 3,3 dans le secteur du travail de bureau et administratif, à 4,5 pour les postes professionnels et techniques. De plus, 80 % des répondants déclarent que leurs dépenses en formation sont demeurées constantes ou ont augmenté au cours des deux dernières années. Ces observations sur les dépenses *per capita* doivent cependant être nuancées en tenant compte des régions et des secteurs industriels. Les entreprises de l'Ouest canadien affichent le niveau le plus élevé de dépenses *per capita* (964 $), alors que celles des provinces atlantiques ont le niveau le plus faible (627 $). En regard des secteurs industriels, les entreprises de transports, de communications et de services publics consacrent environ 1200 $ par employé à la formation. Les autres secteurs dont la rentabilité se situe au-dessus de la moyenne sont ceux du pétrole et du gaz (1002 $), de la finance, des assurances et de l'immobilier (998 $).

Une autre façon de mesurer l'importance des efforts en formation déployés par les entreprises canadiennes consiste à comparer leurs efforts à ceux consentis par leurs concurrents internationaux. Cette étude suggère que les entreprises canadiennes supportent mal la comparaison. L'entreprise type consacre presque 2 % de sa masse salariale à la formation, alors que ce ratio est de 1,4 % aux États-Unis. Les entreprises canadiennes tirent cependant de l'arrière lorsqu'on les compare aux sociétés japonaises ou européennes, principalement parce qu'elles ne font souvent rien de plus que d'adapter les qualifications existantes aux équipements nouveaux (le Conseil économique du Canada, 1987). Les comparaisons internationales montrent donc que le Canada souffre d'un sous-investissement dans le développement de ses ressources humaines.

Une question importante est de savoir s'il y a eu passage d'un type de formation spécifique à l'entreprise à un type de formation plus générale et associée aux changements plus globaux dans les méthodes de travail. Les données divergent sur cette question. D'une part, les gestionnaires reconnaissent que leurs employés ont besoin d'une formation plus générale. D'autre part, cette reconnaissance ne signifie pas nécessairement que les entreprises investissent dans la formation de leur main-d'œuvre (McIntyre, 1994). Dans les secteurs fortement syndiqués, comme les télécommunications, l'automobile et l'acier, syndicats et employeurs ont fait des efforts considérables pour transformer leurs méthodes. En participant ensemble à la gestion de fonds de formation administrés, ils témoignent de leur engagement continu à l'égard de la formation spécifique à leur milieu de travail, de la formation générale et du développement des compétences au niveau technique et au niveau des relations interpersonnelles. On observe aussi un tel engagement pour la formation générale dans des secteurs non syndiqués, tels celui des banques, des assurances et de la vente au détail. Cependant, comme pour le niveau de formation, la nature de celle-ci varie selon la région, le secteur et la catégorie d'emploi. C'est le cas des entreprises de haute technologie, où la formation en entreprise des cols bleus tend à être limitée et spécifique à l'emploi, bien que toutes ces sociétés fassent un usage intensif de leur budget de formation générale.

En plus de l'organisation du travail, les nouvelles recherches, et en particulier les études régionales, portent sur les implications des transformations dans l'équilibre des marchés interne et externe de l'emploi. Le marché interne d'une organisation offre aux travailleurs des évolutions de carrière, à la fois clairement définies et prévisibles. Ce qui incite les travailleurs à s'engager dans la vie de l'entreprise et à développer leur compétence. En réduisant leur taille et en sous-traitant une partie plus ou moins importante de leur production, les employeurs compriment le volume de leur marché interne et s'en remettent de plus en plus au marché externe. Ils peuvent embaucher et licencier des travailleurs dans le but d'ajuster le palier d'emploi et les heures travaillées en fonction des fluctuations du marché de leur produit. À mesure que les marchés internes rétrécissent, des mécanismes de compensation sont nécessaires pour stimuler l'engagement et la motivation des employés. On ne sait pas quelle devrait être la nature de ces mécanismes et ces incitations ne sont pas claires, à moins que les employeurs cherchent à recréer les conditions d'offre et de demande qui caractérisaient le marché du travail lors des premières phases de l'industrialisation et qui permettaient d'embaucher et de licencier à volonté. Le recours à la sous-traitance transforme la nature et la portée des relations entre les entreprises, et influence les systèmes d'emploi. En effet, les entreprises qui s'insèrent dans des réseaux par des alliances, des projets conjoints ou d'autres types de liens altèrent leurs méthodes de gestion des ressources humaines. La gestion qui déborde les frontières organisationnelles est très différente de celle qui se confine à l'intérieur d'une organisation (Pfeffer et Baron, 1988). Les systèmes de recrutement et d'évaluation au sein de ces réseaux d'entreprises doivent s'ajuster pour tenir compte des mouvements de personnel, des transferts de compétences et de l'attribution des responsabilités et du contrôle. Il n'est donc pas évident d'harmoniser les intérêts des employés et ceux de l'employeur. La réaction des syndicalistes à cette externalisation du travail n'est pas nécessairement déterminée par la nature et le déroulement de ces changements, mais elle peut varier d'une situation à l'autre.

Certains observateurs suggèrent que les transformations actuelles consistent, pour les employeurs, à remplacer un mode d'organisation de la production axé sur la tâche par un mode axé sur les processus, créant ainsi des conditions plus favorables à l'humanisation du milieu de travail. Selon Hammer et Champly (1993), en recomposant le travail que Adam Smith et Henry Ford avaient décomposé en le parcellisant, les entreprises contribueraient à le requalifier et à augmenter la satisfaction des travailleurs. D'autres observateurs adoptent le point de vue du travailleur et présentent une vision plus pessimiste du travail d'équipe axé sur les processus. Ils soutiennent que les conditions de requalification professionnelle et la participation ouvrière sont définies en fonction d'un contrôle patronal élargi et non en fonction d'un meilleur contrôle ouvrier. La restructuration actuelle des relations industrielles comporte donc des contradictions. D'une part, des efforts sont déployés pour promouvoir le travail d'équipe et la coopération, afin d'augmenter la flexibilité de l'entreprise. D'autre part, les entreprises réduisent les activités en licenciant des travailleurs ou en augmentant le quota des employés précaires au sein de leurs effectifs. Ces considérations soulèvent la question de confiance entre les parties et devraient attirer l'attention sur les effets secondaires de ces méthodes de gestion (Smith, 1993).

Les pratiques de rémunération et la sécurité d'emploi

Le rétrécissement des catégories d'emploi et l'accent mis sur le développement des compétences ont aussi mené à des méthodes nouvelles à l'égard de la rémunération et de la sécurité d'emploi. Dans les systèmes traditionnels, le salaire est lié à l'emploi occupé ; dans les nouveaux systèmes de production, les modifications apportées au système de rémunération vise à détacher celle-ci de tâches spécifiques pour le rattacher aux qualifications individuelles de l'employé. Dans un nombre grandissant d'entreprises, les employés de production sont effectivement payés en fonction des compétences acquises. De plus, des entreprises ont mis en œuvre diverses formes de participation des employés à la propriété ou aux profits, ou elles ont implanté des modes de rémunération basés sur le rendement individuel ou collectif. Au cours des années 1980, un nombre grandissant d'entreprises ont fait dépendre du rendement individuel ou collectif une part plus ou moins importante du salaire de leurs employés. Par exemple, une étude de 1989 constate que plus de 22 % des sociétés canadiennes avaient adopté une forme de participation des employés à la propriété de l'entreprise, de partage des profits ou les deux (Long, 1992). Dans la plupart des cas où il y avait une participation ouvrière à la propriété, les employés ne détenaient qu'une minorité des actions, mais dans certains cas, ils contrôlaient la majorité des actions et parfois même la totalité de celles-ci (voir le chapitre 8 de Long). Nous avons observé que 24 % des entreprises avaient introduit un système de partage des profits et 11 % versaient des montants basés sur le rendement individuel ou de collectif (Smith, 1993). Il faut cependant considérer que les entreprises plus grandes et plus innovatrices sont probablement surreprésentées dans l'échantillon. Il est clair que des données plus complètes sont nécessaires afin d'estimer correctement l'étendue de ces nouvelles méthodes.

Bien que ces développements dans les modes de rémunération soient importants pour la rentabilité à long terme de l'économie, la stagnation du salaire réel de la majorité des travailleurs canadiens demeurent le phénomène le plus significatif des années 1980. « Le Canada continue d'afficher des disparités considérables de revenus. Les individus et les familles occupant le dernier cinquième de la population ne recevaient que 1,1 % des revenus perçus par l'ensemble des Canadiens en 1990. Ceux qui font partie du premier cinquième de la population reçoivent plus de 47 % du total de ces revenus » (Godard, 1994). En 1990 toujours, 14 % des Canadiens continuaient à vivre sous le seuil de la pauvreté, et ce chiffre grimpait à 16 % en 1992 (Statistique Canada, 1992, cité par Godard, 1994). Environ 20 % des familles vivant sous le seuil de la pauvreté avaient des membres qui travaillaient sur une base équivalente à un emploi à plein temps (Evans et Chawa, 1990). De plus, l'incidence de la pauvreté et de l'inégalité des revenus a augmenté (Conseil économique du Canada, 1989 ; Statistique Canada, 1992).

La flexibilité grandissante des marchés du travail soulève donc la question du rôle de l'État dans la protection des intérêts des travailleurs. Dans quelle mesure les gouvernements sont-ils responsables lorsqu'il s'agit de fournir aux citoyens un travail rémunérateur ou une certaine sécurité financière ? Quels sont les effets de la globalisation des échanges et des entreprises sur la capacité ou l'intention des gouvernements d'améliorer les normes du travail, d'assurer le respect des droits de la personne, la protection de la santé et la sécurité du travail ? Quelles sont les conséquences de la privatisation des organismes publics, de même que de la déréglementation de certains secteurs d'activités sur la position concurrentielle des entreprises et sur leur capacité de satisfaire les intérêts de leurs employés ? Les compressions budgétaires des dernières années dans les dépenses publiques ont compromis la sécurité d'emploi de plusieurs travailleurs. Les conséquences de ces politiques gouvernementales furent à certains moments planifiées, afin de stimuler l'activité économique et l'emploi par une plus grande flexibilité du marché du travail. À d'autres moments, les effets de ces politiques n'étaient pas ceux recherchés ou ils étaient trop fortuits pour relancer l'économie. Finalement, dans les secteurs où les gouvernements sont les employeurs, comme dans la santé et l'éducation, la question se pose quant à l'équilibre qu'il convient de maintenir entre la performance sur le marché et les objectifs d'équité des organismes publics.

La représentation des travailleurs

L'intensification des pressions concurrentielles au niveau national et provincial, de même que les changements structurels subis par l'économie expliquent une partie des motifs remettant en question le rôle des syndicats. Le ralentissement de la croissance économique dans les pays développés depuis les années 1970, de même que l'ascension des nouvelles nations industrialisées du sud-est asiatique exercent une pression considérable sur les syndicats. De plus, les déplacements de main-d'œuvre du secteur de la fabrication vers celui des services a donné naissance à une catégorie de travailleurs pour qui les revendications traditionnelles des syndicats apparaissent moins justifiées. Il convient d'ajouter le passage d'une idéologie collective à une idéologie axée sur l'*acquisitive individualism* (Brown, 1990). Certains peuvent prétendre que le syndicalisme est devenu anachronique, que le modèle traditionnel de relations patronales-syndicales conflictuelles est injustifiable dans la nouvelle économie et que les syndicats n'ont pas les outils pour adopter une approche de collaboration en négociation. D'autres commentaires vont plutôt considérer que l'économie du libre fonctionnement des marchés provoque les mêmes incertitudes que celles survenues au début de l'industrialisation ; le déclin récent du syndicalisme ne constitue alors qu'un phénomène temporaire et les directions syndicales sauront rajuster au bon moment les stratégies et les structures.

Dans ce contexte, des comparaisons entre les régions sont nécessaires pour mieux explorer les formes possibles de représentation ouvrière au-delà du régime institutionnalisé de négociation collective. Ces recherches pourraient s'intéresser à la fois aux résultats organisationnels et à la qualité des conditions de travail. Il serait également nécessaire de décrire les transformations du rôle des syndicats dans le cadre de ces nouveaux modes de représentation de façon à voir comment les syndicats peuvent s'adapter à la gestion participative, tout en défendant les intérêts de leurs membres. Plusieurs suggestions indiquent que syndicats et employeurs ont beaucoup à apprendre de ces nouvelles formules, qu'il s'agisse de l'implication des employés dans des comités conjoints ou dans d'autres instances participatives similaires (Betcherman et al., 1994 ; Chaykowski et Verma, 1992). Cependant, il existe peu d'études empiriques sur les effets des modes participatifs de gestion et de représentation ouvrière sur la société et sur la rentabilité économique des entreprises (voir le chapitre 1 de Lapointe dans ce volume).

La théorie des relations industrielles

Finalement, tous ces développements soulignent le besoin d'études comparatives et interrégionales au niveau plus global des théories en relations industrielles. Un certain nombre d'études récentes montrent que les pressions sur le système canadien de relations industrielles interpellent également les méthodes et les institutions d'autres pays (Bamber et Lansbury, 1993 ; Bélanger, Edwards et Haiven, 1994 ; Ferner et Hyman, 1994 ; Locke et al., 1995 ; Wever, 1995). Les modèles pluralistes utilisés jusqu'à maintenant dans les analyses comparatives au niveau international (Dore, 1973 ; Kerr et al., 1960 ; Maurice et al., 1986) ne semblent pas adéquats pour expliquer soit les configurations communes, qui émergent dans des secteurs spécifiques ou dans les entreprises à travers les régions, soit les variations observées à l'intérieur de chaque région. Les études qui adoptent le cadre théorique de l'économie politique démontrent que, même si les forces de la globalisation des marchés et des entreprises influencent les pratiques en relations industrielles, elles démontrent que les cultures nationales et organisationnelles, de même que les décisions publiques affectent encore de façon marquante la façon dont la coopération et le conflit sont négociés dans les milieux de travail (Bélanger, Edwards et Haiven, 1994). Le débat s'engage donc au sujet de l'importance relative des pratiques au niveau local (entreprises, syndicats ou structures de représentation et de participation, ou travailleurs individuels) par rapport au cadre institutionnel (législation du travail, degré de centralisation du régime de relations du travail et des autres institutions liées au marché du travail, pouvoir syndical). La méthode comparative pourrait servir à des études interrégionales. Une telle approche pourrait, par exemple, comparer les relations industrielles au sein de secteurs d'activités spécifiques dans deux ou plusieurs régions. Elle pourrait également servir à évaluer les innovations dans différentes provinces (le lecteur trouvera dans Edwards (1994) une analyse en profondeur des perspectives de l'approche comparative).

Conclusion

L'ampleur des changements structurels dans l'économie, la diffusion rapide et large de la technologie, les mutations dans la croissance et la composition de la main-d'œuvre, la déréglementation et la privatisation, de même que la globalisation des marchés et de l'économie sont en train de transformer les relations industrielles au Canada. Les entreprises canadiennes ont mis au point un ensemble d'innovations en matière d'organisation, de rémunération et de gestion du travail. Nous venons de montrer dans quelle mesure ces innovations se développent et se propagent, de même que les implications pour l'ouverture de nouvelles formes de recherche pour des comparaisons interrégionales.

Il est encore trop tôt pour conclure, à partir des changements observés, à une transformation fondamentale des relations industrielles au Canada. Les débats sur l'évolution des relations industrielles s'engagent dans une nouvelle phase, due à des sources de pressions puissantes, telles l'intensification de la concurrence, la rapidité des changements technologiques et les décisions politiques de plus en plus frileuses, ainsi qu'à un ensemble de transformations des milieux de travail favorisant une plus grande flexibilité, des innovations technologiques, une réduction de la main-d'œuvre, une restructuration et une réduction de la rémunération. Ce débat commence à motiver une nouvelle génération de chercheurs sur les effets cumulatifs de ces transformations à l'égard du système des relations industrielles au Canada.

Ce chapitre a débuté en soulignant que, malgré le fait que les perspectives de l'économie néoclassique et l'approche managériale parviennent à expliquer certains aspects de la réalité canadienne (par exemple, les marchés interne et externe de l'emploi, la gestion scientifique du travail et les relations humaines), plusieurs de leurs prémisses et de leurs hypothèses ne cadrent plus avec les réalités contemporaines. Les relations industrielles se caractérisent par la diversité des intérêts des acteurs, telle qu'elle est décrite à partir des paradigmes de l'approche pluraliste et de l'économie politique.

Les débats partent du passage d'une économie traditionnelle, caractérisée par la négociation collective et la régulation étatique, à une nouvelle économie caractérisée, d'une
part, par le recours à des travailleurs permanents dont la
formation assure la polyvalence et la capacité de travail en
équipe et, d'autre part, par le recours à du personnel à emploi précaire. Notre analyse ne doit donc pas se satisfaire des
explications traditionnelles limitées à la négociation collective, aux autres formes de participation des travailleurs, à la
rémunération et à la formation. Il reste assez d'espace dans
le domaine des relations industrielles pour que, à partir
d'études de cas et de bases de données, nous puissions améliorer, d'une part, notre compréhension des phénomènes
observés et, d'autre part, l'efficacité de nos décisions politiques et de nos méthodes dans les milieux de travail. À un niveau plus global, il faut aussi sensibiliser le milieu à la nécessité de développer une conception des relations industrielles
basée sur une conscience sociale éclairée. Les exemples cités
dans notre texte illustrent l'ouverture de ce champ disciplinaire.

Un point central se dégage de notre propos : « (...) à mesure que la globalisation de la production progresse, (...) aucune nation [n'est] à l'abri des pressions concurrentielles (...)
La technologie est de plus en plus facilement disponible et la
façon dont elle canalise les compétences des travailleurs
[représente un avantage compétitif majeur]. Les systèmes
nationaux de régulation du travail déterminent de quelle façon cette canalisation s'opère » (Bélanger, Edwards et Haiven, 1994).

L'expérience canadienne à ce titre se caractérise cependant plus par la diversité que par l'uniformité. Toutes les sociétés cherchent à ajuster les intérêts et à résoudre les conflits qui surviennent dans l'exécution du travail et dans la
répartition des fruits de l'activité de production (Poole,
1986). La diversité dans les contextes culturels et idéologi-
ques, les conditions politiques et économiques, le cadre institutionnel et le pouvoir des acteurs ont entraîné des conséquences aussi disparates que la croissance économique et le
chômage.

C'est dans le milieu de travail que tous les autres aspects du système des
relations industrielles - les lois, les conventions collectives, les philoso-
phies et les politiques de l'entreprise et des syndicats ont un impact sur
l'activité de travail elle-même. C'est le milieu de travail qu'il faut re-
garder pour observer ce qui se produit réellement : comment les lois et
les ententes s'intègrent aux objectifs des gestionnaires et des travailleurs

pour créer un régime de relations du travail qui encadrent l'activité de travail concrète (Bélanger, Edwards et Haiven, 1994).

Comme l'indiquent Bélanger et ses collègues, il en a toujours été ainsi. Mais il est aussi vrai qu'il n'y a pas eu d'analyses de la régulation du milieu de travail au Canada à partir d'une perspective régionale.

En résumé, la période de turbulence que traverse l'environnement économique et politique affecte les intérêts vitaux des employeurs et des travailleurs, comme la répartition des revenus, la formation et la création d'emploi. Des développements récents ont également ajouté des dimensions nouvelles à de vieux débats, comme les méthodes de résolution des conflits patronaux-syndicaux, le maintien de normes du travail et des droits des salariés, l'équilibre à réaliser entre la diversité de la main-d'œuvre et l'équité dans l'emploi. Ces pressions et les réponses qu'elles suscitent reflètent les profonds changements dans l'économie, la main-d'œuvre et les stratégies des organisations. Ces transformations se déroulent de façon variable dans tous les pays industrialisés. Aussi, on peut s'attendre à ce que ces questions deviennent des enjeux majeurs pour l'avenir des relations industrielles au Canada, aussi bien pour les gestionnaires que pour les chercheurs. Dans la mesure où ces tendances sont universelles, ces questions vont retenir l'attention des chercheurs d'autres pays.

Références bibliographiques

BAMBER, G. et R. LANSBURY (éd.), *International and Comparative Industrial Relations : A Study of Industrialized Market Economies*, St-Leonards, Allen & Unwin, 1993.

BARNEY, J., « Strategic Factor Markets : Expectations, Luck and Business Strategy », *Management Science*, 32, 1986, p. 1231 à 1241.

BÉLANGER, J., P.K. EDWARDS et L. HAIVEN (eds.), *Workplace Industrial Relations and the Global Challenge*, Ithaca, ILR Press, 1994.

BÉLANGER, J., P.K. EDWARDS et L. HAIVEN, « The Workplace and Labor Regulation in Comparative Perspective », dans BÉLANGER, J., P.K. EDWARDS et L. HAIVEN (eds.), *Workplace Industrial Relations and the Global Challenge*, Ithaca, ILR Press, 1994, p. 3 à 21.

BETCHERMAN, G. et al., *The Canadian Workplace in Transition*, Kingston, IRC Press, 1994.

BOURQUE, R. et C. RIOUX, « Recent Trends in Collective Bargaining in the Quebec Paper Industry », *Relations industrielles*, 49, 4, 1994, p. 730 à 749.

BROWN, H.P., « The Counter-Revolution of Our Time ». *Industrial Relations*, 29, 1990, p. 1 à 14.

CAPPELLI, P. et H. SINGH, « Integrating Strategic Human Resources and Strategic Management », dans LEWIN D., O.S. MITCHELL et P. SHERER (eds.), *Research Frontiers in Industrial Relations and Human Resources*, Madison, Industrial Relations Research Association, 1992, p. 165 à 192.

CHAYKOWSKI, Richard P. et Anil VERMA, *Industriel Relations in Canadian Industry*, Dryden, 1992.

DORE. R., *British Factory - Japanese Factory : The Origins of National Diversity in Industrial Relations*, Berkeley, University of California Press, 1973.

DUNN, S., « Root Metaphor in the Old and New Industrial Relations », *British Journal of Industrial Relations*, 28, 1990, p. 1 à 31.

Economic Council of Canada, *Making Technology Work : Innovation and Jobs in Canada, A Statement*, Ottawa, Minister of Supply and Services, 1987.

Economic Council of Canada, *Legacies : 26th Annual Review of the Econimic Council of Canada*, Ottawa, Minister of Supply and Services, 1989.

EDWARDS, P.K., « National Regimes of Labor Regulation and the Workplace », dans BÉLANGER, J., P.K. EDWARDS et L. HAIVEN (eds.), *Workplace Industrial Relations and the Global Challenge*, Ithaca, ILR Press, 1994, p. 23 à 42.

EVANS, J. et R. CHAWA, « Work and relative Poverty », *Prospectives on Labour Income*, 2, 2, 1990, p. 32 à 41.

FERNER, A. et R. HYMAN (eds.), *New Frontiers in European Industrial Relations*, Oxford, Blackwell, 1994.

GODARD, J., « The Progressive HRM Paradigm: A Theoretical and Empirical Re-Examination », *Relations industrielles*, 46, 2, 1991, p. 378 à 400.

GODARD, J., *Industrial Relations : The Economy and Society*, Toronto, McGraw-Hill Ryerson, 1994.

GUNDERSON, M. et A. PONAK (eds.), *Union-Management Relations in Canada*, 3ᵉ édition, Don Mills, Addison-Wesley, 1995.

HAMMER, M. et J. CHAMPLY, *Reengineering the Corporation : A Manifesto for Business Revolution*, New York, Harper Business, 1993.

HARRISSON, D. et N. LAPLANTE, « Confidence, Cooperation and Partnership : A Process of Transformation in Quebec Firms », *Relations industrielles*, 49, 4, 1994, p. 696 à 729.

JENSON, M., « The Modern Industrial Revolution. Exit and Failure of Internal Control Systems », *The Journal of Finance*, 67, 1993, p. 831 à 880.

KERR, C. et al., *Industrialism and Industrial Man*, Cambridge, Harvard University Press, 1960.

KOCHAN, T. et M. WEINSTEIN, « Recent Developments in US Industrial Relations », *British Journal of Industrial Relations*, 32, 4, 1994, p. 483 à 504.

LOCKE, R., M. PIORE et T. KOCHAN, *Employment Relations in a Changing World Economy*, Cambridge, MIT Press, 1995.

LONG, R., « The Incidence and Nature of Employee Profit Sharing and Share Ownership in Canada », *Relations industrielles*, 47, 3, 1992, p. 463 à 488.

MAURICE, M., F. SELLIER et J.J. SILVESTRE, *The Social Foundation of Industrial Power : A Comparison of France and Germany*, Cambridge, MIT Press, 1986.

MCINTYRE, D., *Training and Development 1993 : Policies, Practices and Expenditures*, Ottawa, Conference Board of Canada, 1994.

MURRAY, G. et A. GILES, « Towards an Historical Understanding of Industrial Relations Theory in Canada », *Relations industrielles*, 43, 4, 1988, p. 780 à 811.

OSTERMAN, P., « How Common is Workplace Transformation and How Can We explain Who Adopts It ? Results From a National Survey », *Industrial and Labor Relations Review*, 47, 2, 1994, p. 173 à 188.

PETERS, T., *Thriving on Chaos*, New York, Harper Collins, 1995.

PFEFFER, J. et P. BARON, « Taking the Workers Back Out : Recent Trends in the Structuring of Employment », dans STRAW, B. et L. CUMMINGS (eds.), *Research in Organizational Behavior*, 10, 1988, p. 257 à 303.

PIORE, M. et C. SABEL, *The Second Industrial Divide : Possibilities for Prosperity*, New York, Basic Books, 1984.

POOLE, M., *Industrial Relations : Origins and Patterns of National Diversity*, London (UK), Routledge & Kegan Paul, 1986.

SMITH, A.E., « Canadian Industrial Relations in Transition », *Relations industrielles*, 48, 4, 1993, p. 641 à 660.

SMITH, A.E., « New Technologies and the Process of Labor Regulation : An International Perspective », dans BÉLANGER, J., P.K. EDWARDS et L. HAIVEN (eds.), *Workplace Industrial Relations and the Global Challenge*, Ithaca, ILR Press, 1994, p. 157 à 189.

SMITH, A.E., *Managerial Control and Trade Unionism : Technological Change and Workplace Innovations in Canada*, Paper presented at the 10th World Congress of the International Industrial Relations Association, Washington (DC), 1995.

Statistics Canada, *Income Distribution by Size in Canada*, Ottawa, Ministry of Industry, Science and Technology, 1992.

STOREY, J. (ed.), *New Perspectives on Human Resource Management*, London (UK), Routledge, 1991.

TAYLOR, R.J., « Declining Jobs », *Canada and the World*, 59, novembre 1993, p. 15.

WERNERFELT, B., « A Resource-Based View of the Firm », *Strategic Management Journal*, 5, 1984, p. 171 à 180.

WEVER, K., *Negotiating Competitiveness : Employment Relations and Organizational Innovation in Germany and The United States*, Cambridge, Harvard Business School Press, 1995.

WOOD, S. (ed.), *The Transformation of Work ?*, London, Unwin Hyman, 1995.